Aspekte
Mittelstufe Deutsch

Lehrbuch 3

von
Ute Koithan
Helen Schmitz
Tanja Sieber
Ralf Sonntag

Filmseiten von Ralf-Peter Lösche

Langenscheidt

Berlin · München · Wien · Zürich · New York

Von
Ute Koithan, Helen Schmitz, Tanja Sieber, Ralf Sonntag
Filmseiten von Ralf-Peter Lösche

Redaktion: Carola Jeschke und Cornelia Rademacher
Gestaltungskonzept und Layout: Andrea Pfeifer
Umschlaggestaltung: Andrea Pfeifer; Umschlag-Fotos: Getty
Zeichnungen: Daniela Kohl
Satz und Litho: kaltnermedia GmbH, Bobingen

Verlag und Autoren danken Evelyn Farkas, Margarete Rodi und Rita Tuggener für die Begutachtung sowie allen weiteren Kolleginnen und Kollegen, die „Aspekte" erprobt und mit wertvollen Anregungen zur Entwicklung des Lehrwerks beigetragen haben.

Aspekte Band 3 – Materialien

Lehrbuch 3	47491-0
Lehrbuch 3 mit DVD	47494-1
Arbeitsbuch 3 mit CD-ROM	47492-7
Lehrerhandreichungen 3	47493-4
Audio-CDs 3	47496-5
DVD 3	47495-8

Symbole in Aspekte

 Hören Sie auf der CD 1 zum Lehrbuch bitte Track 2.

▶ Ü 1 Hierzu gibt es eine Übung im entsprechenden Arbeitsbuchmodul.

 Rechercheaufgabe mit weiterführenden Links auf der Homepage

 Diese Aufgabe macht Sie mit den Aufgabenformaten des C1-Zertifikats des Goethe-Instituts 🗒 oder von TELC 🗒 vertraut.
   GI   TELC

Übungstest Österreichisches Sprachdiplom Deutsch (ÖSD) auf der Aspekte-Hompage:
www.langenscheidt.de/aspekte

© 2010 Langenscheidt KG, Berlin und München
Das Werk und seine Teile sind urheberrechtlich geschützt.
Jede Verwendung in anderen als den gesetzlich zugelassenen Fällen
bedarf der vorherigen schriftlichen Einwilligung des Verlags.

Druck: Stürtz GmbH, Würzburg
Printed in Germany

Lehrbuch 3   978-3-468-47491-0
Lehrbuch 3 mit DVD 978-3-468-47494-1

Inhalt

Alltägliches _____ 1

Themen und Aktivitäten

Auftakt	**Alltägliches**		
	Über vier kurze literarische Texte sprechen und selbst einen kurzen Text schreiben		8
Modul 1	**Die Zeit läuft …**		
	Einen Artikel über das Thema „Zeit im Alltag" verstehen und darüber sprechen		10
	Grammatik: Adjektivdeklination nach Artikelwörtern		11
Modul 2	**Vereine heute**		
	Aussagen von Menschen, die sich in Vereinen engagieren, verstehen und andere Menschen von der Mitgliedschaft in einem Verein überzeugen		12
Modul 3	**Chaos im Wohnzimmer**		
	Die Hauptaussagen aus einem Zeitungsinterview über die Benutzerfreundlichkeit von technischen Geräten zusammenfassen		14
	Grammatik: Wortbildung bei Substantiven		15
Modul 4	**Alle zusammen**		
	Gespräche über verschiedene Lebensphasen verstehen		16
	Einem Zeitungstext Vor- und Nachteile von Mehrgenerationenhäusern entnehmen		17
	Über Probleme in der Hausgemeinschaft diskutieren und Lösungen finden		18
	Einen Kommentar zu „Wohnen im Mehrgenerationenhaus" schreiben		19
Porträt	Dinge des Alltags – Made in DACH		20
Grammatik	Rückschau		21
Filmseiten	Ein bisschen Chaos ist in Ordnung		22

An die Arbeit! _____ 2

Themen und Aktivitäten

Auftakt	**An die Arbeit!**		
	Texte über Berufe, für die spezielle Kenntnisse nötig sind, lesen		24
Modul 1	**Ein bunter Lebenslauf**		
	Einem Text über Bewerbungen mit „buntem" Lebenslauf Ratschläge entnehmen		26
	Grammatik: Attribute		27
Modul 2	**Probieren geht über Studieren?**		
	Über Schulabschlüsse und Vor- und Nachteile von Studium und Berufsausbildung sprechen und Stichworte zu einem Studienberatungsgespräch notieren		28
Modul 3	**Multitasking**		
	Den Begriff „Multitasking" verstehen, einen Zeitungstext dazu zusammenfassen und über die Problematik von „Multitasking" sprechen		30
	Grammatik: Weiterführender Nebensatz		31
Modul 4	**Soft Skills**		
	Über wichtige Fähigkeiten im Arbeitsleben sprechen		32
	Notizen zu einem Radiointerview über „Soft Skills" machen		33
	Texten zum Thema „Bewerbung" Ratschläge entnehmen		34
	Einen Beitrag für eine Lokalzeitung zum Thema „Soft Skills" schreiben		35
	Bewerbungstrainings vergleichen und eine Entscheidung aushandeln		35
Porträt	Willy Bogner		36
Grammatik	Rückschau		37
Filmseiten	Ingenieure dringend gesucht		38

Inhalt

Hast du Worte? _____ 3

Themen und Aktivitäten

Auftakt		Hast du Worte?	
		Über Witze, Cartoons und einen Comedy-Ausschnitt sprechen	40
Modul 1		Immer erreichbar	
		Meinungen aus Pro- und Contra-Texten herausarbeiten und diese wiedergeben	42
		Grammatik: Redewiedergabe: Präpositionen, Sätze mit *wie*, Konjunktiv I	43
Modul 2		Gib Contra!	
		Ein Interview zum Thema „Schlagfertigkeitstraining" verstehen und die eigene Schlagfertigkeit üben	44
Modul 3		Sprachen lernen	
		Einen Fachtext über Sprachenlernen und -erwerben schriftlich zusammenfassen	46
		Grammatik: Nominal- und Verbalstil	47
Modul 4		Sag mal was!	
		Dialektbeispiele hören und einer Region zuordnen	48
		Einen Text über Dialekte verstehen und über ihre Verwendung sprechen	48
		Über Dialektverwendung diskutieren	50
		Eine E-Mail in Umgangssprache verstehen und darauf antworten	51
Porträt		Wolfgang Niedecken	52
Grammatik		Rückschau	53
Filmseiten		Mit den Händen sprechen	54

Wirtschaftsgipfel _____ 4

Themen und Aktivitäten

Auftakt		Wirtschaftsgipfel	
		Im Rahmen eines Spiels Fragen zum Thema „Wirtschaft" klären	56
Modul 1		Vom Kohlenpott ...	
		Notizen zu einem Vortrag über die Geschichte und die Entwicklung des Ruhrgebiets machen und darüber sprechen	58
		Grammatik: Nominalisierung und Verbalisierung: Temporalsätze	59
Modul 2		Mit gutem Gewissen?	
		Die Antworten eines Experten auf Gewissensfragen besprechen und die eigene Meinung zu einer dieser Fragen in einer E-Mail vertreten	60
Modul 3		Die Welt ist ein Dorf	
		Den Begriff „Globalisierung" definieren und zu argumentativen Texten zum Thema „Globalisierung" Stellung nehmen	62
		Grammatik: Nominalisierung und Verbalisierung: Modal- und Konditionalsätze	63
Modul 4		Gründerfieber	
		Einem Text über eine Firmengründung wichtige Informationen entnehmen	64
		Kriterien für Firmengründer erarbeiten und eine Geschäftsidee entwickeln	65
		Einen Vortrag über Bankgespräche zusammenfassen, ein Bankgespräch beurteilen und ein eigenes Bankgespräch üben	66
		Einer Mail über eine Firmengründung Informationen entnehmen und diese in einem halbformellen Brief ergänzen	67
Porträt		Margarete Steiff	68
Grammatik		Rückschau	69
Filmseiten		Vertrauen erwerben	70

Inhalt

Ziele _____ 5

Themen und Aktivitäten

Auftakt	**Ziele**		
	Texte zum Thema „Ziele" lesen und darüber sprechen		72
Modul 1	**Ab morgen!**		
	Einen Zeitungsartikel über gute Vorsätze verstehen und über eigene gute Vorsätze schreiben		74
	Grammatik: Nominalisierung und Verbalisierung: Kausal-, Konzessiv-, Final- und Konsekutivsätze		75
Modul 2	**Der Weg ist das Ziel**		
	Zu einem Gespräch über berufliche Ziele Notizen machen		76
Modul 3	**Jeder kennt jeden**		
	Fragen in einem Interview über Netzwerke rekonstruieren und darüber sprechen		78
	Grammatik: Nominalisierung und Verbalisierung: Präpositional-Ergänzungen		79
Modul 4	**Freiwillig**		
	Einen Zeitungsartikel zum Thema „Ehrenamt" vervollständigen		80
	Über ehrenamtliche Tätigkeiten sprechen		82
	Kurze Radiofeatures über engagierte Menschen verstehen		82
	Einen Beitrag für einen Wettbewerb über „Engagement heute" schreiben		83
Porträt	Hermann Gmeiner		84
Grammatik	Rückschau		85
Filmseiten	Spielend Geld verdienen		86

Gesund und munter … _____ 6

Themen und Aktivitäten

Auftakt	**Gesund und munter …**		
	Einen Gesundheits-Check durchführen und über die Ergebnisse sprechen		88
Modul 1	**Zu Risiken und Nebenwirkungen …**		
	Einen Radiobeitrag zum Thema „Placebo-Effekt" verstehen und darüber sprechen		90
	Grammatik: Infinitivsätze		91
Modul 2	**Gesünder leben**		
	Einen Zeitungsartikel über die unterschiedlichen Gesundheits-Biografien von Männern und Frauen verstehen und einen Text über Gesundheit schreiben		92
Modul 3	**Wenn es juckt und kribbelt**		
	Einen Text über Allergien verstehen und über Allergien, ihre Symptome und die Möglichkeiten, mit ihnen zu leben, sprechen		94
	Grammatik: Besonderheiten des Passivs: Passivsatz ohne Subjekt; Passiv mit Modalverben im Nebensatz		95
Modul 4	**Mythen der Medizin**		
	Ein Referat über Mythen der Medizin verstehen und mithilfe eines Musters		96
	Karteikarten zu den einzelnen Mythen erstellen		96
	Handouts für Referate analysieren und ein Referat zu einem Gesundheitsthema halten und auf Rückfragen und Einwände reagieren		98
Porträt	Eckart von Hirschhausen		100
Grammatik	Rückschau		101
Filmseiten	Lernen, richtig zu essen		102

Inhalt

Recht so! — 7

Themen und Aktivitäten

Auftakt	**Recht so!** Situationen und Definitionen juristischen Begriffen zuordnen	104
Modul 1	**Dumm gelaufen** Über kurze Zeitungsartikel zu merkwürdigen Kriminalfällen berichten und ähnliche Situationen darstellen	106
	Grammatik: Präpositionen mit Dativ und Genitiv, Verben mit Genitiv	107
Modul 2	**Strafe muss sein?!** Grafiken zu Jugendkriminalität und -strafrecht Informationen entnehmen, Inhalte aus einer Diskussion zum Thema verstehen und eine Diskussion führen	108
Modul 3	**Alltag im Knast** Einen Zeitungstext zum Thema „Gefängnis" lesen und über den Anteil von Männern und Frauen im Strafvollzug sprechen	110
	Grammatik: Modales Partizip	111
Modul 4	**Kriminell** Informationen aus Texten über die Geschichte des Krimis austauschen	112
	Ein Krimi-Hörspiel verstehen und ein eigenes Krimi-Hörspiel schreiben und vorspielen	114
	Eine Buch- oder Filmkritik schreiben	115
Porträt	**Ingrid Noll**	116
Grammatik	Rückschau	117
Filmseiten	**Meine Daten – deine Daten?**	118

Du bist, was du bist — 8

Themen und Aktivitäten

Auftakt	**Du bist, was du bist** Emotionen erkennen, darüber sprechen und mit einem Lied arbeiten	120
Modul 1	**Interessantes aus der Psychologie** Kurze Berichte über interessante Phänomene aus der Psychologie zusammenfassen	122
	Grammatik: Subjektive Modalverben zum Ausdruck einer Behauptung	123
Modul 2	**Von Anfang an anders?** Einen Vortrag zum Thema „Hirnforschung" schriftlich zusammenfassen und mögliche Fragen und Reaktionen der nachfolgenden Diskussion formulieren	124
Modul 3	**Voll auf Zack!** Eine Ratgebersendung über Hochbegabte verstehen und Vermutungen über das angesprochene Problem formulieren	126
	Grammatik: Subjektive Modalverben zum Ausdruck einer Vermutung	127
Modul 4	**Alles nicht so einfach ...** Einen Kommentar zu einer Fernsehsendung über Kindererziehung verstehen und über unterschiedliche Erziehungsstile sprechen	128
	Eine kontroverse Diskussion zu Erziehungsfragen verstehen, zu einem Blogeintrag eine Diskussion führen und den Blogeintrag beantworten	130
		131
	Einen kurzen Vortrag zu einem der angesprochenen Themen halten	131
Porträt	**Emmi Pikler**	132
Grammatik	Rückschau	133
Filmseiten	**Intuition – das schlaue Gefühl**	134

Inhalt

Die schöne Welt der Künste — 9

Themen und Aktivitäten

Auftakt	**Die schöne Welt der Künste** Ein Kunstquiz lösen und über eigene Interessen im Bereich Kunst sprechen	136
Modul 1	**Kreativ** Texten zu Kreativitätsmethoden Thesen zuordnen und Tipps formulieren Grammatik: Trennbare und untrennbare Verben	138 139
Modul 2	**Film ab!** Einen Radiobeitrag über Filmproduktionen zusammenfassen und ein Exposé für einen Film schreiben	140
Modul 3	**Ein Leben für die Kunst** Einen Text über das Leben als Künstler sowie Erfahrungsberichte von Künstlern lesen und in einem Brief Ratschläge geben Grammatik: Konnektoren (*andernfalls, demnach, folglich, …*)	142 143
Modul 4	**Leseratten** Einen autobiografischen Text zur Lesesozialisation verstehen und über eigene Lesegewohnheiten sprechen Einen Radiobeitrag über eine Messeneuheit verstehen und Grafiken zum Leseverhalten auswerten	144 146 147
Porträt	Fondation Beyeler	148
Grammatik	Rückschau	149
Filmseiten	„Das hier ist wichtig"	150

Erinnerungen — 10

Auftakt	**Erinnerungen** Tagebucheinträge einer bestimmten Zeit zuordnen	152
Modul 1	**Erinnern und Vergessen** Zu Texten über die Funktion des Gedächtnisses Überschriften formulieren Grammatik: Partizipialgruppen	154 155
Modul 2	**Falsche Erinnerungen** Ein Radiogespräch zum Thema „Falsche Erinnerungen" verstehen und einen Blogeintrag schreiben	156
Modul 3	**Kennen wir uns …?** Vermutungen über das in einem Telefongespräch geschilderte Problem anstellen und Fragen zu einem Text über Gesichtsblindheit stellen und beantworten Grammatik: Vermutungen ausdrücken: Futur I und II	158
Modul 4	**Weißt du noch …?** Einen literarischen Text über Erinnerungen an das Jahr 1952 lesen und Informationen zum sozialen Hintergrund verstehen sowie über die 1950er-Jahre sprechen Einen Text darüber schreiben, woran man sich in fünf Jahren erinnern wird Ein Lied hören und darüber sprechen, welche Erinnerungen Lieder hervorrufen	160 162 162 163
Porträt	Aleida und Jan Assmann	164
Grammatik	Rückschau	165
Filmseiten	Es war einmal	166
Anhang	Redemittel, Grammatik, Prüfungsvorbereitung, Ergänzungen zu den Kapiteln 6, 8, 9, Porträtseite, Quellenverzeichnis	168

Alltägliches

1a Lesen Sie die folgenden Kürzestgeschichten und betrachten Sie die Bilder. Was passt zusammen?

b Welche der Geschichten beschreibt etwas Alltägliches, welche etwas Besonderes? Begründen Sie Ihre Entscheidung.

❶ Scheidungsgrund

Ein Ehepaar, das sich nach vierundfünfzig Jahren Ehe und drei Kindern einvernehmlich scheiden ließ, gab vor dem Richter als Begründung an, sie hätten herausgefunden, dass sie nicht zueinander passen.

Jakob Arjouni

❷ Der Nachmittag

Zwei Zeitungen fliegen wie abgerissene Flügel über die Straße, dann wirft der Wind einen Spiegel um, der vor einem Möbelgeschäft gegen die Hauswand gelehnt steht; der Lehrling wischt die Scherben zusammen. Der Nachmittag ist in diesem Café und in der Straße und daheim in den Wohnungen gefangen; überall hält man ihn fest und versucht, in ihm zu lesen wie in einem Buch, doch sobald er kann, entgleitet er.

Adelheid Duvanel

Sie lernen

Einen Text über das Thema „Zeit im Alltag" verstehen	Modul 1
Aussagen von Menschen, die sich in Vereinen engagieren, verstehen und jemanden von der Mitgliedschaft in einem Verein überzeugen	Modul 2
Ein Interview über die Benutzerfreundlichkeit von technischen Geräten zusammenfassen	Modul 3
Über Probleme in der Hausgemeinschaft diskutieren, die eigene Meinung vertreten und gemeinsam Lösungen finden	Modul 4
Einen Kommentar zum Thema „Wohnen im Mehrgenerationenhaus" schreiben	Modul 4

Grammatik

Adjektivdeklination nach Artikelwörtern	Modul 1
Wortbildung bei Substantiven	Modul 3

AB Wortschatz

1

3 Ein Traumtag

Ich stand zeitig auf, trank zusammen mit meiner Mutter Kaffee und erzählte ihr die Träume, die ich in der Nacht gehabt hatte. Darüber wurde es Abend. Kurz nach 22 Uhr hatte ich alle meine Träume erzählt: Mutter gab mir einen Gutenachtkuss und sagte, sie freue sich schon sehr auf die Träume, die ich ihr am nächsten Tag erzählen würde.
Christian Futscher

4 Eine kurze Geschichte

Kommst du den Kindern noch gute Nacht sagen?, rief die Frau ihrem Mann zu, als sie um acht Uhr aus dem Kinderzimmer kam.
Ja, rief der Mann aus seinem Arbeitszimmer, ich muss nur noch den Brief zu Ende schreiben.
Er kommt gleich, sagte die Mutter zu den Kindern, die beide noch aufgerichtet in ihren Betten saßen, weil sie dem Vater zeigen wollten, wie sie die Stofftiere angeordnet hatten.
Als der Vater mit dem Brief fertig war und ins Kinderzimmer trat, schliefen die Kinder schon.
Franz Hohler

2a Wählen Sie eine Geschichte und schreiben Sie zu zweit einen Dialog oder einen Tagebucheintrag dazu.

b Spielen Sie Ihren Dialog oder lesen Sie Ihren Tagebucheintrag vor. Die anderen raten, zu welcher Geschichte Ihr Text gehört.

Die Zeit läuft …

1a Wählen Sie ein Wort aus und erklären Sie es.

Zeitgeist, Zeitverschwendung, Zeitdruck, Zeitaufwand, Zeitalter, zeitgemäß, zeitgenössisch, Zeitunterschied, Zeitdokument, Zeitgeschehen, zeitlos, …

b Lesen Sie den Text. Was wird zu den folgenden Themen gesagt?

Zeit für die Familie Zeit bei der Arbeit Entschleunigung Zeit und Kreativität Zeitempfinden

Sind wir reif für die Zeit?

1930 prognostiziert der auch heute noch angesehene englische Ökonom John Maynard Keynes für die „ökonomischen Aussichten für unsere Enkel" u.a. Folgendes: Im Jahr 2030 müsse niemand mehr ums Überleben kämpfen, Maschinen hätten den Großteil der Arbeiten übernommen und die verbleibende Arbeit würde so verteilt werden, dass jeder erwerbstätige Mann und jede erwerbstätige Frau die nötigen Arbeiten in 15 Stunden pro Woche erledigen könnten. Diese Prognosen scheinen sich aus heutiger Sicht nur teilweise zu bewahrheiten. Tatsächlich sind die Einkommen häufig gestiegen, die Grundbedürfnisse sind gesichert, die Technisierung ist hoch. Und würde man tatsächlich alle anstehenden Arbeiten auf die Schultern aller Arbeitnehmer verteilen, müssten wir nur 4,5 Stunden am Tag arbeiten. Trotzdem zeichnet sich in Deutschland eine Zeitkrise ab, da bereits die Hälfte aller deutschen Erwerbstätigen über „wachsende Zeitnot" klagt.

Hierbei handelt es sich aber nicht um irgendein gefühltes Phänomen. Vielmehr sprechen mehrere handfeste Fakten für diese Misere: In der Arbeitswelt, aber auch schon in manchen privaten Bereichen, müssen wir uns der Zeit anpassen, um am Ball zu bleiben. Wir müssen massenhaft Informationen aufnehmen, filtern, speichern, im richtigen Moment abrufen und meist auch direkt handeln. Eben das richtige Timing finden. Die Zeit rennt: Irgendein modischer Trend ist heute noch in, aber morgen schon veraltet, das Weltwissen verdoppelt sich inzwischen schon alle fünf bis zehn Jahre. Wollen wir Schritt halten, müssen wir laufend dazulernen.

Zeitrhythmen spielen als Regelwerk für unseren Alltag nur noch eine Nebenrolle: Öffnungszeiten werden aufgehoben, den freien Feierabend kennen nur noch wenige erwerbstätige Menschen, Wochenenden und Feiertage werden zu Pufferzeiten für Unerledigtes. Alle festen Zeiten, zu denen sich die Familie früher täglich zusammenfand, verschwinden zunehmend. Allein für ein gemeinsames Abendessen muss ein passender Termin gefunden werden. Doch gerade im Familienalltag lässt sich nicht alles organisieren: Besonders kleine Kinder und kranke Menschen folgen eigenen Zeitrhythmen und Freunde und Liebesbeziehungen funktionieren nicht nach Terminplan.

Um dennoch mit der Zeit zu gehen, organisieren wir Tagesmütter und Haushaltshilfen und versuchen, vieles gleichzeitig unter einen Hut zu bekommen. Multitasking hieß lange das Zauberwort, also die Fähigkeit, mehrere Dinge gleichzeitig zu tun. Multitasking kann das menschliche Gehirn aber nur begrenzt leisten.

Schon erobern Ratgeber zur „Entschleunigung" und zur „Entdeckung der Langsamkeit" die Bestsellerlisten mancher angesagten Trendmagazine. Das zeigt: Viele suchen den Ausweg aus der Hektik des Alltags, um innere Ruhe und Balance zu finden. Ein genialer Geistesblitz stellt sich auch nur dann ein, wenn wir uns Pausen gönnen, wenn das Gehirn freien Lauf hat, spinnen darf und Möglichkeiten simulieren kann.

Doch viele moderne Menschen ertragen Pausen kaum noch, ihnen wird sofort langweilig, sie können nichts mit sich anfangen und organisieren schnell Beschäftigung und Unterhaltung. Auch Kindern wird eine ganze Industrie angeboten, um ihre Langeweile zu vertreiben. Doch erst, wenn das Kind die Langeweile über-

wunden hat, wird es kreativ und spielt selig mit irgendwelchen gefundenen Sachen, z.B. einem Stein, der in der Fantasie Flugzeug, Fisch und Pferd sein kann.

In solchen Momenten sind wir ganz in unserer Welt versunken, die Zeit nehmen wir gar nicht wahr, sie vergeht, ohne dass wir es bemerken.

Das Zeitempfinden ist relativ, was besonders bei einem Blick in die Vergangenheit deutlich wird: Irgendein kurzes Gespräch mit einem netten Menschen erscheint dann länger, manche negative Situation kürzer.

Ein weiteres Paradox ist sicher eine Erkenntnis aus Untersuchungen des amerikanischen Psychologen Csikszentmihalyi: Er fand heraus, dass Probanden bei der Arbeit zufrieden und kreativ erschienen, in der Freizeit aber oft passiv oder gelangweilt waren. Ohne Arbeit zu sein, ist daher für viele problematisch: Der geregelte Alltag entfällt, der Mensch versinkt nicht selten in Langeweile und Perspektivlosigkeit.

Mit Arbeit ist der Mensch in Zeitnot. Ohne Arbeit geht es ihm nicht besser. Was tun?

c Stellen Sie sich vor, Sie könnten in 4,5 Stunden Ihre Arbeit erledigen. Was würden Sie mit der restlichen Zeit anfangen? Berichten Sie.

▶ Ü 2

2a Im Text finden Sie viele Artikelwörter mit Adjektiven. Lesen Sie die Sätze und ordnen Sie die Artikelwörter einer passenden Gruppe zu.

1. **Jeder erwerbstätige Mann** und **jede erwerbstätige Frau** könnten die nötigen Arbeiten in 15 Stunden pro Woche erledigen.
2. Schon erobern Ratgeber zur „Entschleunigung" die Bestsellerlisten **mancher angesagten Trendmagazine**.
3. Wir können **alle anstehenden Arbeiten** gemeinsam in 4,5 Stunden am Tag schaffen.
4. Bei der Zeitnot handelt es sich aber nicht um **irgendein gefühltes Phänomen**.
5. **Viele moderne Menschen** ertragen Pausen kaum noch, ihnen wird sofort langweilig.

Beispiel	Artikelwort (Singular)	Deklination wie
manche gestresste Familie jener hektische Alltag	manch-, jen-, folgend-, dies-, welch-, _____	mit bestimmtem Artikel
manch ein besorgter Chef	manch ein-, kein-, _____	mit unbestimmtem Artikel
viel verschwendete Zeit mit etwas schlechtem Gewissen	etwas, genug, viel, mehr	mit Nullartikel
Beispiel	**Artikelwort (Plural)**	**Deklination wie**
mit irgendwelchen gefundenen Sachen	diejenig-, dies-, irgendwelch-, jen-, solch-, beid-, _____	mit bestimmtem Artikel
nur wenige flexible Arbeitgeber die Sorge zahlreicher arbeitsloser Menschen	wenig-, ander-, einig-, ein paar, etlich-, zahlreich-, _____	mit Nullartikel

b Suchen Sie weitere Beispiele im Text und vergleichen Sie mit der Tabelle.

c Bilden Sie zu zweit Sätze mit den Beispielen aus der Tabelle.

Manche gestresste Familie ... hat zu wenig gemeinsame Zeit.

▶ Ü 3

Vereine heute

1a Welche Vereine oder Clubs kennen Sie? Wer im Kurs ist in der Freizeit in einer Organisation aktiv? Sammeln Sie und machen Sie eine Statistik.

Art des Vereins / der Organisation	Mitglieder im Kurs
Sportverein	5
...	

▶ Ü 1

b Vergleichen Sie Ihre Statistik mit der Grafik zu Vereinen in Deutschland.

c Sammeln Sie in Gruppen Gründe für und gegen die Mitgliedschaft in einem Verein.

Gründe für eine Mitgliedschaft	Gründe gegen eine Mitgliedschaft
– neue Leute kennenlernen	– ...

2 Sie hören jetzt Aussagen von acht Personen. Sie hören die Aussagen zweimal.

1.2

TELC

a Lesen Sie zuerst die Aussagen. Entscheiden Sie beim Hören, welche Aussage (a, b, oder c) zu welcher Person passt.

Gründe für das Engagement im Verein
Die Person ...
a möchte vor allem Leute kennenlernen.
b möchte anderen helfen, sich engagieren oder anderen etwas beibringen.
c möchte Dinge lernen und erfahren.

hören sprechen

1 Modul 2

1.2

b Sie hören die acht Personen jetzt ein zweites Mal. Lesen Sie zuerst die Aussagen. Entscheiden Sie beim Hören, welche der Aussagen a–j zu welcher Person passt. Zwei Aussagen bleiben übrig.

a Ich bin froh, dass ich im Verein die Chance habe, Dinge zu tun, die man auch in echten Betrieben und Firmen tun kann.

b Ich finde es toll, wenn man mit anderen wesentliche Dinge erreichen kann.

c Das für mich besonders Positive an meiner Tätigkeit im Verein ist, dass ich weiß, an wen ich mich bei Fragen wenden kann.

d Ich habe Spaß daran, anderen Menschen etwas zu erklären, und bin froh, im Verein immer die neuesten Informationen zu bekommen.

e Mir geht es auf die Nerven, wenn man ständig etwas mit den Leuten aus dem Verein unternehmen soll.

f Die große Herausforderung bei meiner freiwilligen Tätigkeit ist, dass ich mich nicht von meinen Gefühlen mitreißen lasse.

g Natürlich kostet der Verein viel Zeit und dadurch verlängert sich mein Studium, aber mir ist das Engagement im Verein wichtig.

h Ich bin im Verein aktiv, um einen Ausgleich zu meinem oft langweiligen Studentenalltag zu haben.

i Dass es in unserem Verein eine wissenschaftliche Herangehensweise gibt, vermuten nur wenige Menschen.

j Ich bin froh, dass ich jetzt keine Angst mehr habe, meine Meinung zu vertreten.

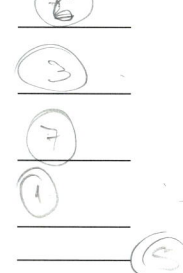

c Fassen Sie zusammen, welche Vereine vorgestellt wurden. Was sind die Ziele der Vereine und welcher würde Sie interessieren?

3 Überlegen Sie sich in Gruppen einen Verein – Sie können im Internet recherchieren oder einen Fantasieverein erfinden. Stellen Sie Ihren Verein vor und überzeugen Sie andere Kursteilnehmer von der Mitgliedschaft. Welcher Verein hat die meisten Mitglieder?

etwas vorschlagen	Argumente anführen
Ich würde vorschlagen, dass du mal …	Das Besondere daran ist, dass man …
Wie wäre es, wenn du mal …	Beim/Im … kannst du viele interessante/ lustige/ … Dinge lernen/machen.
Du könntest ja mal in Betracht ziehen, mitzukommen.	Im Gegensatz zu anderen Organisationen kannst du hier …
Spring doch einfach mal über deinen Schatten und komm mit!	Wichtig für uns ist, dass …
Hättest du nicht mal Lust, …?	Für uns spricht …

▶ Ü 2–3

Chaos im Wohnzimmer

1a Kennen Sie alle Funktionen Ihres Fernsehers, Ihres DVD-Spielers, Ihrer Digitalkamera oder Ihres Handys? Mit welchem Gerät hatten Sie schon einmal Probleme bei der Bedienung?

b Lesen Sie den folgenden Text und markieren Sie Informationen zu den Fragen: Um welche Geräte geht es? Welche Erfahrungen machen die Benutzer? Gründe dafür?

Chaos im Wohnzimmer

1 Auf der Internationalen Funkausstellung in Berlin [...] protzen die Hersteller mit prachtvollen Breitbildfernsehern herum, führen Digitalkameras mit zwölf Megapixel und 268 Funktionen vor und lassen Musik aus Stereoanlagen erklingen, die aussehen wie Ufos. Umso größer ist der Frust beim Konsumenten, denn auf dem Wohnzimmertisch herrscht oft Chaos: Sieben verschiedene Fernbedienungen mit jeweils 40 Tasten liegen herum, der DVD-Player möchte mit Software gefüttert werden, der digitale TV-Receiver verlangt eine Onlineregistrierung. Tim Bosenick, Geschäftsführer einer Hamburger Marktforschungsfirma [...], hat auf der IFA Messebesucher die Bedienbarkeit von neuen Produkten testen lassen – mit ernüchterndem Ergebnis. [...]

SZ: Wenn man sich neue DVD-Spieler anschaut, hat man manchmal den Eindruck, es handelt sich um Ausstattungselemente aus einem Science-Fiction-Film. Gibt es tatsächlich Leute, die solche Geräte verstehen?

Bosenick: Fast niemand versteht so etwas. Aus unseren Studien wissen wir, dass acht von zehn Menschen nicht in der Lage sind, ihren DVD-Spieler anzuschließen. Da gibt es einen echten Bedarf an Vereinfachung.

SZ: Was ist Ihr Eindruck auf der IFA? Haben die Hersteller dazugelernt?

Bosenick: Nicht unbedingt. Es gibt eine Reihe von neuen Navigationsgeräten, die wirklich erschreckend sind, was die Bedienbarkeit angeht. Wir haben ein neues Handy testen lassen, das alle möglichen schicken Funktionen hat. Leider hat keine einzige Versuchsperson den Schalter gefunden, mit dem man das Gerät überhaupt aktiviert. Dann haben wir eine sehr komplexe Fernbedienung eines Fernsehers ausprobiert, die hat so viele rätselhafte Funktionen, dass man keinen Durchblick mehr hat. Wenn man einmal aus Versehen auf eine Taste kommt und das Bildformat ändert, kommt man kaum wieder zurück zum normalen Bild, weil das Symbol für ‚Bildformat' nicht zu erkennen ist.

SZ: Wieso werden solche technisch überfrachteten Geräte überhaupt gebaut?

Bosenick: Das ist oft ein Irrglaube – die Hersteller hoffen, ihr Produkt besser verkaufen zu können, wenn sie möglichst viele Funktionen haben. [...] Mut zur Reduktion existiert in wenigen Unternehmen. [...]

SZ: Wie lassen sich in Zukunft Geräte entwickeln, die [...] verbraucherfreundlich sind?

Bosenick: Indem man von Anfang an bedenkt, was die Menschen in ihrem Alltag brauchen können. Marktforschung ist dazu die Grundlage. Die Forscher testen verschiedenste Geräte, indem sie Personen aus der gewünschten Zielgruppe in ein Testlabor einladen, ihnen die Geräte zum Ausprobieren geben und sie hinterher über ihre Eindrücke befragen.

SZ: Was wünschen sich die Konsumenten von den Firmen?

Bosenick: Auf keinen Fall noch mehr Produkte. [...] Ein Hersteller kann nur durch Design und Funktionalität neue Käufer auf ein Produkt aufmerksam machen. Die Alltagstauglichkeit spielt dabei eine immer größere Rolle. [...]

SZ: Amerikanische Firmen scheinen den Konsumenten ein bisschen näher zu sein als deutsche, woran liegt das?

Bosenick: Das liegt zum Teil noch an der alten deutschen Ingenieursmentalität. Das Produkt ist oft wichtiger als der Konsument. Bei britischen und amerikanischen Firmen ist der Kunde von Anfang an im Vordergrund. [...]

lesen
sprechen | Grammatik

1 Modul 3

c Fassen Sie Hauptaussagen des Textes mithilfe Ihrer Markierungen zusammen. ▶ Ü 1

2a Wortbildung. Im Text finden Sie Substantive, die von einem Adjektiv oder Verb abgeleitet wurden. Ergänzen Sie die Übersicht.

Vom Verb zum Substantiv

Endung/Veränderung	Beispiel	häufige Bedeutung
das + Infinitiv	verstehen ➔ _____	Handlungen
Verb ohne Endung auch mit Vokaländerung	durchblicken ➔ _der_____ wählen ➔ die Wahl	Handlungen oder Gefühle
Endung -e	glauben ➔ _der_____	Handlungen/Gefühle
Endung -ung	anleiten ➔ _die_____	Abstrakta (feminin)
Endung -nis	erleben ➔ _das_____	Zustände, Erfahrungen und Einstellungen
Endung -schaft	wissen ➔ _die_____	(feminin)
Partizip II + -e	schreiben ➔ _das_____	vergangene Ereignisse/Handlungen oder Haltungen
Partizip I + -e	lesen ➔ _der Lesende_____	Personen, die etwas tun
Endung -er auch mit Vokaländerung	schalten ➔ _der_____ kaufen ➔ _der_____	Gebrauchsgegenstände oder Personen

Vom Adjektiv zum Substantiv

Endung/Veränderung	Beispiel	häufige Bedeutung
Artikelwort und Endung -e	neu ➔ _der/das/die Neue_____	Personen oder Dinge
Endung -(ig)keit	alltagstauglich ➔ _die_____	Abstrakta (feminin)
Endung -heit auch mit Vokaländerung	frei ➔ _die Freiheit_____	Abstrakta (feminin)
Endung -schaft	bereit ➔ _die Bereitschaft_____	(feminin)

3 Notieren Sie möglichst viele Verben und Adjektive mit den Substantiven, die Sie daraus bilden können. Suchen Sie einen Partner / eine Partnerin. Nennen Sie abwechselnd Ihre Verben und Adjektive – der Partner / die Partnerin bildet Substantive. Wer findet mehr in einer Minute?

arbeiten –> die Arbeit, der Arbeiter, der Arbeitende ...

▶ Ü 2–4

Alle zusammen

1a Was ist richtig gut, wenn es alt ist? Sammeln Sie Beispiele im Kurs.

▶ Ü 1
b Was gefällt Ihnen an bestimmten Lebensphasen? Nennen Sie spontan Assoziationen: Kind, Jugendlicher, 25–40 Jahre, 41–60 Jahre, 61–80 Jahre, 80+.

1.10
2a Gemischtes Doppel. Hören Sie die Aussagen von jüngeren und älteren Menschen. Beide versetzen sich in das Alter ihrer Gesprächspartner. Von welchen Erlebnissen und Vorstellungen berichten sie?

Konstanze (72) mit Enkel Moritz (17)

Trainer Michael (55) mit Katarina (21)

Radioreporter Erwin (70) im Gespräch mit Fritz (20) und Lena (14)

▶ Ü 2

b Welche Aussagen haben Sie nicht erwartet?

▶ Ü 3
c Wenn Sie sich für einen Tag ein anderes Alter aussuchen könnten: Welches Alter würden Sie wählen? Warum?

Fertigkeitstraining
hören | lesen | sprechen | schreiben

1 Modul 4

3a Was könnte ein Mehrgenerationenhaus sein? Sammeln und vergleichen Sie Ihre Ideen.

b Lesen Sie den Artikel. Welche Vorteile werden für die jeweiligen Generationen genannt?

Leben im Mehrgenerationenhaus

Das aktive Zusammenleben von Alt und Jung in der Nachbarschaft hat sich bereits an vielen Orten in Deutschland, Österreich und der Schweiz etabliert. Ziel der Mehrgenerationenhäuser ist es, sich in Nachbarschaftshilfe gegenseitig zu unterstützen und dennoch sein Leben individuell in den eigenen vier Wänden zu gestalten. Ein Mehrgenerationenhaus entsteht meist auf Initiative kooperierender Personen, die sich bereits kennen, und ist in der Regel offen, weitere Personen einzubeziehen. Seit einiger Zeit werden in Mehrgenerationenhäusern aber neben dem gemeinschaftlichen Wohnen auch immer häufiger Nachbarschaftsprojekte initiiert, die allen Bewohnern zur Bewältigung und Bereicherung ihres Alltags nützlich sind. Was sind die Gründe für diese Aktivitäten und Projekte?

Mit veränderten Familienstrukturen schwänden laut dem deutschen Familienministerium selbstverständliche Begegnungen der Generationen, die Weitergabe von Erziehungswissen und Alltagskompetenzen gehe verloren, aber auch Erfahrung und Hilfe der älteren Generation für die mittlere und jüngere Generation blieben oft ungenutzt. Dienstleistungen, die die Generationen wirklich brauchen, sollen etabliert werden: Vom Wäscheservice oder Computerkurs für Internetbanking über die Leih-Oma bis hin zum Mittagstisch für Schulkinder und die Krabbelgruppe. Es entsteht ein alltägliches generationenübergreifendes Netzwerk, in das sich jeder und jede mit den persönlichen Fähigkeiten einbringen kann. Freiwillige und professionelle Kräfte arbeiten in einem Mehrgenerationenhaus eng zusammen. So entstehen Angebote, die der gesamten Gemeinschaft guttun:

- Ein Café bietet gesunde Mahlzeiten zu günstigen Preisen an: Alle Generationen kommen an einen Tisch, berufstätige Eltern können ihren Alltag leichter organisieren und ältere Menschen haben Gelegenheit, Kontakte zu knüpfen und zu pflegen.
- Kinder im Alter ab sechs Monaten werden betreut. Für berufstätige Eltern sind besondere Plätze reserviert.
- Gute und qualifizierte Beratung wird bei Behördengängen, bei der Kindererziehung und bei anderen Herausforderungen des Alltags als Hilfe zur Selbsthilfe angeboten.
- Essensservice, Garten- und Haushaltshilfe und andere Dienstleistungen: Die Nutzerinnen und Nutzer dieser Angebote erfahren dadurch eine spürbare Entlastung. Und für die Anbieter ergibt sich durch solche Dienstleistungen unter Umständen eine neue Berufschance.

Und so sind viele Dienstleistungen denkbar, von denen alle profitieren.

Alle Generationen einbinden

Doch schon die regelmäßige Begegnung von Alt und Jung bietet deutliche Vorteile. Früher war es selbstverständlich, dass junge Erwachsene in die Gesellschaft eingebunden wurden. Nur in einem Umfeld, in dem sich alle Generationen Rechte und Pflichten teilen, können Jugendliche im partnerschaftlichen Miteinander ganz selbstverständlich lernen, was kein Schulbuch vermitteln kann: Rücksicht, Respekt, Toleranz und Verantwortung.

Die heutige Großelterngeneration hat viel zu bieten: Lebenserfahrung, das Wissen und Können aus vielen Berufsjahren oder den kompetenten Umgang mit Kindern und Enkeln. Für die Generation der über 50-Jährigen ist es wichtig, mit ihrem Können und ihren Fähigkeiten aktiv am Leben teilzunehmen. Menschen im hohen Alter können mit Einschränkungen in ihrem gewohnten Umfeld leben, wenn es in der Nachbarschaft unkomplizierte Hilfe für den Alltag gibt. Vom Einkaufsservice bis zur Tagespflege können Mehrgenerationenhäuser dieser Altersgruppe mehr Lebensqualität ermöglichen und alte Menschen aktiv in die Gesellschaft einbinden.

Doch viele Projekte in den Häusern zeigen, dass die Gemeinschaften noch mehr schaffen. Vom Generationen-Theater in Fulda über die Familienuniversität in Greifswald bis zum interkulturellen Kochkurs in Braunschweig scheinen der Kreativität keine Grenze gesetzt.

c Der Text beschreibt viele Vorteile. Welche Nachteile oder Probleme in Mehrgenerationenhäusern können Sie sich vorstellen?

Alle zusammen

4a Zoff im Mehrgenerationenhaus. Spielen Sie eine Hausversammlung. Bilden Sie Kleingruppen mit vier Personen. Wählen Sie eine Rolle und sammeln Sie Argumente, die Sie in der Diskussion nennen möchten.

Frau Monika Bracht (58), alleinstehend, eine Tochter (17): wohnt im Erdgeschoss. Mag zwar Kinder und Haustiere, aber nicht in ihrem Garten. Sie möchte sich abends ausruhen, dabei stört sie die laute Musik aus dem Dachgeschoss schon länger. Sie hat einen „grünen Daumen" und unterstützt alle bei der Gestaltung der Grünanlagen und der Balkone. Das macht ihr Spaß, aber bitte keine anderen regelmäßigen Pflichten. Sie ist schließlich berufstätig.

Herr Bernd Kiefer (38), verheiratet, zwei Kinder (5 und 8): wohnt mit seiner Frau und den Kindern in der Maisonette-Wohnung im ersten und zweiten Stock. Er kritisiert, dass die Nachbarschaft zu wenig Pflichten wahrnimmt. Beim Grillfest machen alle mit, aber wenn es darum geht, den geplanten Spielplatz anzulegen und zu pflegen, fühlt sich keiner mehr zuständig.

Herr Lukas Weidemann (22), alleinstehend, keine Kinder, aber Hirtenhund Toni: Student, Elektrotechnik, wohnt in dem kleinen Appartement im Dachgeschoss. Ihm macht es Spaß, einen kleinen Reparaturservice für die Nachbarschaft anzubieten. Er findet, dass die Hausordnung zwar okay ist, aber man etwas lockerer sein könnte (nicht so oft putzen, Hof fegen etc.). Er hört nach Feierabend gern laute Musik. Wenn es andere stört, können sie ja etwas sagen.

Frau Valentina Wagner (75), verwitwet, zwei erwachsene Söhne: Frau Wagner hat die Hausversammlung initiiert und betreut das Hauscafé. Sie wohnt im Erdgeschoss neben Frau Bracht. Sie nervt, dass oft nicht wie vereinbart geputzt wird. Nur sie und Frau Bracht halten sich an die Regeln. Außerdem steht das gemeinsame Straßenfest vor der Tür und niemand hat etwas organisiert. Sie macht das nicht wieder alleine.

b Spielen Sie die Diskussion bei der Hausversammlung. Die Redemittel helfen. Versuchen Sie, die Probleme gemeinsam zu lösen.

ein Problem ansprechen	eine andere Position vertreten
Ich finde es nicht gut, wenn …	Es ist sicher richtig/verständlich, dass …, aber …
… gefällt mir nicht.	Einerseits …, andererseits …
Ich habe ein Problem mit …	Aus meiner Sicht ist es wichtig, dass …
Es ist nicht fair / in Ordnung, wenn …	Sie sollten aber bedenken, dass ich in meiner Situation …
Über … habe ich mich geärgert.	
Ich fühle mich ausgenutzt, wenn …	Für mich ist entscheidend/wichtig, dass …, weil …

auf die Meinung anderer eingehen	
Ich kann verstehen, dass Sie …, aber ich …	Das ist Ihre Meinung. Ich bin der Ansicht …
Wir sollten auch die Meinung von Frau/Herrn … berücksichtigen.	
Was Sie sagen, ist aus Ihrer Position sicher richtig. Trotzdem …	
Ja, das sehe ich genau wie Sie, und darum …	

c Auf welche Vereinbarungen haben Sie sich in Ihrer Hausgemeinschaft geeinigt? Vergleichen Sie mit den anderen Hausgemeinschaften.

Fertigkeitstraining
hören | lesen | sprechen | schreiben

1 Modul 4

5a Was halten Sie vom Leben in einem Mehrgenerationenhaus? Würden Sie gerne dort wohnen oder nicht? Sammeln Sie Argumente für Ihre Position.

b Redemittel für einen Kommentar. Ordnen Sie die Überschriften den Redemitteln zu.

A Konsequenzen für die Zukunft formulieren / Resümee ziehen **B** einen Kommentar einleiten **C** auf Argumente/Aussagen eingehen **D** die eigene Ansicht argumentierend darlegen **E** die eigenen Hauptargumente hervorheben	
B	Mein Kommentar bezieht sich auf das Thema … Der Artikel … behandelt das Thema …
	Ich bin der Meinung/Ansicht/Auffassung, dass … Ich halte diese Idee für … , weil … In meinen Augen ist dieses Konzept …, denn … Für/Gegen … spricht das Argument, dass …
	Für mich persönlich ist … am wichtigsten. Das entscheidende Argument dafür/dagegen ist für mich … Ich habe zu … einen klaren Standpunkt. Er lautet: …
	Sicher ist … für viele … sinnvoll, aber ich … Jeder von uns hat sich schon über Hilfe von Nachbarn gefreut, darum/trotzdem … Im Text wird (zwar) gesagt, dass …, aber/darum … Man sollte dabei aber bedenken, dass … Dieser Gedanke ist für viele Menschen sicher richtig / eine Hilfe / unangenehm /…
	Mein persönlicher Entschluss wäre … Für mich käme nur … in Frage. Langfristig gesehen würde ich mich für/gegen … entscheiden, weil … Mit … Jahren könnte ich mir vorstellen, dass …

c Schreiben Sie einen Kommentar zum Text auf Seite 17. Nutzen Sie die Redemittel und stellen Sie Ihre Meinung und Ihre Hauptargumente dar.

GI

6 Sie sollen sich zu einem Thema äußern. Bilden Sie Paare. Jeder wählt eine Karte aus. Hilfen finden Sie im Arbeitsbuch auf Seite 15f.

A Viele junge Menschen teilen sich in Wohngemeinschaften eine Wohnung. Welche Vor- und Nachteile sehen Sie im Zusammenleben in Wohngemeinschaften?
Halten Sie einen kurzen Vortrag (3–4 Min.) und orientieren Sie sich an folgenden Punkten:
– Beispiele für das Zusammenleben in Wohngemeinschaften (eigene Erfahrung?)
– Bedeutung vom Zusammenleben in Wohngemeinschaften in Ihrem Land
– Argumente, die **für** das Zusammenleben in Wohngemeinschaften sprechen
– Argumente, die **gegen** das Zusammenleben in Wohngemeinschaften sprechen
– Ihre persönliche Ansicht zum Thema

B In Deutschland leben immer mehr Singles allein in ihrem Haushalt. Welche Vor- und Nachteile sehen Sie in dieser Wohnform? Halten Sie einen kurzen Vortrag (3–4 Min.) und orientieren Sie sich an folgenden Punkten:
– Beispiele für diese Wohnform (eigene Erfahrung?)
– Bedeutung des Lebens als Single in einer eigenen Wohnung in Ihrem Land
– Argumente, die **für** die Wohnform der Singles sprechen
– Argumente, die **gegen** die Wohnform der Singles sprechen
– Ihre persönliche Ansicht zum Thema

▶ Ü 4

Porträt

Dinge des Alltags – Made in DACH

Kaffeefilter

Mitte des 17. Jahrhunderts begann der Kaffee Europa zu erobern. 1673 eröffnete in Bremen das erste Kaffeehaus Deutschlands. Die Methode, das Kaffeepulver mit brühendem Wasser aufzugießen oder die Wasser-Kaffee-Mischung zusammen aufzukochen, schmeckte schon bald vielen Menschen. Dennoch trübte der Kaffeesatz oft die Freude am Getränk. Eine findige Hausfrau in Dresden hatte 1908 die zündende Idee. Melitta Bentz erfand den Kaffeefilter. Ein Löschblatt ihres Sohnes, ein alter Messingtopf, der kurzerhand mit Nagel und Hammer perforiert wurde, und schon war der erste Melitta-Filter geboren.

Klettverschluss

Der Schweizer Ingenieur Georges de Mestral war viel mit seinen Hunden in der Natur unterwegs. Immer wieder kamen einige Früchte der Großen Klette mit dem Fell der Hunde in Kontakt und blieben darin hängen. Er legte die Früchte unter sein Mikroskop und entdeckte, dass sie winzige elastische Häkchen tragen, die auch bei gewaltsamem Entfernen aus Haaren oder Kleidern nicht abbrechen. Die Beschaffenheit der Früchte gab ihm die Vorlage für einen neuen textilen Verschluss. 1951 meldete de Mestral seine Idee zum Patent an.

Schmerzmittel Aspirin

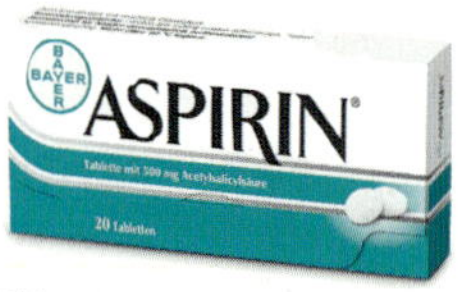

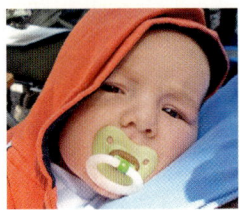

Schmerz, lass nach! Schon seit Urzeiten war bekannt, dass ein Sud aus Weidenrinde gegen Fieber und Schmerzen hilft. Dem deutschen Chemiker Felix Hoffmann gelang es 1897, den Wirkstoff der Weidenrinde künstlich herzustellen: die Acetylsalicylsäure, kurz ASS. Er nannte sein Schmerzmittel Aspirin, das schnell zu einem der erfolgreichsten und meistverkauften Arzneimittel der Welt wurde.

Strandkorb

Das Markenzeichen deutscher Strände ist der Strandkorb. Elfriede Maltzahn aus dem Ostseebad Kühlungsborn hatte 1882 die Idee, sich einen schützenden Korbstuhl für den Strand bauen zu lassen. Sie liebte den Strand, litt aber unter Rheuma. Mit ihrer Idee ging sie zum Rostocker Hof-Korbmacher Wilhelm Bartelmann, der für sie den Ur-Strandkorb aus Weide, spanischem Rohr und Markisenstoff baute. Nur ein Jahr später ging die Strandkorbproduktion in Serie und Wilhelm Bartelmann wurde der erste Strandkorbvermieter der Welt.

Schnuller

Der „Wonnesauger", mit dem sich Kinder so wunderbar ruhig stellen lassen, ist eigentlich eine alte Erfindung. Harte Sauger führten früher aber oft zu Missbildungen des Gaumens und zu Fehlstellungen der Zähne. Zwei deutsche Zahnmediziner, Dr. Adolf Müller und Professor Wilhelm Balters, machten sich daran, einen gaumenfreundlichen Schnuller zu entwickeln. 1949 gelang ihnen der Durchbruch in der Schnuller-Entwicklung: Sie hatten den zahn- und kiefergerechten Beruhigungssauger aus Gummi erfunden.

Die Nähmaschine

Von 1807 bis 1839 arbeitete der Kufsteiner Joseph Madersperger an der Herstellung und Verbesserung seiner Nähmaschine. Die Nadel wurde mit einer Spitze mit einem integrierten Nadelöhr ausgestattet. Seine hervorzuhebende Erfindung war aber eine Einrichtung zur Erzeugung des Doppelstiches. Leider gelang es ihm damals nicht, die Öffentlichkeit zu überzeugen. Er verstarb 1850 im Armenhaus in Wien.

Mehr Informationen zu „Dinge des Alltags – Made in DACH"

Sammeln Sie Informationen über weitere Dinge des Alltags, die in Deutschland, Österreich oder der Schweiz erfunden wurden.
Beispiele aus dem deutschsprachigen Bereich:
MP3 – Milchschokolade – Dübel – Bobby-Car – Currywurst – Würfelzucker – Schnellkochtopf

Grammatik-Rückschau

1 Adjektivdeklination nach Artikelwörtern

Deklination wie nach …		Singular	Plural
… bestimmtem Artikel im Singular: *jed-, manch-, folgend-, welch-, jen-, dies-* … bestimmtem Artikel im Plural: *all-, irgendwelch-, manch-, mehrer-, dies-, jen-, diejenig-, solch-, beid-, folgend-, welch-, kein-*	Nom.	jeder/jedes/jede hektisch**e** Tag/Leben/Zeit	alle hektisch**en** Tage
	Akk.	jeden hektisch**en** Tag jedes/jede hektisch**e** Leben/Zeit	alle hektisch**en** Tage
	Dat.	jedem hektisch**en** Tag/Leben jeder hektisch**en** Zeit	allen hektisch**en** Tagen
	Gen.	jedes hektisch**en** Tages/Lebens jeder hektisch**en** Zeit	aller hektisch**en** Tage
… unbestimmtem Artikel im Singular: *manch ein-, irgendein-, kein-*	Nom.	irgendein hektisch**er** Tag irgendein hektisch**es** Leben irgendeine hektisch**e** Zeit	
	Akk.	irgendeinen hektisch**en** Tag irgendein hektisch**es** Leben irgendeine hektisch**e** Zeit	
	Dat.	irgendeinem hektisch**en** Tag/Leben irgendeiner hektisch**en** Zeit	
	Gen.	irgendeines hektisch**en** Tages/Lebens irgendeiner hektisch**en** Zeit	
… Nullartikel: *etwas, genug, viel, wenig, mehr* … Nullartikel im Plural: *viel-, wenig-, ander-, einig-, ein paar, etlich-, zahlreich-, verschieden-, weiter-, sämtlich-, sonstig-*	Nom.	etwas hektisch**er** Stress etwas hektisch**es** Leben etwas hektisch**e** Zeit	mehr hektisch**e** Zeiten viele hektisch**e** Zeiten
	Akk.	etwas hektisch**en** Stress etwas hektisch**es** Leben etwas hektisch**e** Zeit	mehr hektisch**e** Zeiten viele hektisch**e** Zeiten
	Dat.	etwas hektisch**em** Stress/Leben etwas hektisch**er** Zeit	mehr hektisch**en** Zeiten vielen hektisch**en** Zeiten
	Gen.	etwas hektisch**en** Stresses/Lebens etwas hektisch**er** Zeit	mehr hektisch**er** Zeiten vieler hektisch**er** Zeiten

2 Wortbildung

Vom Verb zum Substantiv

Endung / Veränderung	Beispiel	Bedeutung
das + Infinitiv	**das** Arbeiten	Handlungen
Verb ohne Endung auch mit Vokaländerung	der Ruf die Wahl	Handlungen oder Gefühle
Endung *-e*	die Sorg**e**	andauernde Handlungen/Gefühle
Endung *-ung*	die Erfahr**ung**	Abstrakta (feminin)
Endung *-nis*	das Bedürf**nis**	Zustände, Erfahrungen und Einstellungen
Endung *-schaft*	die Wissen**schaft**	(feminin)
Partizip II + *-e*	das **Geschriebene**	vergangene Ereignisse/Handlungen oder Haltungen
Partizip I + *-e*	der/die **Lesende**	Personen, die etwas tun
Endung *-er*	der Fernseh**er**	Gebrauchsgegenstände oder Personen

Vom Adjektiv zum Substantiv

Endung / Veränderung	Beispiel	Bedeutung
Artikelwort und Endung *-e*	**der/das/die** Neu**e**	Personen oder Dinge
Endung *-(ig)keit*	die Gerecht**igkeit**	Abstrakta (feminin)
Endung *-heit* auch mit Vokaländerung	die Krank**heit**	Abstrakta (feminin)
Endung *-schaft*	die Verwandt**schaft**	(feminin)

Ein bisschen Chaos ist in Ordnung

1 Sehen Sie den Film. Um welches Thema geht es? Mit welcher Haltung wird das Thema dargestellt? Notieren Sie Prozentzahlen je nach Ihrer Meinung und tauschen Sie sich danach im Kurs aus.

humorvoll, komisch _____%

wissenschaftlich, seriös _____%

2 Bilden Sie zwei Gruppen und sehen Sie den Film noch einmal.

Gruppe A:
Durch welche Mittel wird die Komik im Film hergestellt?
Machen Sie Stichpunkte und sammeln Sie dann im Kurs.

- ungewöhnliche Bewegungen des Reporters, z. B. Schwimmen
- ...

Gruppe B:
Konzentrieren Sie sich auf die drei Interviewteile mit der Psychologin.
Ergänzen Sie die Sätze, die die Hauptidee der Aussagen ausdrücken.

Teil 1: Unordnung im Alltag (z. B. ein unaufgeräumter Schreibtisch) ...

Teil 2: Manchmal ist Unordnung nur scheinbar Chaos. In Wirklichkeit ist es ...

Teil 3: Um kreativ zu sein, gibt es folgende Methoden: ...

sehen | nachdenken | diskutieren 1

3 Im Film werden folgende Sätze gesagt:

Ordnung ist das halbe Leben.

Wer keine Ordnung hält, der sucht sich tot.

Wer aufräumt, ist nur zu faul zum Suchen.

Wählen Sie einen der Sätze und äußern Sie Ihre Meinung dazu.

4a In vielen Ländern werden die Deutschen als besonders ordentlich angesehen. Gibt es dieses Klischee auch in Ihrem Land?
  b Welche Erfahrungen haben Sie mit der angeblichen deutschen Ordnung gemacht? Nennen Sie positive oder negative Beispiele.
  c In welchen Bereichen würden Sie den Deutschen zu mehr „chaotischer Lockerheit" raten? Und in welchen Bereichen würden Sie sich in Ihrem Land mehr Ordnung bzw. mehr Gelassenheit wünschen?

5a Wo sind Sie persönlich kreativer: in einer ordentlichen oder in einer unordentlichen, chaotischen Umgebung?
  b Beschreiben Sie möglichst genau Ihre Lernumgebung. Was finden Sie daran gut, was möchten Sie gern ändern?
  c Wie lernen Sie am effektivsten? Beschreiben Sie die Rolle von Chaos und Ordnung für Ihren Lernprozess (Vokabellernen, Hausaufgaben, Prüfungsvorbereitungen usw.). Diskutieren Sie im Kurs.
  Sie können die besten Lerntipps sammeln und auf ein Plakat schreiben.

An die Arbeit!

1a Sehen Sie sich die Fotos an. Um welche Berufe könnte es sich hier handeln? Welche Voraussetzungen muss man Ihrer Meinung nach für diese Berufe erfüllen?

b Lesen Sie die Texte. Ordnen Sie sie den Fotos zu. Haben sich Ihre Vermutungen bestätigt? Was hat Sie überrascht?

A Als ich im Sommer 1982 mit meinem Motorrad durch Hamburg fuhr, hielten mich zwei Polizisten an. Angeblich hätten meine Reifen zu wenig Profil. Während ich zusah, wie sie einen Strafzettel ausfüllten, blieb meine Aufmerksamkeit an einem Detail hängen: Einer der beiden Polizisten hatte in seiner Brusttasche mehr als ein Dutzend Schreibstifte. Als ich mich erkundigte, wofür er sie alle brauchte, gab er eine Antwort, die mich faszinierte: Er benutze für jede Kategorie Mensch genau einen Stift. Es gebe nur 18 unterschiedliche Menschentypen, folglich habe er exakt 18 Stifte dabei. Vier Monate später trat ich in die Polizeischule ein und begann nach der Ausbildung meinen Dienst am Bahnhof. Schon damals war mir klar: Verstehen, warum sich Menschen unterschiedlich verhalten, kann man nicht mithilfe des Studiums aus Büchern lernen. Man muss auf die Straße gehen, mit den Menschen sprechen, in Kontakt treten, beobachten. Man muss freundlich, wertfrei und interessiert sein. Eine wichtige Voraussetzung, damit sich Menschen einem öffnen. Und vielleicht die wichtigste Eigenschaft, um ein guter Kriminalpsychologe zu werden. Um aus meinen Beobachtungen Schlussfolgerungen ziehen zu können, beschloss ich, neben dem Polizeidienst Psychologie zu studieren.

Sie lernen

Einem Text über Bewerbungen mit „buntem" Lebenslauf Ratschläge entnehmen und ein Stellengesuch schreiben .. Modul 1

Über Vor- und Nachteile von Studium und Berufsausbildung sprechen und Stichworte zu einem Studienberatungsgespräch notieren .... Modul 2

Einen Text zum Thema „Multitasking" verstehen .... Modul 3

Notizen zu einem Radiointerview über „Soft Skills" machen................... Modul 4

Bewerbungstrainings vergleichen und eine Entscheidung aushandeln .... Modul 4

Grammatik

Attribute .... Modul 1
Weiterführender Nebensatz .... Modul 3

B Ich habe schon mit sechs Jahren angefangen. Mein Vater hat mir ein kleines motorisiertes Auto, einen Gokart, gekauft und ich habe fast jedes Wochenende trainiert. Mit zehn Jahren bin ich als Jung-Pilot in der Bambini-Klasse bei richtigen Rennserien mitgefahren. Ein paar Jahre später ging es dann zur Sache: Mit 16 konnte ich in echte Rennautos einsteigen. Das geht sogar ohne Führerschein. In den sogenannten Formel-Serien fahren Teenager Autos, die wie Formel-1-Wagen aussehen. Nur sind sie etwas kleiner und langsamer. Die talentiertesten Fahrer steigen dann in die Formel-3 auf und bekommen wie „Schumi" und andere Rennfahrer einen eigenen Sponsor. Wer aber wirklich Rennfahrer werden will, der braucht nicht nur Talent, sondern muss auch Angst haben können. Angst in Form von Respekt vor dem Fahrzeug, der Geschwindigkeit und der Strecke. Denn wer als Rennfahrer einen Fehler macht, für den wird es sehr schnell gefährlich.

C Den Finger auf den roten Knopf legen – dieser Moment wird total überschätzt. Das eigentlich Interessante an der Sprengarbeit ist nicht nur die Explosion, sondern die ganze Vorbereitung. Ich liebe die Arbeit als Sprengmeister, weil man sich für jedes Problem eine neue Lösung ausdenken muss. Jedes Wohnhaus, jede Brücke und jeder Turm ist anders konstruiert – und man muss bei der Sprengung immer die Ideallösung finden. Manchmal ist vielleicht genug Platz, um das Gebäude durch die Sprengung einfach zum Kippen zu bringen. Manchmal steht das Objekt aber auch in der Mitte einer belebten Straße und man muss dafür sorgen, dass es praktisch auf der Grundfläche in sich zusammenbricht. Sprengmeister ist kein Ausbildungsberuf wie Schreiner oder Bäcker. Zuerst habe ich als Assistent bei Sprengungen geholfen. Das war für meinen späteren Weg ganz wichtig. Denn wer selber sprengen möchte, muss bei mindestens 50 Sprengungen assistiert haben oder aber zwei Jahre lang bei einem Sprengmeister gearbeitet haben.

D Von Beruf bin ich Schauspielerin. Ich bin vor einigen Jahren über eine Agentur zum Synchronsprechen gekommen. Von Anfang an hat mich diese Arbeit begeistert: Man gibt einer fremden Person seine Stimme, muss sich in diese Person hineinversetzen, sich mit ihr freuen, mit ihr leiden, mit ihr lachen, mit ihr weinen. Die wichtigste Voraussetzung dafür ist natürlich eine gute Stimme. Aber genauso wichtig ist Menschenkenntnis und die Fähigkeit, Emotionen zeigen zu können. Grundsätzlich kann man auch ohne Schauspielerausbildung Synchronsprecherin werden, doch das dürfte eher die Ausnahme als die Regel sein. Man müsste schon eine außergewöhnlich prägnante Stimme und ein Riesentalent haben, um sich unter den vielen Schauspielern behaupten zu können. Ohne Ausbildung einfach bei einem Synchronstudio an die Tür zu klopfen oder sich bei einer Agentur vorzustellen, wird vermutlich nicht von Erfolg gekrönt sein, zumal die Branche recht überlaufen und die Verdienstmöglichkeiten leider noch immer bescheiden sind.

E Die Idee, Butler zu werden, wurde geboren, als ich in den Semesterferien auf einem privaten Schiff als Steward tätig war. Nachdem ich mein Studium beendet hatte, stand für mich fest, nach London zu gehen und eine Ausbildung als Butler zu machen. Um Butler zu werden, braucht man eine abgeschlossene Ausbildung im Hotelfach, mehrjährige Berufserfahrung in der gehobenen Hotellerie und/oder auf einem Schiff, kommunikationsfähiges Englisch, Französisch ist wünschenswert. Diskret, loyal, flexibel und belastbar muss man sein. Ausgezeichnete Referenzen muss man vorweisen, eigenverantwortliches Arbeiten und sehr gute Umgangsformen sind notwendig. Und als Butler sollte man die Fähigkeit besitzen, ein professioneller Multitasker zu sein.

2 Welche anderen Berufe kennen Sie, für die man spezielle Kenntnisse, ein bestimmtes Talent oder Geschicklichkeit braucht? Beschreiben Sie einen solchen Beruf kurz.

Ein bunter Lebenslauf

1a Was könnte ein „bunter" Lebenslauf sein?

b Lesen Sie den ersten Absatz des Textes. Lagen Sie mit Ihrer Einschätzung richtig?

c Worauf sollte Ihrer Meinung nach ein Bewerber mit „buntem" Lebenslauf achten?

2 Lesen Sie den gesamten Text. Welche Ratschläge gibt der Personalexperte Dr. Becker Bewerbern mit „buntem" Lebenslauf?

Bewerben mit „buntem" Lebenslauf

Ein abgebrochener Studiengang, verschiedene Jobs, die mit der angestrebten Berufslaufbahn nichts zu tun haben, und Lücken im Lebenslauf: Absolventen und Berufseinsteiger mit solch einer „bunten" Vita sind häufig verunsichert, wie sie diese im Bewerbungsgespräch plausibel erklären sollen. Dabei besteht eigentlich kein Grund zur Sorge, wie Dr. Frank Stefan Becker, Personalexperte der Siemens AG, weiß. Jedoch gilt es, einige Stolpersteine zu umgehen. […]

Ein nur mäßig zielstrebiger Lebenslauf, der beispielsweise ein abgebrochenes Studium vor dem erfolgreich abgeschlossenen enthält, ist für viele Personaler eine Frage des Alters. „Zwischen 20 und 30 Jahren formt sich ein Mensch", so Frank Stefan Becker. „Hier sind thematische Richtungswechsel nichts Außergewöhnliches. Wichtig ist aber, dass der Bewerber die Um- bzw. Neuorientierung schlüssig darlegen kann. Ältere Bewerber hingegen tun sich in der Regel schwerer, zu erklären, warum sie die Richtung noch einmal komplett gewechselt haben."

Ebenso zentral wie selbstverständlich ist, dass die Begründung von Richtungswechseln oder zeitlichen Lücken im Lebenslauf auf Ehrlichkeit beruht. […] „Unabhängig davon, welche Auszeit der Bewerber genommen oder welchen Richtungswechsel er vollzogen hat, wird er sich dabei etwas gedacht und Erkenntnisse gewonnen haben. Genau das ist es, was den Personaler interessiert." Im Bewerbungsgespräch zu sagen, dass das zunächst begonnene Studium doch nicht das war, was man sich vorgestellt hatte, muss kein Nachteil sein. „Der Personaler sieht es so: Der Bewerber hat eine falsche Entscheidung getroffen und diese revidiert. So wird er später nicht irgendwann einmal feststellen müssen, dass er sich für den falschen Beruf entschieden hat. Fehler zu machen ist normal – der Umgang mit ihnen ist aufschlussreich", so der Personalexperte. Begründungen wie „das bewusst absolvierte Grundstudium meines abgebrochenen

www.achecht.de

Studiengangs brachte mir wichtige Erfahrungen, die mein späteres Studium ergänzten" sind hingegen Verlegenheitsargumente bzw. haben etwas Phrasenhaftes, das vom Personaler schnell erkannt wird und dem Bewerber eher schadet.

Im Hinblick auf vorherige Tätigkeiten und Nebenjobs, die mit der angestrebten Stelle nichts gemein haben, raten viele Bewerbungsratgeber hingegen dazu, eine Brücke zum gewünschten Job zu schaffen.

Dabei ist aber Vorsicht geboten: „Der Bewerber sollte nicht auf Biegen und Brechen versuchen, seine vorherigen Tätigkeiten per se als wichtige Erfahrung für die gewünschte Stelle zu verargumentieren – beispielsweise seinen früheren Nebenjob als Briefträger, wenn in der Stellenanzeige eine hohe Mobilität gewünscht wird. Personaler hören solche Argumente täglich und können plausible durchaus von allzu fantasiereichen Konstrukten unterscheiden." Im Zweifel gilt daher: Im Lebenslauf sollte auch Berufserfahrung angegeben werden, die mit der gewünschten Stelle nichts gemein hat. Es ist jedoch davon abzuraten, diese um jeden Preis in einen Zusammenhang mit der Stelle bringen zu wollen. […]

lesen
schreiben | Grammatik

2 Modul 1

3 Wie wichtig ist ein lückenloser und geradliniger Lebenslauf in Ihrem Land?

4a Attribute. Ergänzen Sie die Wörter im Satz.

| meines abgebrochenen Studiengangs | bewusst absolvierte |
| die mein späteres Studium ergänzten | |

Das _____ Grundstudium _____
brachte mir wichtige Erfahrungen, _____

b Welche Funktion haben Attribute?

c Sehen Sie sich die Tabelle an. Was für Attribute sind das? Notieren Sie die Nummer.

1 Adjektiv **2** Relativsatz **3** Substantiv im Genitiv **4** Partizip I/II **5** Präposition mit Substantiv

G

Artikelwort	Linksattribut	Substantiv	Rechtsattribut
ein	bunter ☐	Lebenslauf	—
ein	abgebrochenes ☐	Studium	—
eine	—	Frage	des Alters ☐
die	—	Begründung	von Richtungswechseln ☐
eine	wichtige ☐	Erfahrung,	die mein späteres Studium ergänzte ☐

d Ergänzen Sie die Regel.

G

Relativsätze – zusätzliche – rechts – Substantiv – links

Attribute bestimmen ein _____ näher und geben ihm _____ Merkmale.
Attribute, die _____ von einem Substantiv stehen, sind: Adjektive und Partizipien. Attribute,
die _____ von einem Substantiv stehen, sind: Substantive im Genitiv oder eine Präposition
mit Substantiv. Auch _____ können Attribute sein, wenn sie ein Substantiv näher
bestimmen.

▶ Ü 2–3

5 Recherchieren Sie im Internet nach Stellengesuchen und notieren Sie typische Attribute.
Schreiben Sie dann ein eigenes Stellengesuch.

langjährige Erfahrung als ... / gute Kenntnisse der neuen deutschen Rechtschreibung / ...

Probieren geht über Studieren?

1 Welcher Schulabschluss (Berufsschulabschluss, Fachschulabschluss, Hochschulabschluss, ...) ist in Ihrem Heimatland besonders häufig? Warum?

2a Studium oder Berufsausbildung? Sammeln Sie im Kurs Vor- und Nachteile.

Einerseits verdient man nach einer Ausbildung viel schneller Geld, andererseits lassen sich bestimmte berufliche Ziele ohne ein Studium nicht realisieren.

b Lesen Sie die folgenden Aussagen zum Thema „Studium oder Berufsausbildung". Nehmen Sie zu jeder Aussage kurz Stellung und begründen Sie Ihre Meinung.

1 Ich habe keine Lust, fünf Jahre zu studieren und dann festzustellen, dass der Arbeitsmarkt in diesem Beruf überlaufen ist.

2 Ohne Studium ist man heute ein Niemand. Nach einem Studium ist man doch in der Gesellschaft viel angesehener.

3 Mein Vater sagte immer: Erst lernst du einen Beruf und dann kannst du studieren. Wie recht er hatte. Das kann ich nur jedem empfehlen.

4 Wer wirklich richtig Geld verdienen möchte, braucht eine gute Ausbildung. Und die bekommt man nur an einer Uni.

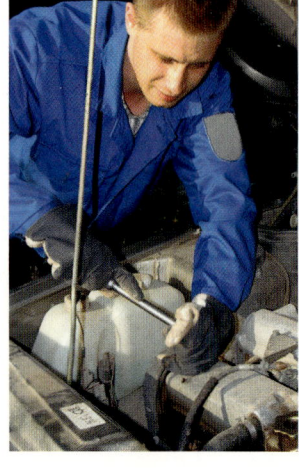

5 Was lernt man denn im Studium? Die blanke Theorie. Im Beruf aber zählt die Praxis. Ein altes Sprichwort sagt: Probieren geht über Studieren.

hören sprechen

Modul 2

3 Sie hören jetzt ein Telefongespräch. Anna Novotná ruft bei der Studienberatung der Fachhochschule Worms an. Sie hat einige Fragen zu ihrem zukünftigen Studium. Notieren Sie zu diesen Punkten Stichworte. Sie hören das Gespräch einmal.

01 Was macht Frau Novotná zurzeit? — *Au-pair-Mädchen in Regensburg*

02 Sie möchte an der Fachhochschule Worms … studieren. — *Touristik und Verkehrswesen*

1. Was ist das Besondere an dem Gymnasium, das Frau Novotná besucht hat?
2. Nennen Sie zwei Zulassungsvoraussetzungen für das Studium.
3. Nennen Sie zwei Möglichkeiten für das Praktikum.
4. Das Praktikum muss mindestens … dauern.
5. Welche Sprache hat Frau Novotná als zweite Fremdsprache gelernt?
6. Was für ein Abschluss ist für die Fremdsprache wichtig?
7. Frau Novotná muss sich bis zum … beworben haben, wenn sie im Wintersemester beginnen möchte.
8. Nach welchen beiden Kriterien werden die Studenten ausgewählt?
9. Wenn man keinen Platz bekommt, wird man auf die … gesetzt.
10. Nach der Entscheidung bekommt Frau Novotná einen … .

▶ Ü 1–3

4 Informieren Sie sich im Internet, welche Voraussetzungen Sie erfüllen müssen, wenn Sie eine Berufsausbildung oder ein Studium in einem deutschsprachigen Land absolvieren wollen. Tauschen Sie Ihre Informationen im Kurs aus.

> Welche Sprachkenntnisse?   Nachweis der Sprachkenntnisse?   Schulabschluss?
> Praktikum?   Vorwissen?   Prüfung?   Physische Eignung?

Multitasking

1a „Multitasking" – Klären Sie den Begriff gemeinsam und nennen Sie Beispiele.

b Lesen Sie den folgenden Text und ordnen Sie den Abschnitten jeweils eine passende Überschrift zu. Zwei Überschriften passen nicht.

A Gleichzeitige Wahrnehmung und Reaktion ist zu viel für das Gehirn
B Beweis durch Studie: Gleichzeitigkeit verursacht Stress
C Einigkeit bei Experten: Multitasking ist Zeitfalle
D Verschwendung wertvoller Ressourcen
E Unfälle durch Ablenkung
F Verbesserung der Wirtschaftlichkeit durch Zeitpläne
G Entscheidungsprobleme durch zu viele Anforderungen in kurzer Zeit

Schön der Reihe nach statt Multitasking

1 _E_

Als vor ihm die roten Bremslichter aufleuchten, reagiert der Proband einige Zehntelsekunden zu spät. Die Stoßstange seines Fahrzeugs berührt das vor ihm fahrende Auto, die Anzeige „Crash" leuchtet auf. Virtuelle Unfälle wie diesen hat Versuchsleiter David Strayer schon viele erlebt. Der Grund ist fast immer derselbe: Die Probanden sind abgelenkt, weil sie während des Fahrens telefonieren. Eine Freisprechanlage ändert nichts an der hohen Unfallquote. Wer während des Autofahrens telefoniert, hat ein viermal so hohes Unfallrisiko.

2 _B_ (A)

Der Mensch kann nicht erfolgreich mehrere Dinge auf einmal tun, was Wissenschaftler in neuen Untersuchungen bestätigen. Zwar beharren viele Unternehmer und Betriebsberater auf der Ansicht, verschiedene Aufgaben zugleich zu erledigen sei das Patentrezept gegen Dauerstress, gegen zu viel und zu langsam erledigte Arbeit. Multitasking nennen sie dieses Rezept. Doch Psychologen, Neurowissenschaftler und Ökonomen widersprechen mittlerweile einhellig: Der Mensch mache bei solchem Vorgehen haufenweise Fehler, sein Gehirn sei der Doppelbelastung nicht gewachsen. Er verplempere sogar Zeit, und zwar mehr als ein Viertel, weil er Fehler wieder ausbügeln und sich an die jeweils nächste Aufgabe erinnern müsse. Der Gleichzeitigkeitswahn verschwendet wertvolle Arbeitszeit.

3 _A_

Im Kernspintomografen messen Wissenschaftler, wie gut das Gehirn damit klarkommt, wenn es mehrere Aufgaben gleichzeitig erledigen soll. Marcel Just von der Carnegie Mellon University in Pittsburgh las seinen Probanden einfache Sätze vor, die Versuchspersonen sollten nur zuhören. Die für die Spracherkennung zuständigen Gehirnareale waren höchst aktiv. Dann sahen die Probanden zusätzlich Bilder von zwei dreidimensionalen Objekten, die sie miteinander vergleichen sollten. Das gelang den Studienteilnehmern zwar meistens, doch ihr Gehirn kam mit der Doppelbelastung nicht zurecht. Die Spracherkennungsareale waren in der Multitasking-Aufgabe nicht mal mehr halb so aktiv wie zuvor. Der Preis für das Multitasking besteht darin, dass zumindest eine der Aufgaben nur mit halber Kraft bearbeitet wird. Ein telefonierender Autofahrer konzentriert sich gleichzeitig auf den Gegenverkehr und das Gespräch, weshalb er keine Kapazitäten mehr frei hat, um auf einen Fußgänger zu reagieren. Wenn das Gehirn nicht mehr nur wahrnehmen, sondern auch reagieren muss, scheitert jeder Versuch von Gleichzeitigkeit.

4 _G_

Entscheidungen brauchen Zeit, und zwar mindestens eine Sekunde. Der Psychologe René Marois präsentierte seinen Probanden Bilder geometrischer Figuren und dann, nach unterschiedlich langen Zeitintervallen, einen Ton. Zu jedem der acht verschiedenen Bilder und Töne gehörte eine bestimmte Taste, die die Probanden so schnell wie möglich betätigen sollten. Wenn Marois Bild und Ton in einem zeitlichen Abstand von 300 Millisekunden oder weniger darbot, verzögerte sich die Reaktion der Studienteilnehmer um eine Sekunde.

Nur wenn sie Bild und Ton um mindestens eine Sekunde versetzt wahrnahmen, konnten sie unmittelbar und korrekt auf beide Reize reagieren.

Zu viele Aufgaben, die in zu kurzer Zeit auf das Gehirn einstürmen, verursachen einen Entscheidungsstau, erklärt Marois. Mindestens zwei Regionen im Gehirn, die für die Auswahl der passenden Reaktionen zuständig sind, funktionieren wie eine Art Flaschenhals: Handlungsanweisungen gelangen nur langsam und der Reihe nach hindurch.

5 D/F
Der Mensch versucht sich trotzdem ständig im Multitasking und wähnt sich dabei meistens erfolgreich. „Was wir als Multitasking erleben, ist nur ein schneller Wechsel zwischen verschiedenen Aufgaben", erklärt der Psychologe Jordan Grafman. „Dabei verwechseln wir Schnelligkeit mit Intelligenz", sagt der Münchener Hirnforscher Ernst Pöppel. „Wer schnell ist, gilt immer auch als schlau."

Zahlreiche Menschen erliegen dieser Illusion, wodurch täglich wertvolle Ressourcen verschwendet werden: Intellekt, Arbeitszeit – und eine Menge Geld. „Wenn jeder Mensch in Deutschland eine Stunde am Tag ohne Unterbrechung durcharbeiten würde, bekämen wir den größten Innovationsschub aller Zeiten", so Ernst Pöppel.

▶ Ü 1–2

c Fassen Sie den Text in wenigen Sätzen zusammen.

d In welchen Situationen ist für Sie Multitasking kein Problem, wann finden Sie es belastend?

2a Lesen Sie die Sätze und unterstreichen Sie die weiterführenden Nebensätze. Worauf bezieht sich der weiterführende Nebensatz jeweils?
- Der Mensch kann nicht erfolgreich mehrere Dinge auf einmal tun, was Wissenschaftler in neuen Untersuchungen bestätigen.
- Ein telefonierender Autofahrer konzentriert sich gleichzeitig auf den Gegenverkehr und das Gespräch, weshalb er keine weiteren Kapazitäten zum Reagieren mehr frei hat.
- Zahlreiche Menschen erliegen dieser Illusion, wodurch täglich wertvolle Ressourcen verschwendet werden.

b Formen Sie die Sätze um.
- Das Gehirn kann keine Doppelbelastung bewältigen. Das überrascht mich sehr.
  Das Gehirn kann keine Doppelbelastung bewältigen, was mich sehr überrascht.
- Durch Multitasking wird viel Zeit verschwendet. Deshalb sollte man es vermeiden.
- Während der Arbeit werde ich ständig unterbrochen. Darüber ärgere ich mich oft.
- Am Montag bekomme ich ein eigenes Büro. Damit habe ich gar nicht gerechnet.
  womit

c Ergänzen Sie die Regel.

> Weiterführende Nebensätze beziehen sich auf die Gesamtaussage des _Hauptsatzes_. **G**
> Die Aussage des Hauptsatzes wird kommentiert oder weitergeführt. Weiterführende Nebensätze werden mit *was*, mit *wo(r)* + Präposition oder mit *weshalb/weswegen* eingeleitet und stehen immer _nach_ dem Hauptsatz.

d Arbeiten Sie zu zweit. Geben Sie einen Hauptsatz vor. Ihr Partner / Ihre Partnerin bildet einen passenden weiterführenden Nebensatz. Dann tauschen Sie.

Ich arbeite jetzt in einer anderen Abteilung, ...   *... worüber ich mich sehr freue.*

▶ Ü 3–7

Soft Skills

1 Sehen Sie die Zeichnung an. Was wird hier dargestellt?

2 Neben Fachwissen sind heute im Arbeitsleben zahlreiche weitere Fähigkeiten gefragt. Wählen Sie zwei Begriffe, erklären Sie sie und nennen Sie Berufe, bei denen diese Fähigkeiten besonders wichtig sind.

> Kundenorientierung   Durchsetzungsvermögen   Führungskompetenz
> Motivation   Kommunikationsfähigkeit   Engagement
> Teamfähigkeit/Teamorientierung
> Eigeninitiative   Analytisches und logisches Denken   Belastbarkeit
> Konfliktfähigkeit   Zielorientierung/Zielstrebigkeit   Kreativität
> Begeisterungsfähigkeit   Flexibilität
> Verlässlichkeit   Organisationsfähigkeit   Emotionale Intelligenz   Mobilität

Konfliktfähigkeit bedeutet, dass man Konflikten nicht aus dem Weg geht, sondern Probleme anspricht. Man sollte in der Lage sein, Konflikte fair und sachlich zu lösen und gleichzeitig aus dem Konflikt zu lernen. Das ist eigentlich in allen Berufen wichtig, besonders wenn man im Team arbeitet. …

▶ Ü 1

3a Beim Hören eines Radiointerviews sollen Sie Notizen zu wichtigen Informationen machen. Sammeln Sie zuerst gemeinsam im Kurs, wie man am besten Notizen macht.

Fertigkeitstraining
hören | lesen | sprechen | schreiben

2 Modul 4

b Sie hören ein Radiointerview zum Thema „Soft Skills" in drei Abschnitten. Ergänzen Sie die Informationen und vergleichen Sie Ihre Notizen nach jedem Abschnitt mit Ihrem Nachbarn / Ihrer Nachbarin.

Abschnitt 1:

| In Stellenanzeigen häufig geforderte Soft Skills: | Zahl der Unternehmen, die Soft Skills für wichtig halten: |

| Grund für große Bedeutung von Soft Skills heute: | Für Teamarbeit wichtige Fähigkeiten: |

Abschnitt 2:

| Grund für Forderung nach Veränderungsbereitschaft: | Führungskraft heute: |

| Grund für Popularität von interkultureller Kompetenz: | Bedeutung von vernetztem Denken: |

Abschnitt 3:

| Problem beim Umgang mit Soft Skills: |

Soft Skills

c Hören Sie das Interview noch einmal und ergänzen Sie fehlende Informationen.

d Welche Soft Skills haben in Ihrem Land eine große Bedeutung?

e Welche Soft Skills sind in Ihrem Beruf/Traumberuf wichtig und warum?

4a Arbeiten Sie zu zweit. Jeder liest einen Text und macht sich Notizen zu den wichtigsten Informationen.

A Soft Skills in der Bewerbung

Christian Püttjer weiß, was Personaler wollen. Seit über 15 Jahren vermittelt er in Seminaren und Büchern sein Wissen rund um das Thema Bewerbung. Zum Beispiel hat er beobachtet, dass Soft Skills bei Unternehmen einen ähnlichen Stellenwert einnehmen wie fachliche Kenntnisse. Wer sich auf eine Stellenanzeige bewerbe, sollte deshalb zunächst ganz genau den Text analysieren und akribisch alle geforderten Hard und Soft Skills herausfiltern. Das sei die Grundvoraussetzung für eine überzeugende Mappe. Für das Anschreiben rät er: „Fachliche Fähigkeiten stichwortartig aufzählen, Soft Skills lieber beschreiben." Dabei warnt Püttjer vor floskelhaften Behauptungen. Gerade im ersten Schritt der Bewerbung sei es geschickt, die Soft Skills passgenau aufzuzeigen, um die Personalabteilung neugierig zu stimmen. Angaben wie: „Ich bin teamfähig, kommunikativ und belastbar" bringen den Bewerber nicht weiter. „Besser sind beispielhafte Situationen, in denen man die gewünschten Schlüsselqualifikationen bereits eingesetzt hat." Fordert die Stellenanzeige Teamfähigkeit, könnte man schreiben: „Ich habe in meinem Praktikum im Team gearbeitet und mit anderen Referenten Wettbewerbsanalysen erstellt." Auch im Lebenslauf darf es Beispiele für Soft Skills geben. „Man sollte nicht bloß Situationen wie Praktikum, Aushilfstätigkeit oder Ehrenamt auflisten", sagt Püttjer, „besser ist es, einen tätigkeitsbezogenen Lebenslauf zu schreiben." Dabei geht es darum, jeweils drei bis fünf Tätigkeiten anzugeben, die man in einzelnen Stationen ausgeführt hat. „Wenn jemand Mitglied einer Studentenorganisation war, lässt man das nicht bloß so stehen. Besser ist es, zu schreiben, dass man Versammlungen organisiert, Vorträge gehalten und Verhandlungen geführt hat."

B Assessment Center

Im Rahmen einer Bewerbung können Sie zu einem Assessment Center (AC) eingeladen werden. Das AC verfolgt das Ziel, herauszufinden, wie Sie sich in bestimmten Situationen verhalten. Dazu werden verschiedene Beobachter eingesetzt, die Ihr Verhalten bewerten. Die Ergebnisse werden dann mit den Anforderungen des Unternehmens verglichen. So kann es sein, dass ein innovativer Charakter gesucht wird, der durchsetzungsstark ist und neuen Wind in ein (zu) eingespieltes Team bringt. So können Sie sich vorbereiten:

Informieren Sie sich ausführlich über das Unternehmen und seine AC-Politik, etwa über Kommilitonen, Karrieremagazine und Webseiten.

Halten Sie sich auf dem Laufenden über das Tagesgeschehen, oft wird aktuelles Wissen abgefragt.

Verschaffen Sie sich einen Überblick zu typischen AC-Fragen, etwa durch spezielle Ratgeberbücher. Sehen Sie dem AC ruhig und gelassen mit dem Bewusstsein entgegen, dass Sie hier nur lernen können. Die jeweils unterschiedlichen Prioritäten in den Assessment Centern sind gut für Sie, denn diese bedeuten, dass Sie in einem AC durchfallen können, in einem anderen aber gute Chancen haben.

In jedem Fall ist jedes AC lehrreich, denn Sie lernen mehr über Ihre Stärken und Schwächen und können fortan besser damit umgehen. Nach einem AC ohne Stellenangebot sollten Sie deshalb um ein Feedback bitten, was Ihnen meist auch gerne gegeben wird.

Das AC beinhaltet in der Regel verschiedene Abschnitte. Dazu gehören neben Einzelinterviews auch Rollenspiele, Selbstpräsentation, Persönlichkeits- und Konzentrationstests sowie Tests zur Überprüfung kognitiver Fähigkeiten und Gruppendiskussion. Legendär ist die Postkorbübung, bei der Sie Wichtiges von Unwichtigem trennen sollen. Die Übung gibt es auch in einer E-Mail-Variante.

www.staufenbiel.de/bewerbungswissen

b Tauschen Sie sich mit Ihrem Partner / Ihrer Partnerin aus. Informieren Sie ihn/sie über die wichtigsten Inhalte und Ratschläge Ihres Textes.

Fertigkeitstraining
hören | lesen | sprechen | schreiben

2 Modul 4

5 Schreiben Sie einen Beitrag für eine Lokalzeitung zum Thema „Soft Skills".
– Ordnen Sie die Informationen aus dem Radiointerview und den Texten.
– Ergänzen Sie eigene Gedanken und Beispiele.
– Bringen Sie alle Punkte in eine sinnvolle Reihenfolge.
– Verknüpfen Sie die Sätze und Abschnitte sinnvoll miteinander. Verwenden Sie geeignete Konnektoren.
– Überprüfen Sie am Ende noch einmal die Korrektheit Ihrer Sätze.

6a Arbeiten Sie zu zweit und ordnen Sie den Redemitteln die passenden Überschriften zu. Ergänzen Sie gemeinsam weitere Redemittel.

einen Vorschlag ablehnen – einen Vorschlag machen – zu einer Entscheidung kommen – einen Gegenvorschlag machen – einem Vorschlag zustimmen

Wie wäre es, wenn wir ...?	Wir sollten überlegen, ob es nicht besser wäre ...
Meiner Meinung nach sollten wir ...	Ich hätte da eine bessere Idee: ...
Was hältst du / halten Sie von folgendem Vorschlag: ...?	Ich würde gern einen anderen Vorschlag machen, und zwar ...
Mein Vorschlag wäre ...	

Dieser Vorschlag gefällt mir.	Das halte ich für keine gute Idee.	Ja, so machen wir es.
Ich kann diesem Vorschlag nur zustimmen.	Das würde ich so nicht machen.	Einigen wir uns doch auf Folgendes: ...
Das hört sich gut an.		Lass uns / Lassen Sie uns Folgendes vereinbaren: ...
einem vorschlag zu stimmen.	ein gegenvorschlag wäre.	zu einer entscheidung kommen

GI

b Sie möchten sich auf zukünftige Bewerbungen besser vorbereiten.

Es gibt folgende Angebote:
• eines der zahlreichen Bücher zum Thema „Bewerbung"
• ein Online-Bewerbungstraining im Internet mit interaktiven Übungen würden
• eine DVD mit kommentierten Vorstellungsgesprächen und anderen Tipps
• ein Wochenendseminar bei einem privaten Anbieter
• acht Abende in einem Kurs bei der Bundesagentur für Arbeit
• ein Einzeltraining bei einem spezialisierten Coach über zehn Stunden

– Vergleichen Sie die Angebote und begründen Sie Ihren Standpunkt.
– Gehen Sie auch auf die Äußerungen Ihres Gesprächspartners / Ihrer Gesprächspartnerin ein.
– Am Ende sollten Sie zu einer Entscheidung kommen.

▶ Ü 2

Porträt

Willy Bogner (* 23.01.1942)
Skifahrer, Filmregisseur und Unternehmer

Der deutsche Skifahrer, Filmregisseur und Unternehmer Willy Bogner wurde am 23. Januar 1942, als Sohn des Unternehmers Willy Bogner senior und seiner Frau Maria in München geboren.

Bogner studierte nach seinem Schulabschluss Betriebswirtschaft und Textiltechnik in Hohenstein und arbeitete nach seiner Ausbildung im elterlichen Betrieb mit, der unter anderem Skimode herstellte.

Doch der Skisport und der Film reizten ihn gleichfalls. Deshalb kümmerte er sich mit viel Engagement um seine sportliche Karriere. Zunächst wurde er als Skirennläufer bekannt und zählte in den 1960er-Jahren zu den besten Skifahrern der Welt. Er wurde jeweils zweimal Studentenweltmeister und Deutscher Meister. 1960 und 1964 nahm er sogar an Olympia teil. 1967 verabschiedete sich Bogner vom Skisport, um Filme zu machen. Lange galt er als einer der besten Skikameraleute der Welt, so wirkte er unter anderem in mehreren James-Bond-Filmen mit. Sein Sport- und Naturfilm „Feuer und Eis" bekam 1986 den Bayerischen Filmpreis und einen anderen wichtigen Medienpreis, den Bambi. 1970 stieg Bogner zudem in den Modebetrieb seiner Eltern ein, dessen Leitung er 1977 übernahm. Er entwickelte sich zu einem erfolgreichen Modemacher und Designer und das Markenlabel „Willy Bogner" etablierte sich auch international.

Im Jahr 1972 heiratete Bogner die Brasilianerin Sônia Ribeiro. Als 1977 Bogners Vater starb, übernahm er den elterlichen Betrieb und entwarf später das Modelabel „Fire & Ice".

In seinem Modeunternehmen entwirft Bogner zusammen mit seiner Frau Skibekleidung, Tennisbekleidung, Langlaufmode, Bade- und Lederbekleidung, Damen- und Herrenmode sowie Accessoires. Bogners Modekennzeichen besteht aus einem Regenbogen oder einem „B" am Reißverschluss.

Willy Bogner mit seiner Frau

Zudem entwickelte er eine eigene Kosmetiklinie. Zu Bogners Auszeichnungen zählen neben den Filmpreisen unter anderem der Münchner Modepreis (1994), an dem seine Frau gleichfalls Anteil hatte. Im Jahr 1996 wurde Bogner dann mit dem Bundesverdienstkreuz geehrt.

Einen spektakulären Auftritt leistete sich der sechzigjährige Willy Bogner nochmals am 3. Oktober 2002, als er anlässlich der Feiern zum Tag der Deutschen Einheit das Brandenburger Tor in Berlin verkleidete und enthüllte.

Mehr Informationen zu Willy Bogner

Sammeln Sie Informationen über Persönlichkeiten aus dem In- und Ausland, die für das Thema „Arbeit und Karriere" interessant sind, und stellen Sie sie im Kurs vor. Sie können dazu die Vorlage „Porträt" im Anhang verwenden.
Beispiele aus dem deutschsprachigen Bereich: Heinz-Horst Deichmann – Hubert Burda – Swarovski

Grammatik-Rückschau 2

1 Attribute

Attribute bestimmen ein Substantiv näher und geben ihm zusätzliche Merkmale.

Das *bewusst absolvierte* Grundstudium *meines abgebrochenen Studiengangs* brachte mir wichtige Erfahrungen, *die mein späteres Studium ergänzten*.

Der Bewerber hat eine *falsche* Entscheidung getroffen.

Artikelwort	Linksattribut	Substantiv	Rechtsattribut
ein	bunter (Adjektiv)	Lebenslauf	–
ein	abgebrochenes (Partizip II)	Studium	–
ein	schwerwiegendes (Partizip I)	Problem	
eine	–	Frage	des Alters (Substantiv im Genitiv)
die	–	Begründung	von Richtungswechseln (Präposition mit Substantiv)
eine	wichtige	Erfahrung,	die mein späteres Studium ergänzte (Relativsatz)
die	–	Bemühungen,	einen guten Arbeitsplatz zu finden (Infinitiv mit *zu*)
die	–	Tatsache,	dass es zu wenige Arbeitsplätze gibt (*dass*-Satz)

2 Weiterführende Nebensätze

Weiterführende Nebensätze beziehen sich auf die Gesamtaussage des Hauptsatzes. Die Aussage des Hauptsatzes wird kommentiert oder weitergeführt.

Der Mensch kann nicht erfolgreich mehrere Dinge auf einmal tun, was Wissenschaftler in neuen Untersuchungen bestätigen.

Während der Arbeit werde ich ständig unterbrochen, worüber ich mich oft ärgere.

Weiterführende Nebensätze werden mit *was*, *wo(r)* + Präposition oder mit *weshalb/weswegen* eingeleitet und stehen immer nach dem Hauptsatz.

Ingenieure dringend gesucht

1 In Magazinsendungen kündigt meist ein Moderator / eine Moderatorin die einzelnen Beiträge an, um das Interesse der Zuschauer zu wecken.

   a **Sehen Sie den Film und notieren Sie Stichpunkte. Formulieren Sie in Partnerarbeit einen Text (4–5 Sätze) für eine Anmoderation.**

   b **Tragen Sie Ihre Anmoderation vor. Wer war am überzeugendsten und warum?**

2 Bilden Sie zwei Gruppen, lesen Sie die Aufgaben und sehen Sie den Film noch einmal. Informieren Sie sich dann gegenseitig über Ihre Ergebnisse.

Gruppe A

   a **Welche Firmen, Institutionen und Veranstaltungen werden im Film gezeigt und genannt?**

   b **Was produzieren die Firmen in Frankfurt/Oder und in der nordhessischen Stadt Haiger?**

Gruppe B

   c **Welches Ziel hat die Bonding-Messe in Karlsruhe?**

   d **Ergänzen Sie die Zahlen, die im Film genannt werden:**

     1. Die Firma Conergy hat derzeit _____ Mitarbeiter.

     2. Der junge Ingenieur André Lampe hat _____ Bewerbungen losgeschickt.

     3. _____ Ingenieurstellen konnten nicht besetzt werden.

     4. An der Bonding-Messe nehmen mehr als _____ Firmen teil.

     5. Die Loh Group exportiert ihre Produkte in mehr als _____ Länder und sucht zurzeit rund _____ Ingenieure.

     6. An der TH Aachen sind bei den Ingenieurswissenschaften _____ Prozent der Studenten weiblich, bundesweit nur _____ Prozent.

     7. Per Gesetz müssen ausländische Hochschulabsolventen _____ Euro nachweisen, um in Deutschland arbeiten zu dürfen.

sehen | nachdenken | diskutieren 2

1 3 Sehen Sie die Sequenz „Gründe für den Ingenieurmangel".
       Notieren Sie Stichpunkte und berichten Sie.

2 4 Sehen Sie die Sequenz „Folgen für die Wirtschaft". Notieren
       Sie alles, was dazu gesagt wird, und geben Sie es wieder.

       – weniger Wachstum
       – …

   5 Recherchieren Sie über Ihr Land oder ein Land Ihrer Wahl und berichten Sie im Kurs:
       – Für welche Berufe fehlen bei Ihnen Fachkräfte?
       – Wie schätzen Sie die Bedingungen für ausländische Fachkräfte ein?
       – Was ist für Bewerber einfach, was kann eventuell problematisch sein?

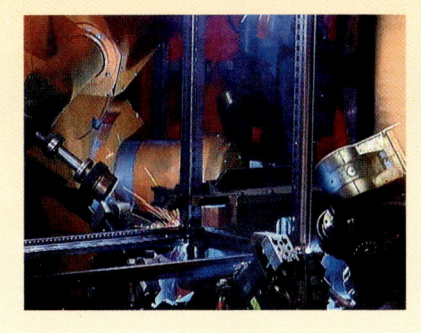

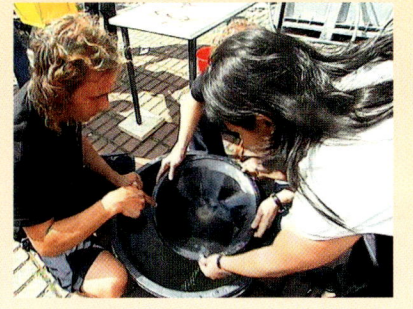

Hast du Worte?

1a Was ist witzig? Sehen Sie sich die Witze und Cartoons an und hören Sie die Ausschnitte aus einem Comedy-Programm. Worüber können Sie am meisten lachen?
Vergeben Sie einen ersten, einen zweiten, einen dritten Platz.

Platz 1: _____   Platz 2: _____   Platz 3: _____

① NIE STIMMST DU MIR ZU! — STIMMT GAR NICHT!

② SPARKASSE — NÄCHSTES MAL MACHEN SIE DAS ABER PER ONLINE BANKING! SIE STEHEN HIER IM HALTEVERBOT

③ DIETER NUHR

Sie lernen

Vor- und Nachteile moderner Medien aus einem Zeitungstext herausarbeiten und Meinungen aus dem Text wiedergeben .... Modul 1

Ein Interview zum Thema „Schlagfertigkeitstraining" verstehen und die eigene Schlagfertigkeit üben .... Modul 2

Einen Fachtext über „Sprachen lernen und erwerben" verstehen und zusammenfassen   Modul 3

Einen Magazinbeitrag über Dialekte verstehen und über die Verwendung von Dialekten sprechen .... Modul 4

Eine E-Mail in Umgangssprache verstehen und darauf antworten .... Modul 4

Grammatik

Redewiedergabe: Präpositionen, Sätze mit *wie*, Konjunktiv I .... Modul 1
Nominal- und Verbalstil .... Modul 3

b Was steht im Kurs am häufigsten auf Platz 1? Können Sie sich auf einen Spitzenreiter einigen?

c Worüber lacht man in Ihrer Heimat? Was sind typische Witze? Welche Komiker oder Comedy-Sendungen sind sehr beliebt?

2a Hören Sie zu, wie jemand einen Witz erzählt. Was könnte er besser machen?

b Hören Sie denselben Witz von einer anderen Person erzählt. Haben Sie den Witz verstanden? Was hat der Mann beim Erzählen gut gemacht?

3a Recherchieren Sie in Büchern, Zeitschriften oder im Internet nach Witzen und wählen Sie einen aus, der Ihnen gut gefällt.

b Wer will, erzählt jetzt den Witz auf Deutsch. Üben Sie erst zu zweit und erzählen Sie dann im Kurs.

Immer erreichbar

1 Ist Ihr Handy immer eingeschaltet? Wie oft rufen Sie Ihre E-Mails ab? Wie viele SMS schreiben Sie pro Tag? Wie viel Zeit verbringen Sie in Chats, Blogs und Communitys?

2 Lesen Sie die Texte und ergänzen Sie die Tabelle in Stichwörtern.

Müssen wir immer erreichbar sein?

Ja, denn das bringt Vorteile im Beruf

Dr. Kerstin Cuhls
Zukunftsforscherin, Fraunhofer-Institut

Die technischen Möglichkeiten, durch die man immer und überall erreichbar ist, schätze ich sehr. Sie geben mir die Chance, meinen Beruf, so wie er sich entwickelt hat, überhaupt ausüben zu können. Ich kann von zu Hause aus arbeiten, und das nicht nur zu den klassischen Arbeitszeiten. Ohne mein mobiles Büro wäre für mich die Vereinbarkeit von Beruf und Familie gar nicht möglich oder würde ich meine Kinder fast nur am Wochenende sehen. Ein weiterer Vorteil ist es, überall und zu jeder Zeit Zugriff auf meine eigenen Daten und anderweitige Informationen zu haben. Das ist für mich als Innovationsforscherin – und sicher auch für viele andere Menschen – enorm wichtig und angenehm. Ich kann mit Personen kommunizieren und gemeinsam Projekte bearbeiten, ohne mich allzu oft mit ihnen zu treffen. Ich muss auch nicht mehr ganz so viele Dienstreisen machen. Trotzdem manage ich derzeit ein relativ großes Forschungsprojekt mit vielen Beteiligten.

Kommunikation braucht Sendepausen

Prof. Miriam Meckel
Professorin für Kommuikationsmanagement

Nein, wir müssen auch abschalten dürfen. Niemand ist verpflichtet, auf die umfassenden Ansprüche der modernen Kommunikationskultur einzugehen. Natürlich wollen wir per Handy oder Blackberry vernetzt sein, aber eben dabei nicht den Überblick verlieren und ständig in der Pflicht zur Kommunikation stehen. Ein erster Schritt kann es sein, Zeiten für die eigene Erreichbarkeit zu definieren. Denn: Wenn ich immer für alle erreichbar bin, bin ich in Wahrheit nie voll und ganz für jemanden da. Schalte ich hingegen beim Treffen mit Freunden das Handy einmal bewusst aus, erreicht mich derjenige wirklich, der diesen Moment mit mir teilt. Es bedarf der gelegentlichen Sendepause, um auf Information Kommunikation folgen zu lassen. Schließlich muss der Mensch verarbeiten können, was auf ihn zukommt. Hat er dazu im Dauerfeuer der Botschaften keine Zeit, fällt die Information ins Nichts. Es ist daher wichtig, Platz im Kopf und Zeit zum Denken zu schaffen.

Pro	Contra

sprechen
lesen | Grammatik

3 Modul 1

3 Redewiedergabe in wissenschaftlichen Texten, Zeitungen, Nachrichten.

a Redewiedergabe mit präpositionalen Ausdrücken oder Nebensatz mit *wie*.
Geben Sie die Meinungen aus den Texten wieder. Benutzen Sie dabei die präpositionalen Ausdrücke oder bilden Sie einen Nebensatz mit *wie*.

Redewiedergabe		
Präpositionale Ausdrücke	**vorgestellt**	**nachgestellt**
laut + Genitiv/Dativ	**Laut** Miriam Meckel...	
nach + Dativ	**Nach** Kerstin Cuhls ...	Ihrer Meinung **nach** ...
zufolge + Dativ		Dem zweiten Text **zufolge** ...
gemäß + Dativ	**Gemäß** ihrer Einstellung ...	Ihrer Aussage **gemäß** ...
Nebensätze mit *wie*		
Wie Kerstin Cuhls berichtet, ...		
Wie die Professorin erklärt, ...		
Wie im linken/rechten Text beschrieben wird, ...		

Laut Kerstin Cuhls ist die ständige Erreichbarkeit im Beruf vorteilhaft.
Wie Kerstin Cuhls berichtet, helfen ihr die neuen Möglichkeiten sehr.

▶ Ü 1–3

b Redewiedergabe mit Konjunktiv I. In wissenschaftlichen Texten, in Zeitungen und Nachrichtensendungen verwendet man häufig den Konjunktiv I, um die Worte eines anderen wiederzugeben. Formen Sie folgende Sätze um.

Ich kann von zu Hause aus arbeiten. → *Sie sagt, sie könne von zu Hause aus arbeiten.*
Ich muss nicht mehr so viele Dienstreisen machen.
Es bedarf der gelegentlichen Sendepause.
Es ist wichtig, Platz im Kopf zu schaffen.

▶ Ü 4

c Ergänzen Sie die Regel.

Um die Aussagen einer anderen Person wiederzugeben, kann man folgende Präpositionen verwenden: _____, _____, _____ und _____. Als Alternative kann man einen Nebensatz mit _____ bilden. Eine weitere Möglichkeit der Redewiedergabe ist die Verwendung des _____.

▶ Ü 5

4 Immer erreichbar. Welcher Meinung stimmen Sie am ehesten zu und warum?

5 Spielen Sie Nachrichtensprecher. Bringen Sie einen interessanten Zeitungsartikel mit und geben Sie den Inhalt wieder. Verwenden Sie die verschiedenen Möglichkeiten der Redewiedergabe.

Wie die Polizei mitteilte, kam es auf der Veranstaltung zu einem Streit zwischen ...
Laut einem Bericht der Bundesregierung wird es im nächsten Jahr ...

Gib Contra!

1a Was bedeuten die Aussagen?

1. Sonja ist nicht auf den Mund gefallen.
2. Dein Kollege muss immer das letzte Wort haben, oder?
3. Sie war so unverschämt. Ich war wirklich sprachlos.
4. Herr Bockelberg ist wirklich schlagfertig.
5. Peter hat unserem Chef heute mal richtig Contra gegeben.
6. Du bist wohl nie um eine Antwort verlegen, wie?

b Sehen Sie sich die Zeichnung an und lesen Sie die Sprechblasen. Welche Antwort finden Sie am schlagfertigsten?

Hey, heute mal pünktlich?

- Echt? Bin ich zu früh?
- Äh ... pünktlich??? Was ist das???
- Ja, leider. Ich fürchte, meine Uhr geht falsch.
- Entschuldige, kommt nicht wieder vor!

2 Sie hören ein Interview zum Thema „Schlagfertigkeit trainieren". Sie hören den Text zweimal, zunächst einmal ganz, danach ein zweites Mal in Abschnitten. Kreuzen Sie die richtige Antwort (a, b oder c) an.

1	Wer wird leichter Opfer von verbalen Angriffen?	a	Kinder, die unter ihren Mitschülern leiden.
		b	Erwachsene im Berufsleben.
		[x] c	Jeder, der nicht schlagfertig ist.
2	Was stellte das LBS-Kinderbarometer fest?	[x] a	Etwa ein Drittel der Schüler leidet unter verbalen Angriffen.
		b	Dass sich 9–14-Jährige selten ausgegrenzt fühlen.
		c	Dass sich fünf von 30 Kindern angegriffen fühlen.
3	Wie beschreibt Dr. Traber die verbalen Attacken Erwachsener?	[x] a	Sie sind weniger öffentlich und indirekter als bei Kindern.
		b	Sie sind nicht so verletzend wie bei Kindern.
		c	Sie sind hemmungsloser als bei Kindern.
4	Welchen häufigen Grund nennt Dr. Traber für eine verbale Attacke?	a	Jemand kann eine Person nicht leiden.
		[x] b	Jemand will anderen seine Stärke zeigen.
		c	Jemand fühlt sich von der anderen Person angegriffen.
5	Was passiert laut Dr. Traber, wenn sich das Opfer nicht verbal wehrt?	a	Der Angreifer verliert die Lust an weiteren Offensiven.
		[x] b	Das Opfer wird häufig immer wieder angegriffen.
		c	Das Opfer wird aggressiv und gewalttätig.

6	Wie sollte man bei der Strategie des Ironisierens handeln?	a	So tun, als sei das Gesagte egal, und desinteressiert antworten.
		b	Dem Angreifer zustimmen und die Aussage erweitern.
		c	Eine Antwort aus einem anderen Kontext geben.
7	Beim Schlagfertigkeitstraining ist zentral, …	a	Freunde und Familie in das Training zu integrieren.
		b	das Training regelmäßig Tag für Tag durchzuführen.
		c	die Defensive zu verlassen und selbst zu handeln.
8	Was sollte laut Dr. Traber in dem persönlichen Trainingsbuch notiert werden?	a	Hier sollten die Strategien und die Äußerungen, die einem am besten gefallen, stehen.
		b	Hier sollten alle Situationen, die man erlebt hat, notiert werden.
		c	Hier sollten alle Strategien und Beispiele für Attacken aufgeschrieben werden.
9	Warum werden die Seminare für unterschiedliche Situationen angeboten?	a	Weil verschiedene Situationen unterschiedliche Reaktionen erfordern.
		b	Weil die Seminarlänge von Situation zu Situation unterschiedlich ist.
		c	Weil sich die Kunden Seminare für unterschiedliche Situationen gewünscht haben.
10	Was wird im Seminar neben der Sprache trainiert?	a	Die Körperhaltung zu beachten und gleichgültiger gegen mündliche Provokationen zu werden.
		b	Auf die Körperhaltung zu achten und mit dem Körper auf Angriffe zu reagieren.
		c	Auf die Körperhaltung zu achten und Konfliktsituationen auszuweichen.

3a Hören Sie den zweiten Abschnitt noch einmal. Welche fünf Abwehrstrategien werden genannt? ▶ Ü 1–2

b Manchmal muss man nicht nur auf Äußerungen, sondern auch auf ein Verhalten in einer Situation reagieren. Welche Strategie würden Sie in den Situationen A bis C nutzen? Überlegen Sie, was Sie sagen könnten.

A: Hab nur ein Teil, danke.

B: Ist der Platz noch frei? — Ja, schon, aber mein Koffer braucht den Platz.

C: Nimm ruhig noch, das Volle steht dir!

Sprachen lernen

1 Wann, wie, wo und mit wem lernen wir Sprachen? Erstellen Sie ein Assoziogramm.

Fremdsprache — Sprachen lernen — Muttersprache

▶ Ü 1

2 Lesen Sie den Text. Welche Wörter aus Ihrer Sammlung kommen vor? Welche Begriffe sind neu?

Sprechblasen:

- Wie wir uns eine Sprache aneignen, untersuchen unterschiedliche wissenschaftliche Disziplinen, z.B. die Linguistik, die Entwicklungspsychologie, die Didaktik und andere. Die Forschung unterscheidet dabei den Spracherwerb und das Sprachenlernen.
- Wenn wir uns bei Kindern anschauen, über welches sprachliche Repertoire sie in der Muttersprache verfügen, dann können wir Folgendes bemerken: Sie erwerben auch Sprachregeln, die in ihrer Alltagssprache nur selten vorkommen.
- Kinder üben die Strukturen aber nur mit einer begrenzten Anzahl von Regeln. Es ist ein Bestandteil des Lernprozesses, wenn sie dabei von den Normen der Muttersprache abweichen.
- Selbst wenn Eltern die Fehler nicht korrigieren, erwerben die Kinder ihre Muttersprache dennoch vollständig.
- Kinder erwerben eine Sprache mit dem Ziel, soziale Kontakte aufzubauen, nicht, um Informationen weiterzugeben. Daher nimmt man an, dass sich das Sprachvermögen auch in der Schule verbessert, wenn die Sprachkontakte erhöht werden, z.B. durch ...
- Bei Erwachsenen kann man jedoch allgemein beobachten, dass sich ...

Wege zur Sprache

1 Die Aneignung einer Sprache ist ein Forschungsgegenstand sowohl der Linguistik als auch der Entwicklungspsychologie, der Didaktik und anderer wissenschaftlicher Disziplinen.
In der Forschung gibt es eine Unterscheidung zwischen
5 Spracherwerb und Sprachenlernen:
Erwerb meint unbewusste und implizite Vorgänge in natürlicher Umgebung, etwa „beim Einkaufen" oder „auf der Straße". Beispiel: Der Erwerb der Sprache bei Immigranten im Zielland.
10 *Lernen* beschreibt bewusste und explizite Vorgänge mit einer klaren Steuerung. Beispiel: Lernen mit Lehrern innerhalb von Institutionen.
Bei Kindern ist das Repertoire in der Muttersprache bemerkenswert: Ihr Erwerb umfasst auch Sprachregeln, deren Vor-
15 kommen in ihrer Alltagssprache selten ist. Und das, obwohl das Üben von Strukturen nur mit einer begrenzten Anzahl von Regeln erfolgt. Abweichungen von den Normen der Muttersprache sind dabei ein Bestandteil des Lernprozesses. Selbst ohne Korrekturen der Fehler durch die Eltern ist der
20 Erwerb der Muttersprache durch die Kinder dennoch vollständig.
Beim Lernen von Fremdsprachen in der Schule gibt es Korrekturen durch die Lehrer. Trotzdem ist der Erwerb der neuen Sprache am Ende unvollständig.
25 Es gibt viele Gründe für dieses Phänomen, wie der Umfang an Trainingszeit, Möglichkeiten des Sprachkontakts, Maß der Motivation oder das Lernziel.
Das Hauptziel von Kindern beim Spracherwerb liegt im Aufbau von sozialen Kontakten und weniger in der Weiter-
30 gabe von Informationen. Es besteht daher die Annahme, dass eine Verbesserung des Sprachvermögens in der Fremdsprache auch in der Schule mit der Erhöhung der Sprachkontakte, z.B. durch Korrespondenz, Schüleraustausch oder Klassenfahrten, eintritt.
35 Bei Erwachsenen gibt es jedoch die allgemeine Beobachtung, dass eine Verbesserung der Fremdsprache im Gegensatz zu Kindern nicht unbedingt mit dem Sprachkontakt verbunden ist. Der Lebensmittelpunkt in einem deutschsprachigen Land ist z.B. allein kein Garant für gute Sprachkenntnisse.

lesen
schreiben | Grammatik

3 Modul 3

3 Was wissen Sie jetzt über das Lernen bzw. den Erwerb von Sprache? Fassen Sie die wichtigsten Aussagen des Textes schriftlich zusammen. Kommentieren Sie die Aussagen aufgrund Ihrer Erfahrungen. Stimmen Sie den Aussagen zu oder nicht? Warum (nicht)? Können Sie weitere Erfahrungen ergänzen?

4a Vergleichen Sie die Aussagen der Sprechblasen mit denen im Text. Was stellen Sie bezüglich Verständlichkeit, Länge und Verwendung von Substantiven und Verben fest?

b Verbalstil oder Nominalstil? Ergänzen Sie die Lücken.

Der **Verbalstil** wird vor allem in erzählenden Texten und in der mündlichen Sprache verwendet. _____ und _____ werden ausgeglichen benutzt. Die _____ haben eine starke eigene Bedeutung. Texte im Verbalstil wirken lebendiger.	Der **Nominalstil** wird vor allem in Fachtexten und in wissenschaftlichen Texten verwendet. Es werden besonders viele _____ benutzt. Die _____ tragen die Hauptbedeutung. Texte im Nominalstil sind eher abstrakter.

c Wie werden die Nominalisierungen im Text gebildet? Lesen Sie die Sätze in A bis F. Ordnen Sie passende Regeln aus 1–6 zu.

	Verbalform		Nominalform
A ____	Die Forschung unterscheidet dabei den Spracherwerb und das Sprachenlernen.	→	In der Forschung gibt es eine Unterscheidung zwischen Spracherwerb und Sprachenlernen.
B ____	Daher nimmt man an, dass sich das Sprachvermögen verbessert, wenn …	→	Es besteht die Annahme, dass eine Verbesserung des Sprachvermögens mit …
C ____	Es ist …, wenn sie dabei von den Normen der Muttersprache abweichen.	→	Abweichungen von den Normen der Muttersprache sind dabei …
D ____	Sie erwerben auch Sprachregeln, die in ihrer Alltagssprache nur selten vorkommen.	→	Ihr Erwerb umfasst auch Sprachregeln, deren Vorkommen in ihrer Alltagssprache selten ist.
E ____	Bei Erwachsenen kann man allgemein beobachten, dass …	→	Bei Erwachsenen gibt es die allgemeine Beobachtung, dass …
F ____	Selbst, wenn Eltern die Fehler nicht korrigieren, erwerben die Kinder …	→	Selbst ohne Korrekturen der Fehler durch die Eltern ist der Erwerb …

	Verbalform		Nominalform
1	intransitive Verben / reflexive Verben: Subjekt im Aktivsatz	→	Genitivattribut
2	transitive Verben: → Akkusativ-Ergänzung im Aktivsatz → Subjekt im Passivsatz → handelnde „Person"	→	Genitivattribut → oft mit *durch* + „Person"
3	Präpositional-Ergänzung im Satz	→	Präpositionalattribut
4	Akkusativ-Ergänzung im Satz Dativ-Ergänzung im Satz	→	Präpositionalattribut
5	Personalpronomen	→	Possessivpronomen
6	Adverb	→	Adjektiv vor nominalisiertem Verb

▶ Ü 2–5

Sag mal was!

1a Welche deutschen Dialekte kennen Sie? Haben Sie sich schon einmal in einer deutschsprachigen Region aufgehalten, wo ein Dialekt gesprochen wird? Wie gut haben Sie diesen Dialekt verstanden?

b Hören Sie einige Dialektbeispiele. Wo werden diese Dialekte gesprochen? Schreiben Sie die Zahl an die entsprechende Stelle.

c Was sagen die Personen zu ihrem Dialekt? Hören Sie noch einmal und notieren Sie.

1. spricht Dialekt nur in der Familie   2. ...

2a Lesen Sie einen Text zum Thema „Dialekte" und die Aussagen 1–8 dazu. Markieren Sie bei jeder Aussage, ob sie mit dem Text übereinstimmt (a), nicht mit dem Text übereinstimmt (b) oder ob zu dieser Aussage nichts im Text steht (c).

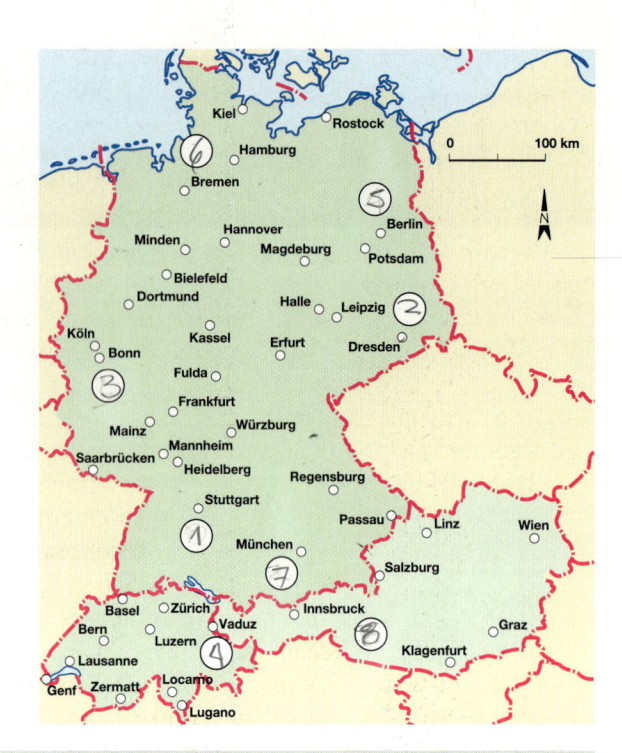

Die neue Dialektik

Die allermeisten Menschen, die heute erwachsen sind und statt Hochdeutsch zuerst einmal einen Dialekt gelernt haben, dürften eine solche oder ähnliche Geschichte erlebt haben: Sie hatten sich verliebt, fragil noch war die Partnerschaft, und dann klingelte irgendwann das Telefon, und die Mutter war dran. Oder der Vater. Oder ein alter Freund von früher. Und zum allerersten Mal hörte einer der neue Partner Dialekt sprechen. Die Angerufenen fürchteten nach solchen Telefonaten, sofort wieder verlassen zu werden.

Bis vor wenigen Jahren galt, wer Dialekt spricht, als ungebildet, als ein bisschen minderbemittelt. Wer etwas auf sich hielt, legte seinen Dialekt ab, lernte Hochdeutsch und vermied, den Dialekt auch nur anklingen zu lassen. Seit einigen Jahren löst sich dieses Stigma langsam auf. In Niedersachsen bringen einige Schulen Kindern Platt bei. In Hamburg dürfen fortan Stadtteilschilder in dieser Sprache aufgestellt werden. In Bayern bilden Theaterleute junge Schauspieler im Bairischen aus. In ganz Deutschland sind Radio-Tatorte zu hören, in denen die Kommissare einen noch stärkeren Dialekt sprechen als die Kommissare im Fernsehen, und Asterix-Bände sind mittlerweile in 22 deutschen Dialekten erschienen, „Däm Asterix singe Jung" heißt „Der Sohn des Asterix" auf Kölsch.

Jahrelang überlebte der Dialekt in Deutschland fast ausschließlich in zwei Formen: im Komödiantischen und in der Politik. Kabarettisten benutzten den Dialekt, um komischer zu wirken. Ein Satz auf Sächsisch, und das Publikum lachte. Und Politiker sprachen Dialekt, weil sie glaubten, damit den Menschen in ihrem Wahlkreis imponieren zu können. Jetzt vermehrt sich der Dialekt auch anderswo: im ernsthaften Theater, im Film, in der Musik, in der Werbung. Es gibt eine Renaissance der Dialekte.

Alfred Lameli vom Forschungsinstitut für deutsche Sprache in Marburg sagt, dass zwar von Jahr zu Jahr weniger Menschen einen echten Dialekt sprechen, weil die Alten, die ihn noch beherrschen, sterben und weil es für die Jungen immer weniger Gelegenheiten gibt, ihn zu sprechen: Aus den Schulen, den Büros, den Ämtern wurde der Dialekt vertrieben. Allerdings scheint es so, als steige im gleichen Maße, wie die ursprünglichen Dialektsprecher verschwinden, die Liebe der Nachkommen zu diesen Dialekten.

Vor ein paar Jahren ist es Lameli zum ersten Mal aufgefallen: Die Nachrichtensprecher im Privatradio sprechen kein Hochdeutsch, sondern eine Mischform aus Dialekt und Hochdeutsch, Regiolekt nennt er das. Die Menschen sollen Vertrautes zu hören bekommen, das Radio will ihre Gefühle erreichen, nicht nur ihren Verstand. Dann fiel Lameli auf, dass auch die Moderatoren der Fernsehnachrichten kein perfektes Hochdeutsch mehr sprechen, nicht die der privaten Sender und auch nicht die des ZDF. Im Grunde genommen, sagt Lameli, gebe es das Hochdeutsch in seiner Reinform nur noch in der „Tagesschau" und in den „Tagesthemen".

Lameli hat jüngst zwei seiner Studenten einen Versuch machen lassen. Sie spielten zwei Gruppen von Testpersonen verschiedene um die Stadt Kassel herum gesprochene Dialekte vor. In der ersten Gruppe waren Menschen zwischen 60 und 70 Jahren. Die zweite Gruppe bestand aus Schülern der neunten Klasse. Sie alle sollten die Himmelsrichtung angeben, von der sie glaubten, dass der jeweilige Dialekt, von Kassel aus betrachtet, gesprochen wird. Was Lameli und seine Studenten verblüfft hat: Die Jüngeren schnitten dabei besser ab als die Alten, obwohl doch früher mehr Dialekt gesprochen wurde. Die Jüngeren haben offenbar ein besseres Gehör, ein größeres Interesse für die Unterschiede.

Es kann sein, sagt Lameli, dass das „von den modernen Medien" kommt. Wenn Wissenschaftler sonst vermuten, dass etwas „von den modernen Medien" kommt, dann ist es für gewöhnlich so etwas wie Verdummung, Verrohung, wenn nicht der Untergang überhaupt. Die Dialekte scheinen zu profitieren: Es gibt Chats im Internet im Dialekt, Dialekt-Wörterbücher, und wer will, kann einen Plattkurs in 19 Lektionen herunterladen. Vor allem schreiben wir uns privat so viel wie nie, per E-Mail und per SMS, während vor nicht allzu langer Zeit noch eine Postkarte pro Jahr und Freund genügte. In ihren Mails und SMS schreiben viele Dialekt, um den Unterschied zu den beruflichen Nachrichten zu betonen. „Moin" zu schreiben ist kürzer als „Guten Morgen", und auch ein bisschen liebevoller.

Wenn der Dialekt gerade jetzt zurückkommt, dann hat das sicher mit der Globalisierung zu tun. Die Welt, in der wir leben, ist unüberschaubar groß geworden und arm an Unterschieden: Wir essen überall die gleichen Gerichte, trinken die gleichen Säfte. Der Mensch will sich aber unterscheiden und viele sehnen sich gleichzeitig nach einer kleineren Welt, in der sie sich zurechtfinden, die so etwas wie Heimat gibt.

1. Bis vor einigen Jahren noch wurde Dialektsprechenden Bildung und Intelligenz abgesprochen. a b c

2. Im Bundesland Niedersachsen lernen alle Grundschulkinder jetzt Dialekt im Unterricht. a b c

3. Auch andere Bundesländer planen, die Dialekt-Vermittlung in der Schule einzuführen. a b c

4. Immer weniger Menschen sprechen echten Dialekt, und immer weniger interessieren sich dafür. a b c

5. Privatradiosender versuchen durch die Verwendung von regional gefärbter Sprache, die Menschen auf einer emotionalen Ebene anzusprechen. a b c

6. Im Fernsehen erreichen Sendungen, in denen nicht Hochdeutsch gesprochen wird, hohe Einschaltquoten. a b c

7. Die neuen Medien tragen dazu bei, dass immer weniger Dialekt verwendet wird. a b c

8. Durch Dialekt kann man sich von anderen unterscheiden. a b c ▶ Ü 1

Sag mal was!

b Welche Informationen im Text finden Sie besonders interessant? Was hat Sie überrascht?

3 Sprechen Sie selbst einen Dialekt? Wo und wann sprechen Sie ihn? Gibt es in Ihrer Muttersprache viele Dialekte? Welchen Stellenwert haben Dialekte in Ihrem Land?

▶ Ü 2

4 Diskutieren Sie mit Ihrem Partner / Ihrer Partnerin das folgende Thema:

TELC

Kinder sollten in der Schule Dialekt lernen!

Sagen Sie, inwieweit Sie mit der Aussage übereinstimmen oder sie ablehnen. Geben Sie dazu Gründe und Beispiele an. Gehen Sie auch auf die Argumente Ihres Partners / Ihrer Partnerin ein.

eine Meinung ausdrücken	einer Aussage zustimmen / auf andere Argumente eingehen
Meiner Auffassung nach …	Ich bin der gleichen Ansicht.
Ich bin der festen Überzeugung, dass …	Dem kann ich zustimmen.
Ich bin der Meinung, dass …	Dem kann ich mich nur anschließen.
Meines Erachtens ist das …	Das klingt einleuchtend/überzeugend.
Ich vertrete die Ansicht, dass …	Dieses Argument leuchtet mir ein.
Für mich steht fest, dass …	Dem kann ich nur bedingt/teilweise zustimmen.
	Das klingt überzeugend, aber …
	Da kann ich dir/Ihnen (nur) völlig recht geben, …

eine Aussage ablehnen / Argumente widerlegen	Gründe/Beispiele anführen
Dieser Aussage muss ich widersprechen.	Das hat folgende Gründe: …
Da kann man einwenden, dass …	Dafür/Dagegen spricht vor allem, dass …
Dagegen spricht, dass …	Dazu möchte ich folgende Beispiele anführen: …
Dem kann ich nicht zustimmen.	
Das kann ich nicht nachvollziehen.	Man kann das mit folgenden Beispielen untermauern: …
Die Aussage überzeugt mich nicht.	
Dazu habe ich eine andere Meinung.	Man muss hierbei berücksichtigen, dass …

5a Neben den Dialekten ist ein weiterer Bereich der Alltagssprache die Umgangssprache. Lesen Sie die E-Mail auf der folgenden Seite und markieren Sie alle umgangssprachlichen Ausdrücke und Wendungen. Ordnen Sie sie dann ihrer Bedeutung zu.

Fertigkeitstraining
hören | lesen | sprechen | schreiben

3 Modul 4

Liebe/r ...
ich weiß gar nicht, wo die Zeit geblieben ist, die letzten Monate sind wie nix verflogen. Wie geht's Dir denn? Jetzt bin ich ja schon seit vier Monaten in Berlin, Du musst echt endlich mal kommen! Ich bin vom Studentenwohnheim in eine eigene kleine Wohnung umgezogen. Auf das Studentenwohnheim hatte ich überhaupt keinen Bock mehr. Ich wollte gern meine eigenen Möbel haben, mein eigenes Umfeld. Also habe ich angefangen zu suchen und hab' echt Schwein gehabt. Ich habe nämlich am Prenzlauer Berg eine günstige Wohnung gefunden. Ich kann Dir sagen, das Viertel ist voll abgefahren, lauter nette Cafés, süße Läden und viele coole Leute. Da muss ich aufpassen, dass ich mich noch genug auf mein Studium konzentriere ☺. Nächsten Monat habe ich die ersten Prüfungen, da geht's jetzt langsam echt ans Eingemachte. Ich muss mich da voll reinhängen. Dabei habe ich gerade total wenig Zeit.
Seit zwei Wochen mache ich nämlich so eine Art Praktikum in einem kleinen Veranstaltungsbüro. Mein Chef ist ziemlich durchgeknallt, aber ich komme ganz gut mit ihm klar. Wenn alles gut läuft und ich keinen Mist baue, würde der mich auch behalten. Dann hätte ich genug Kohle, um hier einigermaßen klarzukommen. Von meinen Eltern bekomme ich ja auch noch was. Allerdings gibt es da ein kleines Problem. Es gibt noch eine Praktikantin, die den Job unbedingt haben will. Die schleimt sich die ganze Zeit nur beim Chef ein, dabei kriegt sie echt nichts auf die Reihe, und ich kann immer noch für sie mit arbeiten. Trotzdem habe ich ein bisschen Angst, dass am Ende sie den Job bekommt. Was meinst Du, soll ich mal mit dem Chef quatschen oder einfach abwarten?
Check doch mal ab, wann du kommen kannst. Es wäre echt toll, Dich mal wieder zu sehen. Viele Leute habe ich nämlich noch nicht kennengelernt, deshalb ist es auch manchmal ein bisschen öde. Wie war das eigentlich damals bei Dir, als Du Dein Studium angefangen hast und plötzlich ganz allein warst? Wie hast Du Leute kennengelernt? Wäre dankbar für ein paar Tipps!
Also, mach's gut und bis ganz bald,
Luisa

etwas wird ernst _____   langweilig _____

nichts _____   Fehler machen _____

Geld _____   Glück haben _____

etw. bewältigen _____

keine Lust haben _____

wirklich _____   lässig, locker _____

verrückt _____   sprechen, reden _____

klären, herausfinden _____   sich anstrengen _____

außergewöhnlich, fantastisch _____   sehr _____

versuchen, sich beliebt zu machen _____

b Schreiben Sie eine Antwort auf die E-Mail. Gehen Sie dabei auf die Inhaltspunkte in Luisas Mail ein. Tauschen Sie Ihr Schreiben anschließend mit Ihrem Nachbarn / Ihrer Nachbarin und korrigieren Sie sich gegenseitig.

▶ Ü 3

Porträt

Wolfgang Niedecken (* 1951 in Köln)

Sänger der Band BAP

BAP, eine sehr erfolgreiche Kölner Rockband, singt ausschließlich in ihrem Dialekt Kölsch. Seit ihren ersten Plattenveröffentlichungen schrieb die Kölner Kultband Musikgeschichte. Bis heute kommt jedes BAP Album auf die vordersten Chartplätze. Die ausgedehnten Deutschlandtourneen und die mehrstündigen Konzert-Events sind längst legendär geworden. BAP ist sich seit 1976 – trotz aller Wandlungen – immer treu geblieben und hat nicht nur die deutsche Musikszene geprägt, sondern ist selber zu einem Stück deutscher Zeitgeschichte geworden. Mit BAP (abgeleitet von Bapp = Vater) wurde Kölsch aus seiner Provinzialität gerissen und galt fortan als Sprache eines aufgeklärten und menschenfreundlichen Denkens. In den 80er- und 90er-Jahren durchbrach BAP mit seinen Songs nicht nur Landesgrenzen, sondern wurde weltweit als ein „wahres Stück Köln" gefeiert. In Verbindung mit der gefühlvollen Stimme des Sängers und ihrem typischen Sound hat sich BAP in all den Jahren als eine der eigenständigsten Rock-'n'-Roll-Bands an der Spitze der deutschen Musikszene fest etabliert. Das Geheimnis ihres Erfolges liegt wohl in der Intensität ihrer Musik, die trotz ihrer Wucht immer wieder mit einer verblüffenden Leichtigkeit und Frische daherkommt. So hat BAP in Text und Musik immer wieder unverwechselbare Kompositionen geschaffen, die ein Lebensgefühl ausdrücken und den Strömungen der Zeit widerstanden haben. Welche Band kann das auch nach über dreißig Jahren von sich behaupten? Hier ein Ausschnitt aus einem Interview des Spiegels.

SPIEGEL: Herr Niedecken, Ihre neue CD „Radio Pandora" hat es in Deutschland wieder auf Platz eins geschafft – wie 10 Ihrer bisher 20 Alben. Glauben Sie eigentlich, dass die Leute immer verstehen, was Sie singen?

Niedecken: Nicht immer. Früher hat meine Mutter schon mal zu mir gesagt: Is en schöne Plaat, Jung, ävver isch verstonn se nit.

SPIEGEL: Und warum singen Sie dann Kölsch?

Wolfgang Niedecken, Sänder der Band BAP

Niedecken: Wir haben uns als Band Kölsch nicht bewusst ausgesucht. Wir waren damals eine Rock-'n'-Roll-Band, die zufällig einen Sänger hatte, dessen Muttersprache Kölsch ist. Und da Rock 'n' Roll immer von Gefühlen handelt, wäre es ja Unsinn, einen Umweg zu beschreiten und nicht in seiner Muttersprache zu singen. Ich kann nicht in der Muttersprache anderer Leute mein Innerstes nach außen stülpen. Ich habe doch meine eigene. Außerdem glaube ich, dass Kölsch eine Sprache ist, die sich für Musik besonders eignet.

SPIEGEL: Warum?

Niedecken: Weil es eine weiche Sprache ist. Ein Lied auf Kölsch zu singen ist ungefähr so, als würde ich ein Bild mit einem breiten, weichen Pinsel malen. Zudem hilft uns, dass die Kölner ja auch bundesweit beliebt sind. Irgendwie mag man uns. Vielleicht, weil man uns nicht unbedingt für voll nimmt.

SPIEGEL: Sie singen ja auch über die Missstände der Welt. Sind die leichter konsumierbar, wenn man sie in Mundart vorträgt?

Niedecken: Wahrscheinlich spüren die Leute aber instinktiv, dass unsere Lieder organisch sind, ungekünstelt. Und das hilft, beim Publikum eine Bereitschaft zu erzeugen, sich das wirklich anzuhören. Ich glaube, dass es nur ganz wenige Menschen gibt, die von einem Lied belehrt werden wollen.

Mehr Informationen zu Wolfgang Niedecken und BAP

Sammeln Sie Informationen über Persönlichkeiten aus dem In- und Ausland, die für das Thema „Kommunikation" interessant sind, und stellen Sie sie im Kurs vor. Sie können dazu die Vorlage „Porträt" im Anhang verwenden.

Beispiele aus dem deutschsprachigen Bereich: Ina Müller – Wolfgang Ambros – Yared Dibaba – DENK – Gölä

Grammatik-Rückschau 3

1 Redewiedergabe

Präpostionen mit Dativ zur Einleitung einer Redewiedergabe

vorangestellt	nachgestellt		
laut*		Laut der Autorin des linken/rechten Textes …	
gemäß	gemäß	Gemäß ihrer Einstellung …	Ihrer Aussage gemäß …
nach	nach	Nach Angabe von …	Ihrer Meinung nach …
	zufolge	Professorin Miriam Meckel zufolge …	

* auch mit Genitiv möglich

Nebensatz mit *wie* zur Einleitung einer Redewiedergabe
Wie Kerstin Cuhls berichtet, helfen ihr die neuen Möglichkeiten sehr.
Wie im rechten Text beschrieben wird, braucht man Auszeiten, um Informationen zu verarbeiten.

Konjunktiv I – Bildung: Infinitivstamm + Endung

ich	sei	habe > hätte	könne	sehe > würde sehen
du*	sei(e)st	habest	könnest	sehest
er/es/sie	sei	habe	könne	sehe
wir	seien	haben > hätten	können > könnten	sehen > würden sehen
ihr*	sei(e)t	habet	könnet	sehet
sie/Sie	seien	haben > hätten	können > könnten	sehen > würden sehen

* Formen in der 2. Person sind sehr ungebräuchlich – hier wird meist der Konjunktiv II verwendet.
Wenn Konjunktiv I den Formen des Indikativs entspricht ➔ Verwendung des Konjunktiv II
Vergangenheitsform: Konjunktiv I von *haben* oder *sein* + Partizip II

2 Nominalisierung

Verbalstil (gesprochene Sprache, erzählende Texte)	**Nominalstil** (Fachtexte, wissenschaftliche Texte)
Akkusativ- oder Dativ-Ergänzung …	… wird Präpositionalattribut
Die Forschung unterscheidet dabei den Spracherwerb und das Sprachenlernen.	In der Forschung gibt es eine Unterscheidung zwischen Spracherwerb und Sprachenlernen.
Intransitive/reflexive Verben: Das Subjekt …	… wird Genitivattribut
Daher nimmt man an, dass sich das Sprachvermögen verbessert, wenn …	Es besteht die Annahme, dass eine Verbesserung des Sprachvermögens mit …
Präpositional-Ergänzung …	… wird Präpositionalattribut
Es ist …, wenn sie dabei von den Normen der Muttersprache abweichen.	Abweichungen von den Normen der Muttersprache sind dabei …
Personalpronomen …	… wird Possessivpronomen
Sie erwerben auch Sprachregeln, die in ihrer Alltagsprache nur selten vorkommen.	Ihr Erwerb umfasst auch Sprachregeln, deren Vorkommen in ihrer Alltagssprache selten ist.
Transitive Verben: Akkusativ-Ergänzung im Aktivsatz / Subjekt im Passivsatz …	… wird Genitivattribut. Die handelnde „Person" wird oft mit *durch* verbunden.
Selbst, wenn Eltern die Fehler nicht korrigieren, erwerben die Kinder …	Selbst ohne Korrekturen der Fehler durch die Eltern ist der Erwerb …
Adverbien …	… werden Adjektive
Bei Erwachsenen kann man allgemein beobachten, dass …	Bei Erwachsenen gibt es die allgemeine Beobachtung, dass …

Mit den Händen sprechen

1 Die folgende Aussage beschreibt eine spezielle Sprache.
Welche Sprache könnte gemeint sein? Für welche Gruppe von Menschen ist diese Sprache wichtig?

... mit den Augen hören
und mit den Händen sprechen ...

2 Sehen Sie den Film und nennen Sie kurz die Schwerpunkte zu a und b. Die Wörter im Kasten sind wichtig für das Verstehen des Films.
   a In welchen Situationen ist Uwe Schönfeld bei der Arbeit zu sehen?
   b Was erfährt man über ihn privat?

   die Gebärde
   gebärden (Verb)
   gehörlos
   der/die Gehörlose
   schwerhörig
   der/die Schwerhörige

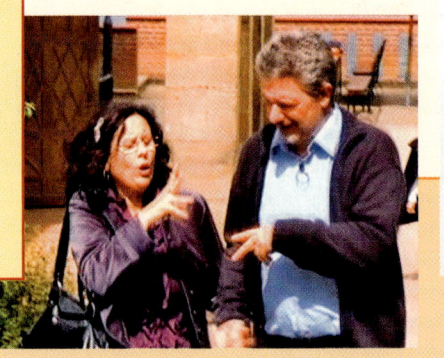

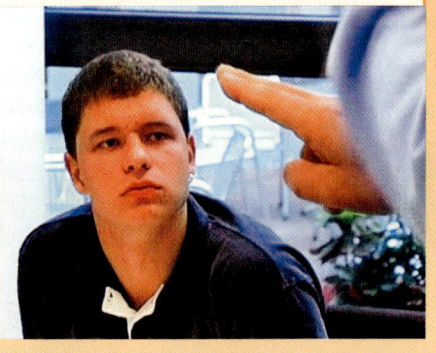

3 Im Berliner Bodemuseum prüfen Behindertengruppen, ob das Museum behindertengerecht ist. Welche Bedingungen müssten Ihrer Meinung nach für Gehörlose in einem Museum erfüllt sein? Sammeln Sie Ideen.

4a Sehen Sie die erste Filmsequenz. Notieren Sie die Aspekte, die Herr Schönfeld für seine Arbeit als Gebärdensprachdolmetscher für wichtig hält. Vergleichen Sie dann Ihre Notizen im Kurs.
   b Was denken Sie, warum muss besonders bei der Gebärdensprache die Chemie zwischen Gehörlosem und Dolmetscher stimmen? Diskutieren Sie.

sehen | nachdenken | diskutieren 3

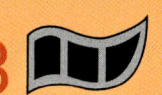

2 **5a** Sehen Sie die zweite Filmsequenz. Wann und wo hat Herr Schönfeld die Gebärdensprache gelernt? Was war das Besondere an seiner Rolle den Eltern gegenüber?

   b Was ist das Besondere an der Beziehung zwischen Herrn Schönfeld und seiner Partnerin? Welche Probleme haben beide befürchtet?

6 Sie haben nun einiges über Besonderheiten im Leben von Gehörlosen erfahren. Welche Bereiche des öffentlichen Lebens können Gehörlose nicht oder nur eingeschränkt nutzen? Machen Sie Vorschläge, wie man den Alltag der Gehörlosen erleichtern könnte.

Die wichtigsten Fernsehsendungen sollten in die Gebärdensprache übersetzt werden.

Gehörlose brauchen in der Berufsausbildung und am Arbeitsplatz vielleicht ...

7 Wie wäre es mit einem kleinen Gebärdensprachkurs?

Besorgen Sie sich Material (Lehrbücher, Internet, z. B. www.gebaerdenlexikon.ch) und wählen Sie daraus einige einfache Gebärden für die Alltagskommunikation aus (z. B. *Ja/Nein* sagen, sich begrüßen/verabschieden, sich nach dem Befinden erkundigen, um etwas bitten, sich bedanken, ...). Versuchen Sie dann im Kurs, mit diesen Gebärden zu kommunizieren.

Wirtschaftsgipfel

1 Erklimmen Sie den Wirtschaftsgipfel. Spielen Sie in Paaren. Zwei bis vier Paare spielen jeweils zusammen.

Sie brauchen einen Würfel und für jedes Spielerpaar eine Münze als Spielfigur. Wer die höchste Zahl würfelt, beginnt.

Einer in der Klasse ist „Experte" – er hat bei Streitigkeiten die Lösungen aus den Lehrerhandreichungen zur Hand. Es gibt zwei verschiedene Typen von Spielfeldern.

Orange Felder: Wenn Sie auf ein oranges Feld kommen, werden Sie in der Wirtschaft aktiv. Je nachdem, ob Sie erfolgreich sind oder nicht, dürfen Sie einige Felder vorgehen oder Sie müssen zurückgehen.

Blaue Felder: Wenn Sie die Aufgabe richtig lösen, dürfen Sie noch einmal würfeln, wenn nicht, bleiben Sie stehen, bis Sie wieder dran sind.

Gewonnen hat, wer zuerst im Ziel ist.

Sie lernen

Notizen zu einem Vortrag über die
Geschichte des Ruhrgebiets machen . . . . . . Modul 1

Die Antworten eines Experten zu
„Gewissensfragen" besprechen und die
eigene Meinung dazu vertreten . . . . Modul 2

Einen Begriff definieren und zu argumentativen Texten zu Wirtschaftsthemen Stellung
nehmen . . . . Modul 3

Einem Text über eine Firmengründung
wichtige Informationen entnehmen, Kriterien
für Firmengründer erarbeiten und eine
Geschäftsidee entwickeln . . . . Modul 4

Einen Vortrag über Bankgespräche
zusammenfassen, ein Bankgespräch
beurteilen und das Gespräch üben . . . . . . Modul 4

Grammatik

Nominalisierung und Verbalisierung:
Temporalsätze . . . . Modul 1

Nominalisierung und Verbalisierung:
Modal- und Konditionalsätze . . . . Modul 3

Was sind „Produktionskosten"?
A Alle Kosten, die für Rohmaterial ausgegeben werden, um ein Produkt herzustellen.
B Alle Personalkosten, die zur Herstellung eines Produkts benötigt werden.
C Alle Kosten, die für die Herstellung eines Produkts anfallen (Materialkosten, Personalkosten, Betriebskosten usw.).

Sie haben ein junges Unternehmen mit einer Geschäftsidee, die Ihnen vielversprechend erschien, finanziell unterstützt. Leider hat das Unternehmen keinen Erfolg. Gehen Sie zwei Felder zurück.

Was ist eine „harte Währung"?
A Geld eines Landes, das sich durch geringen Wertverlust auszeichnet.
B Münzgeld im Gegensatz zu Papiergeld.
C Eine feste Garantie auf den Wert des Geldes.

Was ist eine „Fusion"?
A Der Zusammenschluss von Firmen.
B Die Aufnahme einer Person in eine Firma.
C Der Ausschluss einer Person aus einer Firma.

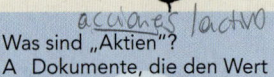

Was ist eine „Inflation"?
A Eine Zeitspanne, in der das Geld an Wert gewinnt.
B Eine Zeitspanne, in der das Geld an Wert verliert.
C Eine Zeitspanne, in der der Wert des Geldes stabil ist.

Was versteht man in der Wirtschaftssprache unter „Aufschwung"?
A Eine Phase, in der die Währung eines Landes an Wert zunimmt.
B Eine Phase, in der sich die wirtschaftliche Lage verbessert (weniger Arbeitslose, mehr Umsätze, …).
C Eine wirtschaftliche Phase, in der die Umsätze überraschend zurückgehen.

Was sind „Aktien"?
A Dokumente, die den Wert der Spareinlagen bei der Bank belegen.
B Dokumente, die bestätigen, dass man Anteile an einer Firma besitzt.
C Dokumente, die den aktuellen Wert des Goldes angeben.

Start

56

AB Wortschatz

4

Ziel

Sie haben einen Kredit aufgenommen, den Sie nicht innerhalb der Laufzeit zurückzahlen können. Würfeln Sie noch einmal und gehen Sie um die gewürfelte Zahl zurück.

Was ist eine „Branche"?
A Ein Zusammenschluss mehrerer Firmen.
B) Ein wirtschaftlicher Bereich, in dem die Anbieter ähnliche Ziele verfolgen.
C Eine Bankbürgschaft.

Sie legen Ihr Geld in fremder Währung an. Würfeln Sie noch einmal:
1, 2 oder 3 ▷ Der Wert dieser Währung ist gefallen, gehen Sie um die gewürfelte Zahl zurück.
4, 5 oder 6 ▷ Der Wert dieser Währung ist gestiegen, gehen Sie nach vorne: bei 4 ein Feld, bei 5 zwei Felder und bei 6 drei Felder.

Welche Aussage zu „Gewinn" und „Umsatz" ist richtig?
A Der Gewinn ist immer höher als der Umsatz.
B Der Umsatz kann negativ ausfallen, der Gewinn aber positiv sein.
C) Der Gewinn ist immer geringer als der Umsatz.

Was versteht man unter „Nachfrage"?
A) Der Bedarf an einer Ware auf dem Markt.
B Die Anzahl der Kunden, die eine Ware in einem Geschäft einkauft.
C Die Summe an Geldern, die von Kunden pro Jahr für eine bestimmte Ware ausgeben wird.

→ demanda
aucebot
& oferta.

Sie haben eine Marktlücke erkannt und mit einer genialen Geschäftsidee ein kleines erfolgreiches Unternehmen gegründet. Gehen Sie zwei Felder vor.

Sie spekulieren mit Aktien an der Börse. Würfeln Sie noch einmal:
1, 2 oder 3 ▷ Die Aktienkurse fallen, gehen Sie um die gewürfelte Zahl zurück.
4, 5 oder 6 ▷ Die Aktienkurse steigen, gehen Sie nach vorne: bei 4 ein Feld, bei 5 zwei Felder und bei 6 drei Felder.

Was ist die „Konjunktur"?
A) Eine wirtschaftliche Entwicklungstendenz.
B Der ausbleibende Boom.
C Eine langsame Expansion.

Was ist eine „wirtschaftliche Flaute"?
A Eine Phase, in der die Konjunktur ansteigt.
B Eine Phase, in der die Konjunktur sinkt.
C) Eine Phase, in der die Konjunktur stillsteht.

Vom Kohlenpott ...

1a Sehen Sie sich das Satellitenbild an. Welche Städte bzw. Regionen könnten Ihrer Meinung nach die drei hellsten Punkte auf der Karte darstellen?

b Welche großen Ballungs- bzw. Industriegebiete gibt es in Ihrem Land?

2a Hören Sie aus der Vortragsreihe „Regionen in Deutschland" den Anfang eines Vortrags über das Ruhrgebiet. Hier wird eine Geschichte über die Entdeckung der Steinkohle erzählt. Erzählen Sie die Geschichte nach.

b Hören Sie den weiteren Vortrag. Bringen Sie die Teilthemen in die richtige Reihenfolge.

_5_ der Aufbau neuer Universitäten   _4_ Ausbau des Dienstleistungssektors

_2_ Kohle und das Wirtschaftswunder   _3_ der wirtschaftliche Abschwung

_1_ Zahlen und geografische Fakten   _6_ kulturelle Veränderungen

c Hören Sie Abschnitt 2 noch einmal und ergänzen Sie geografische Fakten zum Ruhrgebiet.

1. Fläche: _4435_
2. Ausdehnung:
   a Ost – West: _116 km_
   b Nord – Süd: _67 km_
3. Einwohnerzahl: _s. über 10 m_
4. bekannteste Städte: _Dortmund, Essen, Bochum, Gelsenkirchen (?), Duisburg_

Weltkulturerbe Zeche Zollverein in Essen

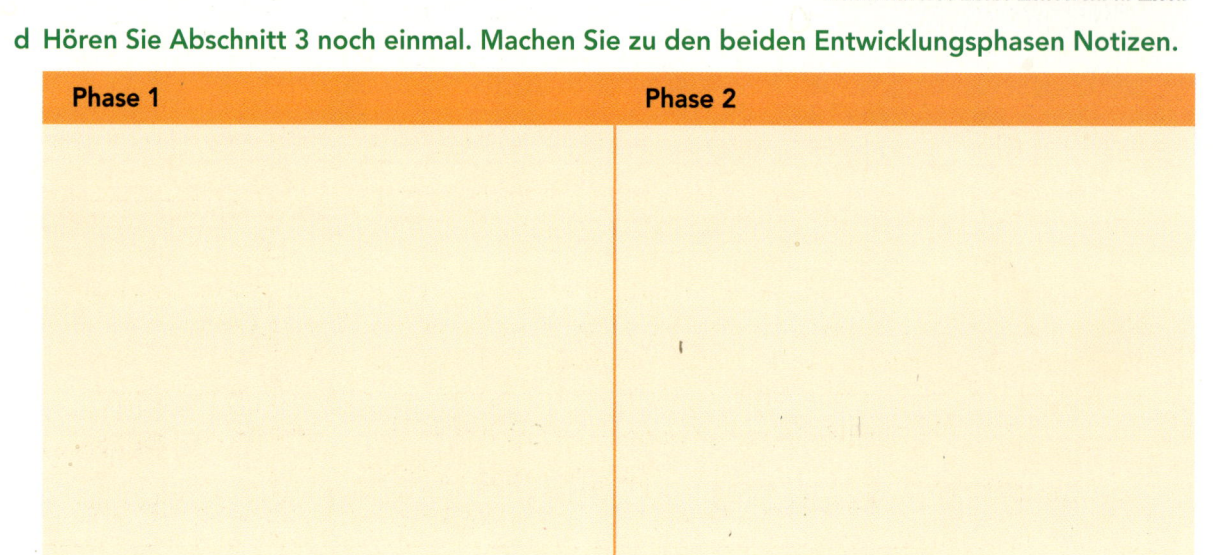

d Hören Sie Abschnitt 3 noch einmal. Machen Sie zu den beiden Entwicklungsphasen Notizen.

Phase 1	Phase 2

hören
sprechen | Grammatik

Modul 1

e Im vierten Abschnitt spricht Professor Böttger über die Folgen der Kohlekrise. Notieren Sie die beiden Folgen. ▶ Ü 3b

f Vergleichen Sie Ihre Notizen zu den Aufgaben 2c–e mit denen Ihres Partners / Ihrer Partnerin und ergänzen Sie gegebenenfalls Fehlendes.

3a Nominalisierung und Verbalisierung: Temporalsätze. Lesen Sie die Sätze aus dem Vortrag von Professor Böttger. Hören Sie dann die Sätze und ergänzen Sie sie.

1. _Seit der Entdeckung der Steinkohle_ hat das Ruhrgebiet eine rasante Entwicklung genommen. 2. _Nachdem Ende des Kriegen_ stieg die Bevölkerungszahl bis 1950 rasch an. 3. Die Kohle spielte beim _wirtschaftliche wieder aufbau der Bundesrepublik_ eine entscheidende Rolle. 4. _Bis zum Begin des abschlies_ vergingen nur wenige Jahre. 5. _Vor dem Begin der Kohle krisis_ arbeiteten die meisten Menschen in der Rohstoffverarbeitung. 6. _Weren der Kohleforderung_ wurde in diesen Anlagen schwer gearbeitet.

b Formen Sie die ergänzten Nominalformen aus den Sätzen der Aufgabe 3a in Nebensätze um. Überlegen Sie zuerst, welcher temporale Konnektor am besten passt.

Nominalform	Verbalform
Seit der Entdeckung der Steinkohle…	① Seitdem die Steinkohle entdeckt wurde, …
Nach dem Ende des Krieges …	② Nachdem der Krig beendet wurde.
Beim Aufbau	③ Als die Bundesrepublik wieder aufgebaut wurde
	④ Bevor die Krise begonnen hat.
	⑤ Bis der abschluss begonnen hat
	⑥ weren die kohlenforderung

c Ergänzen Sie anhand Ihrer Umformungen die Regel.

Nominalform	Verbalform	Nominalform	Verbalform
bei + Dat. →	wenn/als	seit + Dat. →	_____
bis zu + Dat. →	_____	vor + Dat. →	_____
nach + Dat. →	_____	während + Gen. →	_____

▶ Ü 4–6

4 Präsentieren Sie im Kurs eine (Industrie-)Region aus Ihrem Land, die sich stark verändert hat. Machen Sie Notizen in Nominalform und verwenden Sie sie bei Ihrer Präsentation. Recherchieren Sie hierfür zu den folgenden Themen im Internet.

Lage   Vor- und Nachteile des Standortes   Größe/Fläche   Entwicklung des Standorts
Wirtschaftszweige   Verkehrsanbindung   Anzahl der Beschäftigten   Kultur- und Erholungsmöglichkeiten

Mit gutem Gewissen?

1 Was bedeutet es, wenn man sagt, jemand hat ein *gutes* bzw. *schlechtes Gewissen*? Kennen Sie aus Ihrem Alltag Beispiele dafür? Erzählen Sie.

▶ Ü 1

2a Eine Zeitschrift bietet den Lesern die Möglichkeit, sich mit „Gewissensfragen" an einen Experten zu wenden. Lesen Sie die beiden Zuschriften. Welche Probleme haben die Leser und welche Gewissensfrage stellen sie am Ende?

1 Seit drei Monaten warten wir auf eine Handwerkerrechnung von ca. 1.000 Euro. Der Betrieb wird seit dem plötzlichen Tod des Chefs von dessen Frau weitergeführt, die aber sehr überfordert wirkt. Soll ich sie nun auf die ausstehende Rechnung aufmerksam machen, auch weil bei einer Zahlungsunfähigkeit der Firma zwei Arbeitsplätze auf dem Spiel stehen, oder soll ich dieses Geld zur finanziellen Unterstützung unserer Kinder verwenden?

2 Ein Arbeitskollege fehlt häufig wegen Krankheit. Allerdings ist es ein offenes Geheimnis, dass dieser Kollege eine Firma nebenher betreibt, für die er während seiner Krankheitstage arbeitet. Der Arbeitgeber möchte nun diesen Kollegen überführen, indem ein fiktiver Auftrag an die Firma des Kollegen gesandt wird, den dieser dann bearbeitet und dabei ertappt wird. Ich bin mit diesem Kollegen befreundet; er kennt meine Einstellung und weiß, dass ich sein Verhalten nicht gut finde. Muss ich ihn aber vor dieser konkreten Maßnahme warnen?

b Was würden Sie in diesen Situationen tun? Schreiben Sie kurz auf einen Zettel, wie Sie reagieren würden, und sammeln Sie die Zettel ein. Machen Sie anschließend eine Kursstatistik.

Zu 1: Ich würde die Firma informieren und nach der Rechnung fragen.

c Lesen Sie die Antworten des Mediziners und Juristen Dr. Dr. Rainer Erlinger. Welche Ratschläge formuliert er und wie begründet er sie?

Zu 1: Oft lässt sich eine Frage erst sinnvoll beantworten, wenn man sie von verwirrendem Beirat befreit hat. Auch hier wird der Blick gleich von zwei Seiten verstellt. Das erste Hindernis haben Sie selbst aufgestellt: Sie schildern die Probleme des Handwerksbetriebes bis hin zur drohenden Insolvenz und setzen dem als moralisches Gewicht entgegen, das Geld nicht für sich, sondern für Ihre Kinder einzusetzen. Damit drängen Sie die Frage auf die Ebene: „Wo wäre das Geld besser aufgehoben?" Dabei lautet sie doch: „Soll man eine fehlende Rechnung anmahnen?" Die Verwendung des Geldes kann in Zweifelsfällen als Entscheidungshilfe dienen, sie trifft jedoch nicht den Kern. Das zweite Hindernis ist ein allgemeines: Wie man mit Zahlungen, Rechnungen, Fälligkeiten umzugehen hat, ist juristisch geregelt. Rechnungen muss man danach nicht anfordern; es gibt sogar die Verjährung: Hat der Handwerker eine bestimmte Zeit nichts unternommen, kann er seine Ansprüche nicht mehr durchsetzen. Nur – und da muss man eben aufpassen: Recht und Moral stehen zwar nicht völlig unabhängig nebeneinander, aber das Gesetz verdrängt die Moral auch nicht. Keine Rechtspflicht bedeutet noch lange nicht: keine moralische Pflicht; die kann auch dort bestehen, wo ein Gesetz den Rechtsverkehr regelt.

Deshalb scheint mir sinnvoll, sich vorzustellen, es gebe in diesem Fall keine rechtlichen Bestimmungen, alles bliebe rein zwischenmenschlich. Dann wird es einfach: Der Handwerker hat etwas geleistet, dafür steht ihm sein Geld zu. Er kann es nun verlangen, meist wird man aber, vor einer vollbrachten Arbeit stehend, sogar eher fragen: „Was bekommen Sie dafür?" Umso mehr, wenn man erkennt, dass der andere schlicht vergessen hat zu fordern. Warum soll dieser Grundsatz entfallen, nur weil es für ihn keine gesetzliche Verpflichtung gibt?

Zu 2: Damit es nicht ganz so altväterlich klingt wie „Unrecht Gut gedeihet nicht", will ich es etwas weniger biblisch formulieren: Sobald der Wurm drinsteckt, wird es schwierig, sich richtig zu verhalten.

Um es klar zu sagen: Ihr Kollege ist ein Betrüger. Wenn er für seine eigene Firma arbeiten kann, ist er nicht arbeitsunfähig und kassiert zu Unrecht seine Lohnfortzahlung. Gegen diesen Betrug will sich der Arbeitgeber wehren, indem er Ihren Kollegen mit einem fiktiven Auftrag überführt. Keine Sternstunde zwischenmenschlichen Umgangs, aber nachvollziehbar. Sie jedoch bringt es in eine schwierige Situation. Denn ich komme um ein Wort in Ihrer Frage nicht herum: „befreundet". So tiefst zuwider mir das Verhalten Ihres Kollegen ist und so wenig es mir gefällt: Sie können einen Freund nicht schweigend ins offene Messer laufen lassen.

Diesen Interessenskonflikt hatte womöglich der römische Politiker und Philosoph Cicero vor Augen, als er schrieb: „Nur zwischen rechtschaffenen Männern kann es Freundschaft geben." Zuvor hatte schon Aristoteles festgestellt, dass es unter schlechten Menschen keine echte Freundschaft gebe, sondern nur eine Nutzfreundschaft, „denn schlechte Menschen freuen sich nicht aneinander, wenn nicht ein Vorteil daraus entsteht".

Bei Aristoteles findet sich auch eine Lösung für Ihr Problem. Der griechische Philosoph überlegte, wie man sich verhalten soll, wenn ein Freund sich zum Schlechten wende: Da „Gleiches mit Gleichem befreundet" sei, müsse man, nachdem man versucht hat, auf den Freund einzuwirken, die Freundschaft beenden. „Denn man darf nicht ein Liebhaber des Schlechten sein noch dem Schlechten ähnlich werden." Also verbinden Sie die Warnung an Ihren Freund mit dem Hinweis, dass Sie das nicht noch einmal tun werden.

▶ Ü 2

3a Lesen Sie die Redemittel und sammeln Sie im Kurs weitere Beispiele.

Verhalten positiv bewerten	Verhalten negativ bewerten
Ich finde es anständig/lobenswert/ anerkennenswert, dass …	Ich finde es falsch/unmöglich / nicht in Ordnung, dass …
Ich erkenne an, wenn jemand …	… wäre für mich undenkbar.
Ich schätze es, wenn …	Ich lehne es ab, wenn …
Ich heiße das / ein solches Verhalten / diese Einstellung/Haltung gut, denn …	Ich missbillige so etwas.
	Es ist für mich moralisch fragwürdig, wenn …
	Ich halte nichts davon, wenn …
	Solches Verhalten findet vielleicht bei vielen Anerkennung, aber …

b Wählen Sie eine der Gewissensfragen aus Aufgabe 2. Überlegen Sie, wie Sie argumentieren würden, und machen Sie Notizen.

Firma ist insolvent. / Arbeitsplätze stehen auf dem Spiel. / …

c Schreiben Sie an die Zeitschrift, die die Gewissenfragen veröffentlichte, eine E-Mail. Nehmen Sie in dieser E-Mail Stellung zum dargestellten Problem. Beschreiben Sie, wie Sie sich entscheiden würden und warum.

Die Welt ist ein Dorf

1a Hören Sie, wie der Nachrichten-Moderator Tom Buhrow dem 12-jährigen Tim einen schwierigen Begriff aus den Nachrichten erklärt. Um welchen Begriff handelt es sich und mit welchen Beispielen wird der Begriff erklärt?

b Hören Sie das Gespräch noch einmal. Was meint Tim, wenn er sagt: „Superbillig ist nicht immer fair."?

c Formulieren Sie selbst eine Definition für den in Aufgabe 1a beschriebenen Begriff. Verwenden Sie dazu die Redemittel.

einen Begriff definieren	Konsequenzen nennen
„…" ist …	Als Konsequenz ergibt sich daraus, dass …
„…" wird definiert als …	… ist eine logische Folge.
Unter „…" versteht man …	Daraus lässt sich ableiten/folgern, dass …
Mit dem Begriff „…" bezeichnet man …	Daraus kann man schließen, dass …
Von „…" spricht man, wenn …	Daraus ergibt sich, dass …
	… führt zu …

2a Lesen Sie die beiden Kommentare zum Thema „Globalisierung". Welcher Text spricht sich für, welcher Text gegen Globalisierung aus? Markieren Sie die entsprechenden Stellen in den Texten.

b Welchem Text stimmen Sie zu? Welche Argumente sind für Sie wichtig, welche würden Sie noch ergänzen?

A Selbst wenn man mit Sicherheit Kritik an einzelnen Unternehmen üben kann, wissen doch multinationale Unternehmen in der Regel, welche Verantwortung sie in den Ländern haben, in denen sie ihre Waren produzieren – das liegt schon in ihrem eigenen Interesse. Denn große Investitionen, z.B. der Aufbau einer Fabrik, rechnen sich erst bei einer Ausnutzung über einen Zeitraum von mindestens 50 Jahren.
Ohne zufriedene, gesunde Mitarbeiter und eine intakte Umwelt können Unternehmen deshalb ihre Ziele kaum realisieren. In unserer Firma arbeiten zurzeit 300.000 Mitarbeiter in über 150 Ländern. In jedem dieser Länder sind wir darum bemüht, unserer sozialen Verantwortung nachzukommen. Im Mai 2001 haben wir uns dem Globalen Pakt der Vereinten Nationen angeschlossen, einem Pakt zwischen Unternehmen und der UN. Damit gehören wir zu den ersten Firmen, die den Vertrag unterzeichnet haben, worauf wir sehr stolz sind. Über 400 Unternehmen haben sich inzwischen in diesem Abkommen freiwillig verpflichtet, überall für Menschrechte einzutreten, Arbeitsnormen einzuhalten, Kinderarbeit nicht zu erlauben und sorgsam mit der Umwelt umzugehen. Wenn große Unternehmen in den sogenannten Billiglohnländern investieren, geben sie der Wirtschaft vor Ort wichtige Impulse, indem sie die lokale Wirtschaft, z.B. in Zuliefererverträgen, fest einbinden. Gleichzeitig steigt die Wettbewerbsfähigkeit des Landes durch den Import neuer Technologien. Die Menschen werden besser ausgebildet und ihre Verdienstmöglichkeiten steigen. Doch leider werden allzu oft bürokratische Barrieren aufgebaut, es besteht die Tendenz, alles zu regulieren. Ein Vertrag zwischen Geschäftsleuten kann in Europa innerhalb von vier Wochen zustande kommen, in anderen Ländern kann es gut und gerne mal bis zu vier Jahren dauern. Deshalb ist eher mehr Globalisierung nötig und nicht weniger!

1 **B** Die wirtschaftliche und politische Macht von global operierenden Konzernen wird immer größer. Dies beweist die Tatsache, dass unter den 100 größten Wirtschaftsmächten sich bereits 51 Konzerne befinden.
Obwohl sich Konzerne in vielerlei Hinsicht unterscheiden, haben sie alle das
5 gleiche Ziel: Sie müssen immer größere Gewinne erwirtschaften. Ohne die Beachtung dieses Ziels müssten sie mit Kursverlusten an den Aktienbörsen rechnen. Im Extremfall könnte es sogar zu feindlichen Übernahmen kommen. Der Zwang, ihre Profite zu steigern, verleitet Weltkonzerne dazu, dies auf Kosten von Menschenrechten, Umwelt und Demokratie zu erreichen. In den westlichen
10 Industrieländern wirkt die Entwicklung des modernen Sozialstaates regulierend. Durch die Einflussnahme von Gewerkschaften sind den Arbeitern ein angemessener Lohn und die Einhaltung ihrer Menschenrechte sicher. Zum Schutz der Umwelt gibt es gesetzliche Regelungen, die von Konzernen beachtet werden müssen. Demokratische Grundlagen reduzieren die Möglichkeit der Konzerne, Regierungen zu kaufen. Doch in vielen Billiglohnländern fehlt ein solcher
15 Schutz. Und das nutzen die Konzerne aus. So nähen z.B. junge Frauen für Hungerlöhne T-Shirts, mit deren Verkauf Milliarden verdient werden. Durch Boykott dieser Waren können die Konsumenten in den reichen Ländern den Menschen dort helfen, solange die Konzerne Menschenrechte, Umweltschutz und Demokratie missachten.

3 Nominalisierung von Konditional- und Modalsätzen. Suchen Sie in den Texten zu den Verbalformen die entsprechende Nominalform und schreiben Sie sie in die Tabelle.

Verbalform (Nebensätze)	Nominalform
…, indem man neue Technologien importiert.	durch Import neuer Technologien
…, wenn man die Investitionen über einen Zeitraum von 50 Jahren und mehr ausnutzt.	
Wenn man dieses Ziel nicht beachten würde, …	
Dadurch, dass Gewerkschaften Einfluss nehmen können, ist den Arbeitern …	

b Suchen Sie in den Texten ein weiteres Beispiel für eine modale und eine konditionale Nominalform und bilden Sie die entsprechenden Nebensätze.

c Ergänzen Sie die Regel.

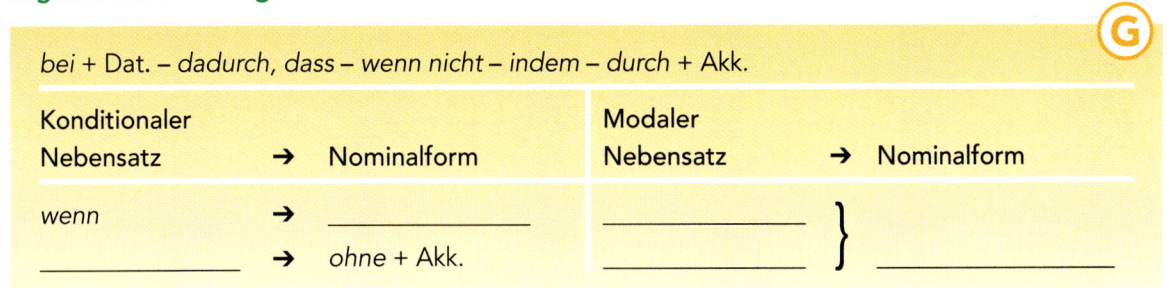

bei + Dat. – dadurch, dass – wenn nicht – indem – durch + Akk.

Konditionaler Nebensatz	→ Nominalform	Modaler Nebensatz	→ Nominalform
wenn	→ _____	_____	} _____
_____	→ ohne + Akk.	_____	

▶ Ü 3–5

4 Überlegen Sie mit einem Partner / einer Partnerin positive und negative Beispiele für Globalisierung. Denken Sie dabei an alle Bereiche des Lebens. Wählen Sie sich einen Aspekt und stellen Sie Ihre Ergebnisse im Kurs vor.

Globalisierung und Umwelt – Globalisierung und Ernährung – Globalisierung und Bekleidung – …

Gründerfieber

▶ Ü 1

1a Stellen Sie sich vor, Sie brauchen einen Handwerker – z.B. um die Waschmaschine zu reparieren oder ein Fenster einzubauen. Wie finden Sie den richtigen Handwerker?

b Lesen Sie den Text. Welche Idee hatte Thomas Schlüter und wie entstand sie?

Vom Rasenmähen, dem Internet und wie dabei Firmen entstehen

Dienstleister finden kann sehr umständlich sein. Wer kennt das Problem nicht? Ein Maler muss her, denn die Wohnung hat dringend eine Renovierung nötig. Nun nimmt das Spektakel der Handwerkersuche seinen Lauf. Als Erstes sucht man wahrscheinlich in den Gelben Seiten oder im Internet bei Google nach dem passenden Anbieter. Dann endlich, mit E-Mail-Adressen und Telefonnummern bewaffnet, geht es weiter. Angebote einholen, vergleichen und sich schließlich für einen völlig unbekannten Auftragnehmer entscheiden, ohne zu wissen, ob er auch die an ihn gestellten Ansprüche erfüllen wird. Das Ergebnis der Odyssee ist leicht zu erraten: Entweder man ist mit dem Preis oder mit der Leistung nicht zufrieden. Schlimmstenfalls mit beidem.

Dass es auch besser – und vor allem einfacher und komfortabler – geht, zeigt „die-auftragsboerse.de". Die Idee zur Online-Auftragsbörse hatte Thomas Schlüter, als er vor dem Problem stand, wie er trotz Studium und akutem Lernstress während der Klausurenphase dem verständlichen elterlichen Wunsch nachkommen könnte, mal wieder den Rasen in einen – auch ohne Machete – begehbaren Zustand zu bringen.

Die Optionen waren schnell erkannt: Selbst mähen und durch die Prüfung fallen – oder aber einen Dienstleister beschäftigen, die Prüfung schaffen und zugleich die Eltern mit einem nicht nur herrlich grünen, sondern auch angenehm kurzen Rasen beglücken!

Damit stand für ihn fest: „Ich trage den Auftrag in einer Auftragsbörse im Internet ein! Dann zahle ich einen fairen Preis für die Dienstleistung und ich kann mich meiner Klausurvorbereitung widmen. […]" Einziger Haken an dem so einleuchtenden wie einfachen Plan war, dass sich keine Auftragsbörse im Internet fand. So musste er diesmal den Rasen noch alleine mähen (die Klausuren schaffte er trotzdem).

Doch um für das nächste Mal gewappnet zu sein, rief er seinen Schulfreund Sebastian Koch an, erläuterte ihm seine Idee und das Ergebnis der Beratung war: Das Angebot einer Online-Auftragsbörse muss her! Da beide schon häufiger nach einer Geschäftsidee gesucht hatten, wurde diese Gelegenheit ergriffen und mit der Umsetzung sofort begonnen.

Dabei ergänzten und ergänzen sich die beiden hervorragend. Denn Sebastian Koch hat durch langjährige, selbstständige Tätigkeit reichlich Projekterfahrung im Bereich Softwareentwicklung und Thomas Schlüter brachte die nötigen BWL-Kenntnisse aus Studium und verschiedenen Praktika mit. Als erfolgreicher Wirtschaftsinformatikstudent übernahm Sebastian Koch die Leitung bei der Planung des Projekts. Anschließend wurde das Programm für „die-auftragsboerse.de" gemeinsam geschrieben. Nachdem eine umfangreiche Testphase die Stabilität der Eigenentwicklung gezeigt hatte und die Gründungsformalitäten der GmbH abgeschlossen waren, ging www.die-auftragsboerse.de online.

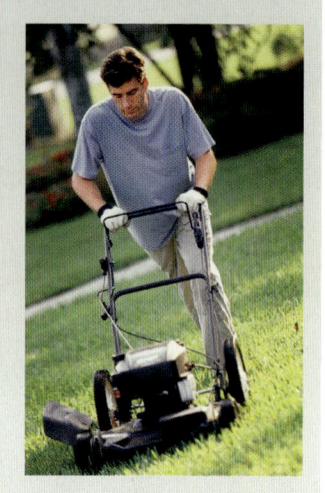

Doch was nun? Eine tolle Idee, eine funktionierende Software, aber zunächst keine Kunden. Also, auf die faule Haut legen war nicht drin. Und getreu dem Motto „der Unternehmer unternimmt und der Arbeiter arbeitet", ging es weiter mit Unternehmen und Arbeiten. „Das ist in der Gründungsphase einfach so, da muss man Chef und Angestellter zugleich sein", sagt Sebastian Koch. Es wurden Mailings gestaltet, Texte verfasst und Briefe verschickt. Zusätzlich fanden sich bald Kooperationspartner und erste Verträge mit PR- und Designagenturen wurden geschlossen. Der Einsatz der sympathischen Gründer wurde schon bald belohnt und die ersten Kunden fanden den Weg zur Internetseite die-auftragsboerse.de. „Dass es so schnell geht, hätten wir nicht gedacht", zeigt sich Thomas Schlüter begeistert vom Erfolg. „Doch wir haben noch lange nicht genug!", ergänzt Sebastian Koch. Vom Unternehmerfieber gepackt haben die beiden dynamischen Gründer noch vieles vor.

64

Fertigkeitstraining
hören | lesen | sprechen | schreiben

Modul 4

c Was ist alles von der Idee bis zur Firmengründung passiert? Notieren Sie. Glauben Sie, dass das beschriebene Geschäftsmodell weiterhin Erfolg haben wird?

2a Die Idee. Lesen Sie folgende Geschäftsidee und diskutieren Sie: Wie würden Sie die offenen Fragen entscheiden?

Geschäfts-Idee	
Firma	Literaturcafé
Geschäftsmodell	Bücher, Kuchen und guter Kaffee – zu günstigen Preisen
Firmengründer	Zwei befreundete Frauen, eine mit Berufserfahrung als Sekretärin, eine BWL-Studentin (kurz vor dem Abschluss), die oft in Kneipen und Cafés als Bedienung gearbeitet hat. Beide mit großem Interesse an Literatur aus aller Welt.
Besonderheiten	Im Café gibt es nicht nur Bistro-Tische, sondern auch gemütliche Leseecken. Die Wände sind voll mit Regalen, in denen für jeden greifbar Bücher stehen, die im Café gelesen werden können.
Marktsituation/ Vermarktung	Im Ort gibt es bisher kein Café, das Jugendliche und junge Erwachsene anspricht, sondern nur Cafés, die überwiegend von Senioren besucht werden. Durch Anzeigen in einem Veranstaltungsmagazin soll auf das Literaturcafé aufmerksam gemacht werden und durch Aushänge im Buchladen (bereits mit der Besitzerin des Buchladens besprochen, möchte auch Bücher zur Verfügung stellen).
Offene Fragen	Sollen auch Veranstaltungen angeboten werden (z.B. Lesungen)? Soll es mehr als 20 Plätze bieten? Finanzierung?

b Ergänzen Sie das Raster mit den Kriterien zur Firmengründung. Fallen Ihnen weitere Kriterien ein, die wichtig sein könnten?

Firmengründer	berufliche Erfahrung	persönliche Eignung / Motivation
	Sekretärin und ...	
Angebot	Alleinstellungsmerkmal	Angebotspalette/Preise
Marktsituation	Konkurrenz	mögliche Kunden
Vermarktung	Werbemaßnahmen	Partner
...		

c Wie gefällt Ihnen die Idee? Würden Sie in das Café gehen? Hätten Sie weitere Ideen, wie man das Café noch attraktiver machen könnte?

— *einmal pro Woche Livemusik im Café*

d Entwickeln Sie in Gruppen eigene Geschäftsideen (Hundepension, Computerservice, Tagesmutter, Internet-Shop, ...). Erstellen Sie ein Kriterienraster dafür und präsentieren Sie Ihre Idee. Die anderen kommentieren die Vorschläge Ihrer Gruppe.

▶ Ü 2

Gründerfieber

3 Die Finanzierung. Sie hören jetzt einen Vortrag. Ein Freund hat Sie gebeten, sich Notizen zu machen, weil er den Vortrag nicht hören kann. Sie hören den Vortrag nur einmal. Machen Sie beim Hören Notizen zu den Stichworten.

2.2
TELC

a Thema des Vortrags
   – Vortragsreihe für Firmengründer, Thema: „Bankgespräche erfolgreich führen"

b Fragen bei der Terminvereinbarung
   – _____
   – _____
   – _____

c Erklärungen zum „Fahrstuhlgespräch"
   – _____
   – _____

d das Bankgespräch – Themenpunkte
   – _____
   – _____
   – _____

e Verhalten im Beratungsgespräch
   – _____
   – _____
   – _____

f der erste Eindruck
   – _____

g Gesprächsabschluss
   – _____

▶ Ü 3

4a Hören Sie nun Ausschnitte aus einem Bankgespräch. Machen Sie Notizen zu den Antworten des Unternehmensgründers auf die Fragen des Bankangestellten. Beurteilen Sie, was der Kreditsuchende gut und was er nicht so gut gemacht hat.

2.9

1. Warum möchte er sich selbstständig machen?   …
2. Wie möchte er Auftraggeber finden?   …
3. Alleinstellungsmerkmal der Geschäftsidee?   …
4. Risiko bewusst?   …
5. Fähigkeit, Kredit zurückzuzahlen?   …
6. Gesprächsabschluss   …

▶ Ü 4

b Überlegen Sie zu zweit, was Herr Burger besser machen könnte. Notieren Sie Ihre Vorschläge und vergleichen Sie im Kurs.

c Bereiten Sie das Bankgespräch für Ihre Geschäftsidee aus Aufgabe 2d vor und üben Sie es.

Fertigkeitstraining
hören | lesen | sprechen | schreiben

Modul 4

5 Frau Monika Frühauf aus Mühlheim hat ihre eigene Firma eröffnet. Aus diesem Grund schreibt Frau Frühauf heute zwei Briefe: einen an eine Freundin in Hamburg und einen an den Trainer des Firmengründerseminars, das sie vor vier Monaten besucht hat.

Für die Aufgaben 1–10 füllen Sie die Lücken. Verwenden Sie dazu eventuell die Informationen aus dem ersten Brief. In jede Lücke passen ein oder zwei Wörter.

Betreff: Geschafft!!!

Liebe Bärbel,
wie läuft's bei Dir? Bei mir ist alles bestens: Stell Dir vor, ich habe vor Kurzem meinen eigenen Laden eröffnet! Ja, Du hast richtig gelesen, ich habe es wirklich getan. Du weißt ja, dass ich schon immer davon geträumt habe, ein Buchcafé zu eröffnen.
Das war gar nicht so einfach, aber vor gut vier Monaten habe ich ein Seminar mit dem Thema „Firmengründung" besucht, und das war klasse. Unser Trainer hat uns Schritt für Schritt erklärt, auf was wir alles achten müssen. Aber nicht nur das, er hat uns auch klipp und klar gesagt, dass es kein Zuckerschlecken werden wird, und uns viele Tipps gegeben, wie wir das Risiko abschätzen können.
Nach dem Seminar habe ich dann erst mal genau die Marktsituation hier in der Umgebung untersucht und bin zu dem Schluss gekommen, dass meine Idee wirklich Erfolg versprechend ist. Und dann ging es los: Einen geeigneten (und bezahlbaren) Raum finden – war gar nicht so einfach, ging dann aber doch recht schnell –, Verlagsprogramme studieren, die Einrichtung planen und die Kosten für alles kalkulieren … Und dann der Weg zur Bank. Das war ganz schön aufregend! Aber auch auf das Bankgespräch wurden wir im Seminar super vorbereitet. Und so habe ich schnell einen guten Kredit bekommen. Ja – und gestern war die Eröffnung. Stell Dir vor, es waren über sechzig Leute da! Für die Eröffnung konnte ich Theo überreden, aus seinem neuen Buch vorzulesen – Du weißt schon, der Krimiautor, den ich mal im Zug kennengelernt habe.
Drück mir die Daumen …
Liebe Grüße
Monika

Sehr **(0)** Herr Weidenreich,

ich **(1)** Ihnen heute, da ich Ihnen nochmals herzlich danken möchte. Vor gut vier Monaten hatte ich Ihr Seminar zum Thema Firmengründung besucht und gestern habe ich mein eigenes **(2)** eröffnet. Die Informationen und Tipps, die Sie in dem Seminar **(3)** hatten, waren so motivierend, dass ich gleich danach mit der **(4)** des Marktes begonnen habe. Und die **(5)** haben mich davon überzeugt, dass es möglich ist, meinen Traum zu **(6)**. Nach einem sehr erfolgreichen Gespräch bei der Bank – was ohne Ihr hervorragendes Training sicherlich anders verlaufen **(7)** – wurde es sehr schnell konkret. **(8)** die Suche nach geeigneten Räumlichkeiten nicht so einfach war, bin ich doch bald fündig geworden. Und gestern habe ich dann – bei großem Andrang – mein Buchcafé eröffnet.
Ohne Sie und das Seminar hätte ich das nie geschafft und ich wünschte, alle Fortbildungen, die ich in meinem Leben besucht habe, wären so gut gewesen **(9)** Ihr Seminar.
Ich danke Ihnen nochmals recht herzlich und verbleibe mit den besten **(10)**

Ihre
Monika Frühauf

Beispiel (0): *geehrter*

6 Würden Sie gerne eine Firma gründen? Was würde Sie daran reizen, was eher abschrecken? Berichten Sie.

Porträt

Margarete Steiff
(1847–1909)

Margarete Steiff

Am 24. Juli 1847 wird Margarete in Giengen an der Brenz geboren, als drittes von vier Kindern. Als sie 18 Monate alt ist, erkrankt sie an hohem Fieber, danach sind ihre Beine gelähmt, ihren rechten Arm kann sie nur unter Schmerzen belasten. Drei Jahre später wird ein Ulmer Arzt Kinderlähmung feststellen. Die vielen Arztbesuche und Kuren helfen nicht, die Eltern sind verzweifelt. Was kann die kleine Margarete noch vom Leben erwarten? Zeitlebens wird sie wohl auf die Fürsorge anderer angewiesen sein. Aber die lebenslustige Margarete erkämpft sich ihren Platz. Im Leiterwagen wird sie von den Geschwistern und von den Nachbarkindern zur Schule gebracht und von einer Frau, die in Schulnähe wohnt, nach oben in die Klasse getragen. Trotz der Schmerzen in der rechten Hand geht Margarete danach in die Nähschule und schließt mit 17 Jahren die Schneiderlehre ab.

Elefäntle

Ihre älteren Schwestern Marie und Pauline eröffnen 1862 eine Damenschneiderei, in der sie zeitweise mitarbeitet. Als Marie und Pauline etwa acht Jahre später den Heimatort verlassen, macht Margarete alleine weiter.

[...] Vom ersten selbst verdienten Geld kauft sie sich eine eigene Nähmaschine. Das Schwungrad kann sie auf der rechten Seite nur mühsam bewegen, deshalb wird die Maschine kurzerhand umgedreht.

[...] 1877 gründet Margarete ein Filzkonfektionsgeschäft und verkauft erfolgreich selbst angefertigte Kleidungsstücke und Haushaltsartikel. [...] Ihr erster Verkaufsschlager ist das „Elefäntle", ein kleiner Stoffelefant als Nadelkissen, der schon bald als Kinderspielzeug sehr beliebt ist.

Das offizielle Gründungsdatum der Manufaktur Steiff ist das Jahr 1880. [...] Schon sechs Jahre später verkauft Margarete über 5.000 Elefanten und entwirft nun auch andere Stofftiere. [...]

[...] Am 3. März 1893 wird die Spielwaren-Fabrik als „Margarete Steiff, Filzspielwarenfabrik Giengen/Brenz" ins Handelsregister eingetragen. Erstmals werden die Spielwaren auf der Leipziger Spielwarenmesse präsentiert. Margarete beschäftigt nun vier Näherinnen und zehn Heimarbeiterinnen.

Richard Steiff, der kreative Lieblingsneffe von Margarete, tritt 1897 ins Unternehmen ein. Er hat die Kunstgewerbeschule in Stuttgart besucht und in England studiert. Seine Tierskizzen sind die Grundlage für viele Steiff-Kreationen. Er entwirft 1902 den Bären „Bär 55 PB", den weltweit ersten Plüschbären mit beweglichen Armen und Beinen. [...]

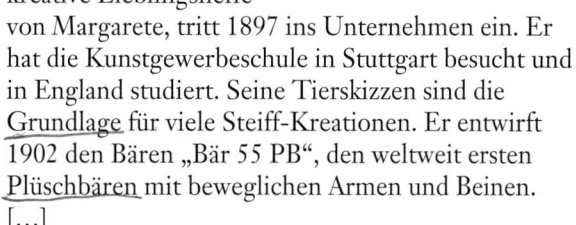

Margarete selbst bleibt skeptisch, Richard darf seinen Bären aber auf der Leipziger Spielwarenmesse präsentieren. Der Durchbruch gelingt, als ein amerikanischer Händler den Bären entdeckt und davon 3.000 Exemplare bestellt. Der Bär beginnt einen beispiellosen Verkaufserfolg in den USA, ab 1906 unter dem Namen Teddybär – benannt nach dem amerikanischen Präsidenten Theodore „Teddy" Roosevelt.

[...] Im Jahr 1907 stellen 400 Mitarbeiter und 1.800 Heimarbeiter 973.999 Teddybären und insgesamt etwa 1.700.000 Spielartikel her. [...]

Margarete Steiff stirbt am 9. Mai 1909 im Alter von 61 Jahren an den Folgen einer Lungenentzündung. [...]

Mehr Informationen zu Margarete Steiff

Sammeln Sie Informationen über Persönlichkeiten oder Firmen aus dem In- und Ausland, die für das Thema „Wirtschaft" interessant sind, und stellen Sie sie im Kurs vor. Sie können dazu die Vorlage „Porträt" im Anhang verwenden.

Beispiele aus dem deutschsprachigen Bereich: Victorinox – Anna Sacher – VW – Elisabeth Noelle-Neumann – Konrad Zuse

Grammatik-Rückschau — 4

1 Nominalisierung und Verbalisierung: Temporalsätze

Nominalform	Verbalform
Seit der Entdeckung der Steinkohle hat das Ruhrgebiet eine rasante Entwicklung genommen.	**Seitdem** die Steinkohle entdeckt wurde, hat das Ruhrgebiet eine rasante Entwicklung genommen.
Nach dem Ende des Krieges stieg die Bevölkerungszahl bis 1950 rasch an.	**Nachdem** der Krieg beendet worden war, stieg die Bevölkerungszahl bis 1950 rasch an.
Die Kohle spielte **beim** wirtschaftlichen Wiederaufbau der Bundesrepublik eine entscheidende Rolle.	Die Kohle spielte eine entscheidende Rolle, **als** die Wirtschaft der Bundesrepublik wiederaufgebaut wurde.
Bis zum Beginn des wirtschaftlichen Abschwungs vergingen nur wenige Jahre.	**Bis** der wirtschaftliche Abschwung begann, vergingen nur wenige Jahre.
Vor dem Beginn der Kohlekrise arbeiteten die meisten Menschen in der Rohstoffverarbeitung.	**Bevor** die Kohlekrise begann, arbeiteten die meisten Menschen in der Rohstoffverarbeitung.
Während der Kohleförderung wurde in diesen Anlagen schwer gearbeitet.	**Während** man Kohle förderte, wurde in diesen Anlagen schwer gearbeitet.

2 Nominalisierung und Verbalisierung: Modalsätze

Nominalform	Verbalform
Durch den Import neuer Technologien steigt die Wettbewerbsfähigkeit des Landes.	Die Wettbewerbsfähigkeit des Landes steigt, **indem** neue Technologien importiert werden.
Durch die Einflussnahme von Gewerkschaften ist den Arbeitern ein angemessener Lohn sicher.	Den Arbeitern ist ein angemessener Lohn **dadurch** sicher, **dass** Gewerkschaften Einfluss nehmen.

3 Nominalisierung und Verbalisierung: Konditionalsätze

Nominalform	Verbalform
Große Investitionen, z.B. der Aufbau einer Fabrik, rechnen sich erst **bei** einer Ausnutzung über einen Zeitraum von 50 Jahren.	Große Investitionen, z.B. der Aufbau einer Fabrik, rechnen sich erst, **wenn** sie über einen Zeitraum von 50 Jahren genutzt werden.
Ohne die Beachtung dieses Ziels müssten die Konzerne mit Kursverlusten an den Aktienbörsen rechnen.	**Wenn** die Konzerne das Ziel **nicht** beachten/**miss**achten, müssten sie mit Kursverlusten an den Aktienbörsen rechnen.

Vertrauen erwerben

1a Lesen Sie die Sätze aus einem Werbefilm der Firma Henkel und sehen Sie die Bilder an. Sehen Sie dann den Film. Wofür wird darin geworben? Notieren Sie links die Produktgruppen (einige mehrfach) und rechts die Buchstaben der Bilder.

1. _____ Seine erste Marke wurde zum Prototyp einer Bild ____
der genialsten Erfindungen für den Haushalt.

2. _____ Und an dem, was übermorgen die Welt Bild ____
zusammenhalten wird, arbeitet unsere
Forschung schon heute.

3. _____ Wäre es nicht wundervoll, [...] den Traum Bild ____
ewiger Jugend wirklich werden zu lassen?

4. _____ Vielleicht kommt (sie) ja eines Tages sogar Bild ____
trocken und gebügelt aus der Maschine –
und wir pünktlich ins Büro.

5. _____ Die Idee von einem Klebstoff, der Bild ____
Schrauben und Dübel ersetzt, haben wir
schon verwirklicht.

6. _____ Wie gut, dass *leichter*, *besser* und *schöner* Bild ____
auch für die Industrie funktioniert.

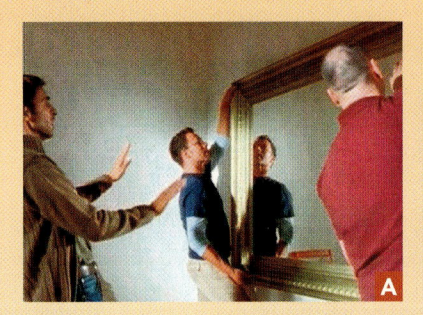

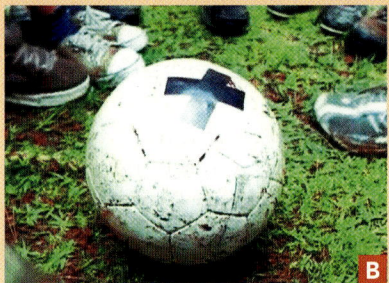

b Welche Bilder oder Szenen aus den Werbeclips haben sich bei Ihnen nach dem ersten Sehen eingeprägt? Nennen Sie sie und versuchen Sie zu begründen, warum.

> Ich fand die Szene mit dem Jungen im Schwimmbad besonders stark, das hat mich an meinen ersten Sprung vom Zehn-Meter-Brett erinnert.

sehen | nachdenken | diskutieren 4

2 Sehen Sie den Film noch einmal. Welche „Werbebotschaften" vermitteln die Clips? Notieren Sie wie im Beispiel einzelne Bilder oder Szenen aus dem Film und deren Aussage. Sammeln Sie die Ergebnisse im Kurs.

Hochzeitspaar nach der Trauung → Glück

Sorglosigkeit
Natürlichkeit
Zuverlässigkeit
…

3 Bilden Sie drei Gruppen. Jede Gruppe konzentriert sich auf einen Clip.

Gruppe A: Spiegel aufhängen   **Gruppe B:** Autos/Motorrad   **Gruppe C:** Welt/Kinder

Sehen Sie die drei Clips zuerst ohne Ton und hören Sie sie dann ohne Bild. Notieren Sie dabei die Gestaltungsmittel in den Clips und die beabsichtigte Wirkung auf die Zuschauer. Sie können dazu die folgenden Stichwörter benutzen:

| Darsteller (Alter, Mimik, Gestik)   Kleidung   Requisiten   Umgebung   Wetter   Licht |
| Farben   Kameraperspektive   Schnitte   Sprecherstimme   Musik   Toneffekte   … |

Gestaltung   **Wirkung**

- *junger Mann, der zeigt, wo der Spiegel*   *spricht junge, unkonventionelle Leute an*
  hängen soll, ist unrasiert
- …   …

Ordnen Sie Ihre Beobachtungen in den Gruppen und stellen Sie Ihre Ergebnisse vor.

4 In der Werbung wird stets eine ideale Welt ohne Probleme gezeigt. Das ist in Nachrichten- oder Magazinsendungen nicht so. Welche Themen stehen in diesen TV-Formaten oft im Mittelpunkt, wenn über einen Chemiebetrieb oder dessen Produkte berichtet wird?

ein neuartiges Produkt, Umweltverschmutzung, …

Ziele

1a Lesen Sie die unterschiedlichen Texte zum Thema „Ziele". Notieren Sie kurz, was darin über Ziele ausgesagt wird.

b Vergleichen Sie, welche positiven und welche kritischen Aussagen es über Ziele bzw. das Erreichen von Zielen gibt.

A Es geht im Leben nur um zwei Dinge. Hoffnung und Entscheidungen. Manche nennen es Träume. Oder Ziele. Für mich sind es Hoffnungen, die einen antreiben. Die Hoffnung, einen besseren Job als der Vater zu bekommen, sich mal ein Cabrio leisten zu können, vielleicht etwas Ruhm zu ergattern. Aber auf jeden Fall die Hoffnung auf die Liebe seines Lebens. Doch hoffen allein genügt nicht. Um sich zu verwirklichen, muss man Entscheidungen treffen. Das steht auf der anderen Seite der Gleichung. Aber das tun die wenigsten im Leben. Die meisten auf diesem Planeten lehnen sich entspannt in ihrem Kinosessel zurück und sehen zu, wie die Helden auf der Leinwand die Entscheidungen treffen, die sie sich selbst nicht zu fällen trauen. Kaum einer bricht zu einer Reise ins Ungewisse auf. Wir brüllen dem Hauptdarsteller des Films zu, er solle endlich seinen gut bezahlten Job kündigen, um den verborgenen Schatz in der Wüste zu suchen. Im wahren Leben würden wir selbst das nie tun, es sei denn, unser Arbeitgeber gäbe uns ein Jahr bezahlten Urlaub. Es gibt nur einen hauchdünnen Unterschied zwischen der Masse und einigen wenigen an der Spitze. Die einen hoffen nur, die anderen treffen zusätzlich noch eine Entscheidung. Sie setzen alles auf eine Karte. Und sie sind bereit, alles zu verlieren, wenn das in letzter Konsequenz die Folge wäre.
Sebastian Fitzek, „Amokspiel"

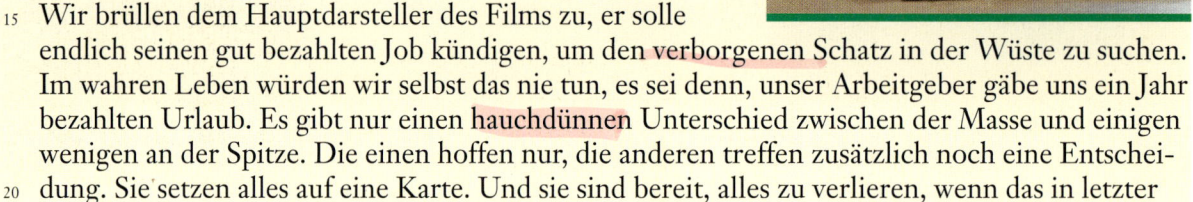

Sie lernen

Einen Text über gute Vorsätze verstehen und einen Text über die eigenen guten Vorsätze schreiben	Modul 1
Ein Gespräch über berufliche Ziele hören und Notizen machen	Modul 2
Ein Interview über ein Netzwerk lesen und die Fragen rekonstruieren	Modul 3
Kurze Radiofeatures über engagierte Menschen verstehen	Modul 4
Einen Beitrag über „Engagement heute" schreiben	Modul 4

Grammatik

Nominalisierung und Verbalisierung: Kausal-, Konzessiv-, Final- und Konsekutivsätze	Modul 1
Nominalisierung und Verbalisierung: Präpositional-Ergänzungen	Modul 3

B Kein Ziel ist so hoch, dass es unwürdige Methoden rechtfertigte.
Albert Einstein

C Wer vom Ziel nicht weiß ...

Wer vom Ziel nicht weiß,
kann den Weg nicht haben,
wird im selben Kreis
all sein Leben traben,
kommt am Ende hin,
wo er hergerückt,
hat der Menge Sinn
nur noch mehr zerstückt.
Christian Morgenstern

D Der ans Ziel getragen wurde,
darf nicht glauben,
es erreicht zu haben.
Marie von Ebner-Eschenbach

E Der Langsamste, der sein
Ziel nur nicht aus den Augen
verliert, geht immer noch
geschwinder als der,
der ohne Ziel herumirrt.
Gotthold Ephraim Lessing

F Die Fabel vom Frosch

Es war einmal ein Wettlauf der Frösche. Das Ziel war es, auf den höchsten Punkt eines großen Turmes zu gelangen.
Es versammelten sich viele andere Frösche, um zuzusehen und ihre Artgenossen anzufeuern.
Der Wettlauf begann. In Wirklichkeit glaubte keiner von den Zuschauern daran, dass auch nur ein Frosch auf die Spitze des Turmes gelangen könnte, und alles was man hörte, waren Sätze wie: „Die Armen, sie werden es nie schaffen!"
Die Frösche begannen einer nach dem anderen aufzugeben, außer einem, der weiterhin versuchte, auf die Spitze des Turmes zu klettern.
Die Zuschauer fuhren fort zu sagen: „Die Armen! Sie werden es nie schaffen!" Die Frösche gaben sich geschlagen, außer dem einen Dickschädel, der nicht aufgab.
Endlich hatten alle Frösche ihr Vorhaben abgebrochen – nur jener Frosch hatte alleine und unter großer Anstrengung die Spitze des Turmes erreicht. Die anderen wollten von ihm wissen, wie er das geschafft hatte.
Ein Frosch näherte sich ihm, um zu fragen, wie er es geschafft hätte, den Wettlauf zu gewinnen. Da merkten sie, dass er taub war.
Autor unbekannt

2 Welchen Text finden Sie besonders gut? Warum?

Ab morgen!

1. Was sind typische „gute Vorsätze"? Wann fasst man sie?

2. Lesen Sie den Text und beantworten Sie die Fragen.
   a. Welche guten Vorsätze fassen die Deutschen laut einer Studie?
   b. Wie bilden sich Gewohnheiten?
   c. Wann verändert man seine Gewohnheiten?
   d. Was versteht man unter dem „Falsche-Hoffnung-Syndrom"?
   e. Welche Phasen durchläuft man, wenn man sein Verhalten verändern will?
   f. Welche Strategien helfen bei der Umsetzung guter Vorsätze?

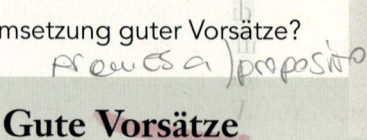

Gute Vorsätze

Kaum haben sich zum Jahreswechsel die Rauchschwaden der Raketen und Böller am Himmel in Luft aufgelöst, erscheinen am Horizont unzählige Lichtblicke: Die guten Vorsätze für das neue Jahr gehen an den Start. Beim Jahreswechsel wollen sich laut einer Umfrage 57 Prozent der Deutschen mehr bewegen, 48 Prozent nehmen sich vor, gesünder zu essen, 36 Prozent wollen an Gewicht verlieren und 19 Prozent planen, das Rauchen aufzugeben. Obwohl sie sehr motiviert sind, verpufft nach zwei bis drei Monaten bei mehr als der Hälfte der Befragten die Anfangsbegeisterung. Schlimmer noch: Sie geben auf. Mangelnde Lust, zu wenig Zeit und zu viel Stress, vor allem aber zu hohe Ziele geben die Gestrauchelten als Gründe für die schnelle Kapitulation an.

Aber wie bilden sich eigentlich Gewohnheiten? Sie entwickeln sich aus ehemals bewusst getroffenen Entscheidungen, die zum Zeitpunkt ihres Entstehens vom menschlichen Gehirn emotional als positiv, nützlich, gut oder spannungsmindernd bewertet wurden. Hat sich eine Gewohnheit gebildet, wird sie „automatisiert". Half also einst das üppige Essen dabei, Spannungen abzubauen, wenn sich Unlust und Frust einstellten, wird das Bewältigungsverhalten im Gehirn als positives Gefühl wahrgenommen und nach mehrfachen Wiederholungen gespeichert und „eingebaut".

Wenn das Leiden sehr stark ist, kann es dazu kommen, dass sich der Betroffene eine Veränderung wünscht. Auf der einen Seite stehen also alltägliche Verlockungen wie der Genuss. Auf der anderen Seite winkt das schlechte Gewissen, weil der Verstand beispielsweise um die Nachteile von andauernder Bewegungsarmut und Übergewicht weiß: Herz- und Kreislaufprobleme, Diabetes-Risiko und vieles mehr. Kanadische Psychologen erforschen das Gesundheitshandeln von Menschen, die abnehmen wollten. Sie versuchten herauszubekommen, warum so viele Menschen mit guten Vorsätzen mehrmals scheitern, sich aber immer wieder zu guten Vorsätzen aufraffen, und stießen auf das Falsche-Hoffnung-Syndrom. Weil sie unrealistische Erwartungen hatten, scheiterten viele hoch motivierte, aber schlecht informierte Menschen. Viele stellten sich vor, sie nähmen innerhalb kürzester Zeit viele Kilos ab, fänden auf diese Weise einen Traumpartner oder würden anschließend im Berufsleben zurechtkommen. Nachdem sie scheiterten, führten viele den Misserfolg auf mangelnde Anstrengung und auf die falsche Diätmethode zurück. Statt ihre Erwartungen zu korrigieren, wechselte das Gros einfach die Diät.

Wer sein Gesundheitsverhalten ändern will, durchläuft in der Regel sechs Phasen. Das entdeckten US-amerikanische Psychologen. Die Forscher stellten klar, dass die Umsetzung guter Vorsätze lange Zeit in Anspruch nimmt und Rückschläge zum Alltag bei Gewohnheitsänderungen zählen. Einer Phase der Sorglosigkeit folgt die Phase der Bewusstwerdung eines ungesunden Verhaltens. Danach tritt die Vorbereitungsphase ein, in welcher Informationen zum Risikoverhalten gesammelt und negative Folgen der Gewohnheit offenkundig werden. Jetzt wird der gute Vorsatz gefasst und möglicherweise verkündet, dass eine Verhaltensänderung innerhalb von 30 Tagen angestrebt wird. Danach folgt die Aktivitätsphase: Es finden erste Versuche statt, die Gewohnheit abzubauen, indem Strate-

75 gien gegen die das schädigende Verhalten auslösenden Stimuli aufgebaut werden. Hier ist die Gefahr des Rückfalls auf frühere Stufen am größten. Erst wenn das Ziel erreicht wurde und sich der Erfolg mehr als sechs Monate hält, ist
80 die Phase der Aufrechterhaltung erreicht. Die Stabilisierung des Verhaltens kann aber wie im Falle der Gewichtsreduktion oder des Rauchens ein Leben lang dauern. Menschen, die ein starkes Veränderungsbedürfnis haben, hilft es, wenn
85 sie genau wissen, was sie für sich ändern wollen und sich darüber gut informieren. Wichtig ist dabei, so der Chemnitzer Psychologe Udo Rudolph, sich auf eine Sache zu konzentrieren und sich realistische Ziele zu setzen. Viele Men-
90 schen setzen sich zu hohe Ziele, sodass sie schnell Fehlschläge hinnehmen müssen. Also, nicht gleich alles ändern wollen: abnehmen, mehr bewegen und Rauchen aufgeben. Lieber eins nach dem anderen tun. Es ist hilfreich, kleine Schritte

95 zu gehen. Wer sich überfordert, verliert schnell die anfängliche Freude an der Herausforderung. Aus Stubenhockern werden nur mit der Zeit Spitzenläufer. Sinnvoll ist es auch, mit konkreten Formulierungen zu arbeiten. Anstatt zu sa-
100 gen, man wolle gesünder essen, sagt man besser: „Ich esse fünfmal am Tag Obst oder Gemüse." Gut ist es, ein Tagebuch zu führen und sich für das Erreichen von Etappenzielen angemessen zu belohnen. Da sich der Mensch aber auch an Be-
105 lohnungen gewöhnen kann, sollten sie in Maßen erfolgen. Um das Vorhaben besser bewältigen zu können, hilft womöglich auch die Gesellschaft anderer in entsprechenden Kursen.
Wer sich feste Termine und Teilziele setzt, sie
110 aber dann und wann nicht einhalten kann, sollte nicht gleich verzweifeln. Aufgeschoben ist nicht aufgehoben. Nur darf das Aufschieben nicht zur Gewohnheit werden. Dann nämlich wird es stressig, weil das Selbstvertrauen schwindet.

▶ Ü 1

3a Nominalform – Verbalform. Wie können Sie die folgenden Sätze umformulieren? Welcher Konnektor passt wo? Ordnen Sie zu.

> um ... zu / damit – weil/da – obwohl
>
> <u>Kausalsatz:</u> **Wegen** unrealistischer Erwartungen scheiterten viele hoch motivierte, aber schlecht informierte Menschen. → Umformung mit _weil_ ....
>
> <u>Konzessivsatz:</u> **Trotz** großer Motivation verpufft nach zwei bis drei Monaten bei mehr als der Hälfte der Befragten die Anfangsbegeisterung. → Umformung mit _obwohl_
>
> <u>Finalsatz:</u> **Zur** besseren Bewältigung des Vorhabens hilft womöglich auch die Gesellschaft anderer in entsprechenden Kursen. → Umformung mit _um ... zu_

um das Vorhabens besser zu bewältigen.

b Kontrollieren Sie die Konnektoren mithilfe des Textes.

c Lesen Sie das erste Beispiel und formen Sie den zweiten Beispielsatz entsprechend um.

> <u>Konsekutivsatz:</u>
>
> | Ursache | Folge |
> |---|---|
> | Viele Menschen setzen sich zu hohe Ziele, | sodass sie schnell Fehlschläge hinnehmen müssen. |
>
> **Infolge** zu hoher Ziele müssen viele Menschen ziemlich schnell Fehlschläge hinnehmen.
>
> _____
>
> Infolge großer Gesundheitsprobleme wollen viele Menschen mit dem Rauchen aufhören.

▶ Ü 2–5

4 Schreiben Sie einen kurzen Text über Ihre guten Vorsätze für die Zukunft.

Der Weg ist das Ziel

1a Welche beruflichen Ziele haben Sie? Beschreiben Sie sie kurz.

▶ Ü 1–2 **b** Wie wollen Sie diese Ziele erreichen?

2 Sie hören jetzt eine Radiosendung zum Thema „Berufliche Ziele". Sie hören den Text nur einmal. Ergänzen Sie beim Hören die Sätze 1–10 mit der passenden Information. Schreiben Sie nicht mehr als vier Wörter pro Satz.

1. Kommunikationswirte sind in Werbe- und Marketingabteilungen fast aller _____ _____ tätig.

2. Haupttätigkeit eines Kommunikationswirtes ist _____.

3. Frau Wendt hat zuerst eine Ausbildung bei _____ gemacht.

4. Herr Lehmann arbeitet als _____.

5. Die Zeit, in der wir arbeiten, ist ein Großteil _____.

6. Wenn der Anteil der angenehmen Arbeiten _____ liegt, sollte man sich beruflich verändern.

7. Frau Wendt hat das Stärken- und Schwächenprofil geholfen, leichter _____ _____ zu treffen.

8. Das formulierte Ziel muss _____ haben.

9. Man kann sein Ziel umsetzen, indem man bis _____ plant.

10. Oft verschieben Menschen ihr Ziel, weil sie auf _____ warten.

hören sprechen

3 Hören Sie den zweiten Teil der Radiosendung noch einmal. Notieren Sie während des Hörens die Tipps, die Herr Lehmann für die Berufsplanung gibt.

2.13

1. Tipp: Bestandsaufnahme
   - Was macht mir Spaß?
   - Was mache ich nicht gerne?
   - Stärken- und Schwächenprofil anlegen

2. Tipp:

3. Tipp:

4. Tipp:

5. Tipp:

▶ Ü 3–4

4 Ein Ziel zu haben und es zu erreichen sind zwei verschiedene Dinge. Um Ziele zu realisieren, braucht man eine systematische Planung. Überlegen Sie sich zuerst ein für Sie wichtiges Ziel und planen Sie es mithilfe der Fragen. Präsentieren Sie Ihr Ziel anschließend Ihrem Partner / Ihrer Partnerin. Er/Sie stellt Ihnen zu Ihrem Ziel Fragen und schätzt Ihre Planung kurz ein.

Wie viel Zeit brauchen Sie, um Ihr Ziel zu erreichen?

Was ist alles nötig, damit Sie Ihr Ziel erreichen können (Wissen, Können, …)?

Wie und wo bekommen oder erlernen Sie das, was Ihnen noch fehlt?

Haben Sie einen Notfallplan, falls Sie nicht vorankommen?

Mein großes Ziel in den nächsten Jahren ist, … zu studieren. Deshalb will ich mich zuerst bei der Studienberatung erkundigen.

Was passiert, wenn dein Schulabschluss nicht anerkannt wird?

▶ Ü 5

Jeder kennt jeden

1 Lesen Sie den Lexikonauszug. Was bedeutet *Networking*?

> Networking ist der neudeutsche Begriff für das bewusste Knüpfen von Kontakten innerhalb einer Interessengemeinschaft. In Zeiten des Konkurrenzdrucks auf dem Arbeitsmarkt hat man damit die Möglichkeit, durch Beziehungen die Erfolgsaussichten bei der Arbeitsplatzsuche zu vergrößern.

2a Lesen Sie ein Interview über „Netzwerke", bei dem die Fragen ausgespart sind. Unterstreichen Sie in jedem Absatz die Hauptinformationen.

1   Beziehungen schaden nur dem, der keine hat. Diese Redensart gilt auf dem angespannten Arbeitsmarkt heute mehr denn je. Die Hälfte aller offenen Stellen wird nach Schätzung von Experten mittlerweile über Kontakte vergeben. Berufstätige sollten deshalb frühzeitig ein Netzwerk knüpfen. Das allerdings will gelernt sein. Aus diesem Grunde haben wir mit Thomas Heyne, Networking-Experte und Leiter eines Karriereberatungsunternehmens in Berlin, gesprochen.

10 **1** _____
Ein gut funktionierendes Netzwerk ist entscheidend für die berufliche und geschäftliche Karriere. Die Arbeitswelt hat sich im Zuge der Globalisierung stark verändert: Die Situation, dass Menschen ein Leben lang bei ein und derselben Firma angestellt sind, gibt es nicht mehr. Flexibilität und Mobilität sind gefragt. Wer über ein gutes Netzwerk an Kontakten verfügt, dem öffnen sich so manche Türen wie von
15 selbst. Deshalb sollte sich in der heutigen Zeit jeder Mensch um den Ausbau von persönlichen Beziehungen bemühen.

2 _____
Wer früher seine Beziehungen für die berufliche Weiterentwicklung einsetzte, wurde schief angeschaut. Die Menschen nutzten ihre Kontakte weniger, weil das als anrüchig galt und man sich deshalb wenig
20 davon versprach. Heute ist das anders. Vielleicht kegelt gerade die eigene Mutter mit einer Bekannten, deren Schwager an einer entscheidenden Position sitzt. Durch den richtigen Kontakt zu einem Job zu kommen hat nichts Anrüchiges mehr. Zudem profitiert man heute von der Mitgliedschaft in Netzwerken. Netzwerke zu nutzen gehört längst zur Normalität.

3 _____
25 Die Funktionen, die in einem Online-Netzwerk zur Verfügung stehen, unterstützen die Mitglieder beim Aufbau und bei der Pflege ihres Kontaktnetzwerkes. Als Mitglied findet man relevante Kontakte einfacher und schneller, egal ob es dabei um einen neuen Job, einen Geschäftspartner oder um ehemalige Kommilitonen geht. Man kann online Geschäfte anbahnen und abschließen. Außerdem kann jedes Mitglied seine Kontakte leichter und effizienter managen, weil viele Netzwerke automatisch ein aktuelles
30 Adressbuch anbieten. Darüber hinaus kann man durch andere Menschen aus dem Netzwerk Ratschläge, Tipps und Lösungen für die vielfältigsten Probleme bekommen.

4 _____
Während Männer von Anfang an auf Kontakte aus Studienzeiten, von Arbeitskollegen oder Freunden zurückgegriffen haben, taten sich Frauen anfangs damit recht schwer. Doch in den letzten Jahren haben
35 sich in Deutschland zahlreiche berufsbezogene Netzwerke für Frauen gebildet, die zum Austausch mit anderen Mitgliedern zu Themen rund um den beruflichen wie privaten Alltag einladen. Diese Netzwerke können sich über einen deutlichen Anstieg ihrer Mitgliederzahl freuen. Zu den Mitgliedern von Frauen-Netzwerken zählen Berufsanfängerinnen, Wiedereinsteigerinnen, Frauen in leitenden Positionen. Angestellte ebenso wie Frauen, die einen freien Beruf ausüben oder ihr eigenes Unternehmen leiten.

5
In Netzwerken registrieren sich Geschäftsleute, Unternehmer, Fach- und Führungskräfte und Berufstätige im Allgemeinen und das branchenübergreifend. Sobald das Berufs- und Geschäftsleben für Studenten und Absolventen interessant wird, registrieren sie sich, weil sie wissen, dass sie hier oft Anschluss an potenzielle Arbeitgeber weltweit erhalten. Deshalb bemühen sich berufliche Netzwerke besonders um Mitglieder, die bereits erfolgreich im Berufsleben stehen.

b Rekonstruieren Sie nun die Interview-Fragen und schreiben Sie sie auf die Linien. ▶ Ü 1

c Sind Sie in einem Netzwerk? Wenn ja, welche Erfahrungen haben Sie gemacht? Wenn nein, warum haben Sie sich keinem Netzwerk angeschlossen? ▶ Ü 2

3 Nominalisierung und Verbalisierung: Präpositional-Ergänzungen.

a Notieren Sie zu den Verben die entsprechende Präposition und den Kasus.

sich bemühen _um + Akk._   profitieren _____   einladen _____

einsetzen _____   unterstützen _____   sich freuen _____

b Finden Sie zu den Verben aus Aufgabe 3a im Text einen Beispielsatz und bilden Sie die Verbalform.

Nominalform	Verbalform
Heute profitiert man **von** der Mitgliedschaft in mehreren Netzwerken.	Heute profitiert man **davon**, Mitglied in mehreren Netzwerken zu sein.
Diese Netzwerke können sich **über** einen deutlichen Anstieg ihrer Mitgliederzahl freuen.	Diese Netzwerke können sich **darüber** freuen, dass ihre Mitgliederzahl deutlich ansteigt.

c Sehen Sie sich die beiden Beispiele in Aufgabe 3b noch einmal an und ergänzen Sie die Regel.

Hauptsatz – *dass*-Satz – identisch – Infinitivsatz

Präpositional-Ergänzungen können in einen _____ oder Infinitivsatz umgeformt werden. Einen _____ kann man nur bilden, wenn das Subjekt des Nebensatzes mit dem Subjekt des Hauptsatzes _____ ist. Bei der Umformung wird die Präposition zu einem Pronominaladverb im _____. Bei vielen Verben kann das Pronominaladverb weggelassen werden.

Die Betreiber von Netzwerken freuen sich (darüber), dass die Mitgliederzahlen steigen.

▶ Ü 3–4

4 Recherchieren Sie im Internet nach Netzwerken in Ihrem Heimatland und stellen Sie ein Netzwerk im Kurs vor.

Freiwillig

1a **Was bedeutet der Begriff „Ehrenamt"?** *(corgo honorifico)*
 In welchen Bereichen kann man sich engagieren? Kennen Sie jemanden, der sich schon einmal ehrenamtlich eingesetzt hat?

b **Beschreiben Sie die Karikatur. Was wird hier dargestellt?**

▶ Ü 1

2 **Lesen Sie den folgenden Text. Welche der Sätze a–h gehören in die Lücken 1–6? Es gibt jeweils nur eine richtige Lösung. Zwei Sätze können Sie nicht zuordnen.**

TELC

Beispiel: __X__ Noch immer könnten motivierte Menschen an eine Einrichtung geraten, die gar nicht auf Freiwillige eingestellt sei.

a Erklären lässt sich das mit gesellschaftlichen Veränderungen, die sich allmählich gerade in Großstädten wie Stuttgart bemerkbar machen.

b Die Selbstlosigkeit als grundlegendes Merkmal der freiwilligen Hilfe ist für sie in Gefahr.

c Geänderte Rahmenbedingungen schaffen ein besseres Klima für das freiwillige Engagement.

d Fast immer sind engagierte Menschen vielschichtig, mehrdimensional, tiefsinnig in ihrem Charakter und in ihrem Denken.

e Schließlich müssen viele Einrichtungen kräftig sparen.

f Dennoch könnten finanzielle Anreize den Freiwilligenprojekten einen Schub vermitteln.

g Eine Studie der EU kommt jedoch zu dem gegenteiligen Ergebnis.

h Wenn nur die Rahmenbedingungen stimmen würden.

Helfen ist auch gut für das Ego

Ein Drittel aller Deutschen leistet in der Freizeit ehrenamtliche Hilfe. Die Engagierten sind der Kitt der Zivilgesellschaft – und bleiben doch weitgehend unbeachtet.

Richtig geärgert hat sich Martin Theurer damals, vor einigen Jahren. Der Student hatte einen Sozialdienst angerufen, um sich ehrenamtlich zu engagieren. Doch erst wurde er mehrfach weiterverbunden, bis er überhaupt sein Anliegen vorbringen konnte. Dann fuhr man ihn schließlich zu einem älteren kranken Ehepaar. Martin Theurer half aus. Doch niemand wies ihn in die Aufgabe ein und nach drei Nachmittagen schlief die Sache ein.

Yvonne Schütz, die Chefin der Stuttgarter Freiwilligenagentur, zuckt bei solchen Geschichten mit den Schultern: (0) __X__ Doch vielerorts werden die Ehrenamtlichen mittlerweile professionell betreut – zum Beispiel in Stuttgart. Heute hätte Martin Theurer andere Möglichkeiten. In der Online-Datenbank der Freiwilligenagentur könnte er aus 600 Angeboten wählen. Wenn ihm die Wahl schwerfiele, könnte er ein Beratungsgespräch mit Yvonne Schütz vereinbaren. Im Pflegeheim der Caritas, für das er sich entscheiden könnte, fände er einen eigens abgestellten Mitarbeiter, der Freiwillige begleitet. Und in der städtischen Freiwilligenakademie „Free" könnte er sich fortbilden.

Vor allem größere Sozial-, Sport- und Umweltverbände können es sich heute gar nicht mehr leisten, engagierte Freiwillige zu verlieren. (1) _____ Die meisten Vereine und Verbände haben deshalb kräftig in die Anwerbung und Ausbildung von Ehrenamtlichen investiert. Die Freiwilligen sind der Kitt der Zivilgesellschaft – ohne sie wären viele wichtige Angebote nicht möglich. Letztlich kann ein demokratisches und solidarisches Gemeinwesen nur gedeihen, wenn möglichst viele Bürger in ihrem Lebenskreis Verantwortung für sich und andere übernehmen. Anpacken statt immer nur jammern, das ist das Lebensmotto dieser Menschen. Diese in finanzieller, vor allem aber in ideeller Hinsicht unschätzbare Bedeutung der Freiwilligen haben natürlich auch die Kommunen längst erkannt und sind endlich bereit, Zeit und Geld in die Förderung des bürgerschaftlichen Engagements zu pumpen. Die jüngste Bürgerumfrage zum Ehrenamt in Stuttgart hat ergeben, dass die Zahl der Engagierten sogar leicht von 24 auf 21 Prozent zurückgegangen ist.

(2) _____ So wissen die Ehrenamtsforscher längst, dass Engagement ein Luxusgut ist, sprich: Wer in gesicherten finanziellen und familiären Verhältnissen lebt, ist eher bereit, etwas für andere zu tun. Die hohe Arbeitslosigkeit drückt deshalb die Zahl der Freiwilligen.

Und auch die Trends der Vereinzelung, des beruflichen Nomadentums und das Aufkommen der geburtenschwachen Jahrgänge sind Bedrohungen für die solidarische Gesellschaft.

Doch wo Gefahr ist, wächst das Rettende auch. Die Stuttgarter Umfrage beweist nämlich auch, dass immer mehr Menschen bereit wären, sich zu engagieren. (3) _____. Nicht nur die Vereine und Einrichtungen müssen sich also noch stärker anstrengen, um Freiwillige besser einzubinden, auch die Politik ist gefordert. Dabei geht es natürlich wieder einmal ums liebe Geld.

Zwar spielt die finanzielle Entschädigung für die meisten Freiwilligen keine wichtige Rolle. (4) _____ So könnten deutlich mehr Vereine interessierte Menschen an sich binden, wenn sie sich einen Ehrenamtsbeauftragten leisten könnten.

Manche Vordenker, wie der Wirtschaftscoach Helmuth Beutel, gehen noch einen Schritt weiter: Wenn man allen Menschen ein Bürgergeld zahlte, würden unglaubliche Kapazitäten an Hilfe frei, glaubt er. Bisher sind arbeitslose Menschen zur beständigen, aber oft sinnlosen Jobsuche verdammt und geraten deshalb in eine Abwärtsspirale. Mit dem Bürgergeld könnten sie sich lösen von der Fixierung auf einen bezahlten Job und sich emotional und zeitlich einer freiwilligen Tätigkeit zuwenden.

Zukunftsmusik? Die SPD-Politikerin Ute Kumpf hält gar nichts von einem Bürgergeld, weil „sonst das bürgerschaftliche Engagement einer Ökonomisierung unterworfen" würde. (5) _____

Daneben werden der Spaßfaktor und die Möglichkeit zur Selbstverwirklichung immer wichtiger. Den Begriff „Ehrenamt" können die meisten Engagierten deshalb nicht mehr hören: „Ich empfinde meine Arbeit weder als Ehre noch als Amt", sagt beispielsweise Barbara Metelmann, die seit 27 Jahren eine Theatergruppe leitet. Vielmehr zieht sie selbst großen Gewinn aus ihrer Aufgabe: Es macht ihr Spaß, ungelebte Seiten ihrer Persönlichkeit als Schauspielerin und Regisseurin auszuprobieren. (6) _____ Wer für die Patienten des Krankenhauses Radio macht oder wer als Jobpate arbeitslosen Menschen wieder Mut zu machen versucht, der lernt andere Lebenswelten kennen und versteht fremde Perspektiven. Das Engagement bereichert so auch die eigene Persönlichkeit.

3a „Die Engagierten sind der Kitt der Zivilgesellschaft." – Erklären Sie, was mit diesem Satz gemeint ist.

Freiwillig

b Beantworten Sie folgende Fragen zum Text aus Aufgabe 2.

1. Was ist heute im Bereich „Ehrenamt und Engagement" anders als noch vor wenigen Jahren?
2. Engagement ist ein Luxusgut: Was bedeutet das?
3. Wie unterscheiden sich die Positionen des Wirtschaftscoaches Helmuth Beutel und der Politikerin Ute Kumpf?
4. Welchen Nutzen ziehen Engagierte aus ihrer Tätigkeit?

4a Hören Sie drei kurze Reportagen und ergänzen Sie das Raster.
2.14

	Beitrag 1	Beitrag 2	Beitrag 3
Projekt			
Art der Tätigkeit			
Gründe für Engagement			

b Arbeiten Sie zu dritt. Jeder fasst einen Beitrag zusammen.

Fertigkeitstraining
hören | lesen | sprechen | schreiben

5 Modul 4

5 Die Stadtverwaltung veranstaltet einen Schreibwettbewerb zum Thema „Freiwilliges Engagement heute".
Schreiben Sie einen Beitrag, der sich mit der Situation in Deutschland und/oder in Ihrem Heimatland beschäftigt (ca. 200 Wörter).

TELC

Vor dem Schreiben:

– Thema erfassen – Worum genau geht es?

– Argumente und Ideen sammeln

– Beispiele/Zahlen / persönliche Erfahrungen sammeln, die die Argumente belegen

– Argumente nach Wichtigkeit ordnen

Aufbau des Textes:

1. Einleitung
   → Bezugspunkte zur Aktualität
   → Hervorhebung der Wichtigkeit des Themas
   → Gedanken, die zum Hauptteil überleiten

2. Hauptteil
   → Formulierung der eigenen Grundhaltung
   → Argumentation: Man beginnt mit dem schwächsten Argument und steigert sich zum stärksten.

3. Schlussteil
   → abschließendes Gesamturteil
   → Ausblick

1. Einleitung	2. Argumente/Gedanken hervorheben	3. mit Beispielen verdeutlichen
Dieses Thema ist von besonderer Aktualität, weil ... Mit diesem Thema muss man sich befassen, denn ... Die Auseinandersetzung mit diesem Thema ist wichtig, ... Eine heute viel diskutierte Frage ist ...	Hierbei muss man besonders betonen, dass ... Hier ist hervorzuheben, dass ... Besonders wichtig aber erscheint ... Ausschlaggebend/Auffallend ist ... Man darf auch nicht übersehen, dass ... Außerdem spielt noch ... eine wichtige Rolle. Weitaus wichtiger jedoch ist ... Von besonderer Bedeutung ist ...	... ist dafür beispielhaft. Das lässt sich mit folgendem Beispiel verdeutlichen: ... Als Beispiel kann ... dienen. Ein treffendes Beispiel dafür ist ... Ein Beispiel, das man hier unbedingt anführen sollte: ... Ergänzend möchte ich hinzufügen, dass ...
4. etwas ergänzen	**5. etwas wiederholen**	**6. Schluss**
Darüber hinaus ist zu erwähnen ... Nicht zuletzt wegen ... Hinzuzufügen wäre noch ...	Wie bereits erwähnt, ... Wie schon beschrieben, ... Wie oben bereits dargelegt/dargestellt, ...	Zusammenfassend/Abschließend lässt sich sagen ... Mich überzeugen am stärksten die Gründe ... Meiner Einschätzung nach ... In Anbetracht der aktuellen Situation ...

▶ Ü 2

Porträt

Hermann Gmeiner (1919–1986)

Es war das Jahr 1949: Der Österreicher Hermann Gmeiner war gerade 30 Jahre alt, studierte Medizin und wollte Arzt werden. Doch jeden Tag erlebte er das Elend der Kriegswaisen. Das Mitgefühl für die Kinder war so stark, dass er alle seine bisherigen Lebenspläne aufgab und fast aus dem Nichts heraus im gleichen Jahr sein erstes SOS-Kinderdorf in Imst in Tirol eröffnete. Das war der Beginn seines Lebenswerkes.

Die Mutter, die Geschwister, das Haus und das Dorf – so einfach beschreibt Hermann Gmeiner die Grundbedürfnisse und die Grundrechte eines jeden Kindes. Und diese vier Säulen sind bis heute die Grundlage der SOS-Kinderdorf-Arbeit. Hermann Gmeiner entwickelte diese Überzeugung aus eigener Erfahrung: Er wurde 1919 als Sohn einer einfachen Bergbauernfamilie in Alberschwende im österreichischen Vorarlberg geboren. Als er fünf Jahre alt war, starb seine Mutter. Die älteste Schwester Elsa übernahm die Mutterrolle für die acht jüngeren Geschwister. Hermann Gmeiner sagte später oft, dass die Idee der SOS-Kinderdörfer seiner Mutter und seiner Schwester Elsa zu verdanken sei. Denn dank dieser beiden Frauen konnte er in Geborgenheit aufwachsen und seine Persönlichkeit entwickeln. Schon als Kind fiel Hermann Gmeiner als begabter Junge auf. Ein Stipendium ermöglichte ihm nach dem Krieg ein Studium der Medizin. Zusätzlich engagierte er sich in der Jugendfürsorge. Als er die bittere Not der Kriegswaisenkinder hautnah erlebte, entwickelte sich sein Wunsch zu helfen.

Hermann Gmeiner war tief überzeugt von seiner Idee und er verstand zu begeistern. Er begann im Freundeskreis mit einer einfachen Bitte: Mit nur einem österreichischen Schilling im Monat könne für viele Kinder das Schicksal zum Guten gewendet werden. Je mehr Menschen bereit seien, diesen einen Schilling im Monat zu spenden, desto mehr Kindern könne geholfen werden. Und Hermann Gmeiner gewann viele Unterstützer für seine Idee. Ein Dorf war ihm bald nicht genug, denn Not gab es überall. In jedem Land der Welt wollte er Kindern mit einem SOS-Kinderdorf helfen. 1956 wurde das erste SOS-Kinderdorf in Deutschland in Dießen am Ammersee eröffnet, 1963 das erste nicht europäische SOS-Kinderdorf in Korea, in den 70er-Jahren folgten Kinderdörfer in Lateinamerika und Afrika.

Hermann Gmeiner – Gründer der SOS-Kinderdörfer

Hermann Gmeiner stellte in den folgenden Jahren sein Leben in den Dienst seiner Idee. Er reiste um die Welt und traf sich mit den Mächtigen, den Einflussreichen, den Meinungsmachern und versuchte, sie alle für seine Idee zu gewinnen. Dabei war er sehr erfolgreich und schaffte es, eines der größten Sozialwerke der Welt für Kinder aufzubauen. 1986 starb Hermann Gmeiner in Innsbruck. Doch seine weltumspannende Idee lebt bis heute weiter. Noch hat nicht jedes Land der Welt ein Kinderdorf, aber immerhin gibt es sie inzwischen auf allen fünf Kontinenten.

Hermann Gmeiner glaubte an den Frieden, so wie er auch an das Gute im Menschen glaubte. Er suchte und er fand überall auf der Welt Menschen, die wie er Frieden schaffen und in Frieden leben wollten. Der Dalai Lama, Friedensnobelpreisträger Anwar as-Sadat und Kofi Annan sind nur drei Beispiele für Menschen, die er traf, um sie von seiner Idee zu überzeugen.

Mehr Informationen zu Hermann Gmeiner

Sammeln Sie Informationen über Persönlichkeiten aus dem In- und Ausland, die für das Thema „Ziele" interessant sind, und stellen Sie sie im Kurs vor. Sie können dazu die Vorlage „Porträt" im Anhang verwenden.
Beispiele aus dem deutschsprachigen Bereich: Karlheinz Böhm – Reinhold Messner – Magdalena Neuner

Grammatik-Rückschau 5

1 Nominalisierung und Verbalisierung: Kausal-, Konzessiv-, Final- und Konsekutivsätze

Kausalsätze	
Nominalform	**Verbalform**
Aufgrund/Wegen unrealistischer Erwartungen scheiterten viele hoch motivierte, aber schlecht informierte Menschen.	**Weil/Da** viele hoch motivierte, aber schlecht informierte Menschen unrealistische Erwartungen hatten, scheiterten sie.

Konzessivsätze	
Nominalform	**Verbalform**
Trotz großer Motivation verpufft nach zwei bis drei Monaten bei mehr als der Hälfte der Befragten die Anfangsbegeisterung.	**Obwohl** viele motiviert sind, verpufft nach zwei bis drei Monaten bei mehr als der Hälfte der Befragten die Anfangsbegeisterung.

Finalsätze	
Nominalform	**Verbalform**
Zur besseren Bewältigung seines Vorhabens hilft womöglich auch die Gesellschaft anderer in entsprechenden Kursen.	Die Gesellschaft anderer hilft einem womöglich auch in entsprechenden Kursen, **um** sein Vorhaben besser **zu** bewältigen / **damit** man sein Vorhaben besser bewältigen kann.
Für das erfolgreiche Umsetzen eines Vorsatzes sollten unterschiedliche Lösungswege angedacht werden.	**Um** einen Vorsatz erfolgreich um**zu**setzen, sollten unterschiedliche Lösungswege angedacht werden.

Konsekutivsätze	
Nominalform	**Verbalform**
Infolge zu hoher Ziele (= Grund) müssen viele Menschen ziemlich schnell Fehlschläge hinnehmen (= Folge).	Viele Menschen setzen sich zu hohe Ziele (= Grund), **sodass** sie ziemlich schnell Fehlschläge hinnehmen müssen (= Folge).

2 Nominalisierung und Verbalisierung: Präpositional-Ergänzungen

Nominalform	Verbalform
Heute profitiert man **von** der Mitgliedschaft in mehreren Netzwerken.	Heute profitiert man **davon**, Mitglied in mehreren Netzwerken **zu** sein.
Diese Netzwerke können sich **über** einen deutlichen Anstieg ihrer Mitgliederzahl freuen.	Diese Netzwerke können sich **darüber** freuen, **dass** ihre Mitgliederzahl deutlich ansteigt.

Präpositional-Ergänzungen können in einen *dass*-Satz oder Infinitivsatz umgeformt werden. Einen Infinitivsatz kann man nur bilden, wenn das Subjekt des Nebensatzes mit dem Subjekt des Hauptsatzes identisch ist. Bei der Umformung wird die Präposition zu einem Pronominaladverb im Hauptsatz. Bei vielen Verben kann das Pronominaladverb weggelassen werden.

Die Betreiber von Netzwerken freuen sich (darüber), dass die Mitgliederzahlen steigen.

Spielend Geld verdienen

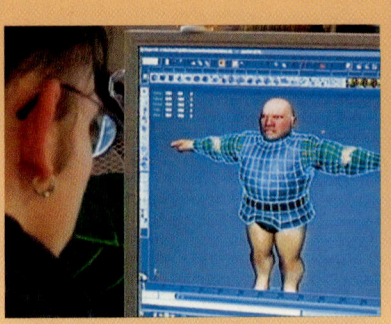

1a Sehen Sie die Bilder aus dem Film an. Worum könnte es gehen?

b Sehen Sie nun den Film. Hatten Sie mit Ihren Vermutungen recht? Nennen Sie die beiden Ausbildungseinrichtungen und deren Standorte, die im Film genannt werden.

2 Sehen Sie den Anfang des Films noch einmal. Welche Gründe nennen die Leute für eine Ausbildung in der Spielebranche?

3a Bilden Sie zwei Gruppen und sehen Sie die zweite Filmsequenz. Machen Sie Notizen zu den Punkten und berichten Sie.

Gruppe A: Games Academy Berlin (Tradition, Studiengänge, Studenten, Chancen für Absolventen, ...)

Gruppe B: Jürgen Kayser (Berufsweg, Ziele, Projekt, ...)

b Was stellen Sie sich unter den genannten Studiengängen vor: 3-D-Programmierung, Game-Art, Design, Producing?

c Wenn Sie Student/Studentin an der Games Academy wären, welchen Studiengang würden Sie wählen? Begründen Sie.

sehen | nachdenken | diskutieren 5

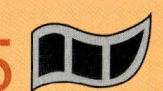

4a Sehen Sie die dritte Filmsequenz. Was sagt der Absolvent der Games Academy zu seiner Arbeit?

b Das Hobby zum Beruf machen – was denken Sie darüber? Welche Vor- und Nachteile kann das haben? Diskutieren Sie.

5a Sehen Sie die vierte Filmsequenz, in der es um die Ausbildung an der Universität Magdeburg geht. Wer unterrichtet die Studenten in Magdeburg? Warum sind die Seminare zurzeit dort so organisiert?

b Was ist der grundlegende Unterschied zwischen der Ausbildung an der Games Academy und der an der Magdeburger Universität?

6a Berichten Sie im Kurs über Ihre eigenen Spieleerfahrungen. Welche Computerspiele haben Sie besonders gern gespielt oder spielen Sie jetzt gern? Was reizt Sie daran?

b Was kann man durch Computerspiele für das wirkliche Leben lernen? Welche Gefahren liegen in Spielen? Äußern Sie Ihre Gedanken und diskutieren Sie.

Gesund und munter...

1a Sind Sie fit für Ihre täglichen Aufgaben? Machen Sie den Gesundheits-Check. Kreuzen Sie bei A–H die Aussage an, die am besten für Sie passt.

A Welcher Frühstückstyp sind Sie? Wählen Sie ein Frühstück aus.

a b
c d

Sie lernen

Einen längeren Radiobeitrag zum Thema „Placebo-Effekt" verstehen und über Heilmittel sprechen .... Modul 1

Gesundheits-Biografien detailliert verstehen und einen Text über Gesundheit schreiben .... Modul 2

Einen Text über Allergien verstehen und über deren Auswirkungen sprechen....... Modul 3

Ein Referat über Mythen der Medizin verstehen und Karteikarten dazu erstellen .. Modul 4

Handouts für ein Referat analysieren und ein Referat zu einem Gesundheitsthema vorbereiten und halten .... Modul 4

Grammatik

Infinitivsätze .... Modul 1

Besonderheiten des Passivs: Passivsatz ohne Subjekt; Passiv mit Modalverben im Nebensatz .... Modul 3

B Wie lange schlafen Sie durchschnittlich jede Nacht?
a Unter 5 Stunden. ☐
b 6–7 Stunden. ☐
c 8 Stunden und mehr. ☐

C Wann stoßen Sie mit Ihrer Ausdauer an Ihre Grenzen? Was strengt Sie am meisten an?
a Wenn ich 200 m zur Bushaltestelle sprinte. ☐
b Wenn ich meine beiden Einkaufstaschen in den vierten Stock hinauftrage. ☐
c Wenn ich länger als eine Stunde Fahrrad fahre. ☐
d Wenn ich eine halbe Stunde schnell jogge. ☐

AB Wortschatz

D Wie wichtig ist Ihnen ein gesunder Ernährungsstil: Wie oft informieren Sie sich in Büchern und Zeitschriften?

a Regelmäßig. ☐   b Ab und zu. ☐   c Nie. ☐

E Welche Hausarbeit(en) machen Sie häufig? Sie können mehrere ankreuzen.

a ☐   b ☐   c ☐

d ☐   e ☐   f ☐

F Stellen Sie sich aufrecht hin. Beugen Sie Ihren Oberkörper langsam so weit wie möglich nach unten. Die Arme und Hände strecken Sie in Richtung Boden. Die Beine bleiben durchgestreckt und die Fußsohlen auf dem Boden. Wie weit kommen Ihre Fingerspitzen?

a Bis zu den Knien. ☐
b Bis zum Schienbein. ☐
c Bis zu den Fußgelenken. ☐
d Bis auf den Boden. ☐

G Wann haben Sie in der Woche Zeit für sich?

a Jeden Tag etwa eine Stunde. ☐
b Unregelmäßig, wenn es sich ergibt. ☐
c Ich mache am Wochenende etwas, was mir besonders guttut. ☐
d Im Alltag habe ich kaum Zeit für mich, dafür aber im Urlaub. ☐
e Ich brauche keine Zeit für mich. ☐

H Wie oft gehen Sie pro Jahr zum Hausarzt, Zahnarzt, …?

a Mehrmals. ☐   b Halbjährlich. ☐   c Einmal. ☐   d Bei Beschwerden. ☐

b Lesen Sie die Auswertung auf Seite 204 f. Sind Sie fit? Was könnten Sie verändern?

2 Was halten Sie von solchen Gesundheitstests? Wozu können sie dienen? Warum machen Menschen solche Tests?

Zu Risiken und Nebenwirkungen ...

1a Lesen Sie die Aussagen. Kennen Sie diese Hausmittel?

> *Bauchweh? Da hilft Kümmeltee: Sie gießen einen Teelöffel Kümmelkörner mit einer Tasse kochendem Wasser auf. Fünf Minuten ziehen lassen und den Tee warm trinken.*

> *Meine Oma hatte ein tolles Hausmittel bei Fieber: Zwiebelsaft mit Zucker.*

> *Wenn du nicht einschlafen kannst oder schlecht träumst, musst du warme Milch mit etwas Anis trinken.*

b Welche Hausmittel kennen oder nutzen Sie? Sammeln Sie Vorschläge oder Rezepte gegen verschiedene Krankheiten und Beschwerden (Husten, Kopfschmerzen, Bauchweh, Fieber, ...).

c Hausmittel können manche Medikamente ersetzen. Warum wirken sie oft so gut?

2a Was ist der Placebo-Effekt? Erklären Sie, was man darunter versteht und was das Foto damit zu tun hat.

b (2.17) Hören Sie nun den ersten Teil eines Beitrags zum Thema „Placebo". Lesen Sie die Fragen und machen Sie Notizen.

1. Was wird über die Wirkung von Placebos gesagt?

   _____
   _____
   _____

2. Welche Definitionen nennt die Moderatorin zum Begriff „Placebo"?

   Übersetzung: _Ich werde gefallen_
   klassisch: _Medikament ohne pharmazeutige Wirkstoff_
   heute: _um einiges erweitert: umfassender als Teil der Wirkung bezieht dem Patienten mit ein_

c (2.18) Hören Sie nun den zweiten Teil und bearbeiten Sie die folgenden Aufgaben zu zweit.

1. Beschreiben Sie das Experiment von Fabrizio Benedetti.

   _____

2. Welchen Effekt machen sich Scheinmedikamente zunutze?

   _____

3. Wie wirken welche Placebos: Tabletten (weiß/bunt, blau, rot), Kapseln, Spritzen?

   _____
   _____

hören
sprechen | Grammatik

4. Was ist ein „Nocebo-Effekt"? Welche Rolle spielt dabei das Arzt-Patienten-Gespräch?

_____

_____ ▶ Ü 1

3 Sollte man Placebos, Hausmittel oder besser traditionelle Medikamente anwenden?

4a Infinitivsätze in Gegenwart und Vergangenheit. Lesen Sie die Sätze und ergänzen Sie die Regeln mit den Wörtern *nach, vor, gleichzeitig mit, Perfekt, Präsens, Präsens*.

Geschehen im Hauptsatz _____ dem Geschehen im Nebensatz mit *dass*	
→ Infinitivsatz im _____ Aktiv oder Passiv	
Der Moderator <u>bittet</u> die Experten,	… dass sie den Zuschauern den Placebo-Effekt <u>erklären</u>.
	… den Zuschauern den Placebo Effekt **zu erklären**.
Den Placebos <u>kommt</u> zugute,	… dass sie für den Organismus nicht belastend <u>sind</u>.
	… für den Organismus nicht belastend **zu sein**.
Die Patienten <u>gehen</u> davon aus,	… dass sie mit wirksamen Medikamenten <u>behandelt werden</u>.
	… mit wirksamen Medikamenten **behandelt zu werden**.
Geschehen im Hauptsatz _____ dem Geschehen im Nebensatz mit *dass*	
→ Infinitivsatz im _____ Aktiv oder Passiv	
Viele Kranke <u>hatten</u> davor Angst,	… dass sie Nebenwirkungen <u>spüren</u>.
	… Nebenwirkungen **zu spüren**.
Geschehen im Hauptsatz _____ dem Geschehen im Nebensatz mit *dass*	
→ Infinitivsatz im _____ Aktiv oder Passiv	
Die Forscher <u>sind</u> der Ansicht,	… dass sie interessante Erkenntnisse <u>gewonnen haben</u>.
	… interessante Erkenntnisse **gewonnen zu haben**.
Die Patienten <u>bestätigen</u> den Ärzten,	… dass sie für die Gespräche sehr dankbar <u>gewesen sind</u>.
	… für die Gespräche sehr dankbar **gewesen zu sein**.
Wir alle <u>erinnern</u> uns daran,	… dass wir als Kinder mit einem Streicheln von unseren Schmerzen <u>befreit worden sind</u>.
	… als Kinder mit einem Streicheln von unseren Schmerzen **befreit worden zu sein**.

Die Umformung in einen Infinitivsatz ist nur möglich, wenn das Subjekt oder das Objekt des Hauptsatzes auch das Subjekt des Nebensatzes mit *dass* ist.

▶ Ü 2–3

b Ergänzen Sie die Satzanfänge mit Infinitivsätzen. Lesen Sie die Sätze in Gruppen vor.

> Ich erinnere mich nicht, …   Ich hatte Angst, …   Ich habe noch einmal vor, …
> Ich habe (keine) Lust, …
> Manchmal habe ich das Gefühl, …   Ich hatte nie das Bedürfnis, …

Gesünder leben

1a Was macht krank? Sammeln Sie.

b Im weltweiten Durchschnitt leben Frauen länger als Männer. Woran könnte das liegen? Diskutieren Sie mögliche Gründe.

2 Lesen Sie den folgenden Text. In welchem Textabschnitt A–F finden Sie die gesuchte Information 1–10? Es gibt jeweils nur eine richtige Lösung. Jeder Abschnitt kann mehrere Informationen enthalten.

In welchem Abschnitt …
1. nennt der Autor Bereiche aus der Gesundheitspolitik, die den Mann benachteiligen?
2. beschreibt der Autor, worauf Männer und Frauen ihre biologischen Energien konzentrieren?
3. stellt der Autor das unterschiedliche Essverhalten von Männern und Frauen dar?
4. erklärt der Autor, wie wenig Arztpraxen auf die Bedürfnisse berufstätiger Männer reagieren?
5. erläutert der Autor die geistigen Voraussetzungen bei Neugeborenen?
6. bringt der Autor ein Beispiel dafür, wie Gesundheitsprogramme geschlechterspezifisch präsentiert werden können?
7. beschreibt der Autor, wie das soziale Umfeld männliche Kinder beim Heranwachsen prägt?
8. nennt der Autor eine typische Todesursache für Männer über 30?
9. kritisiert der Autor, dass Frauen mit der gleichen Krankheit wie Männer von sich und dem Gesundheitssystem weniger ernst genommen werden?
10. beschreibt der Autor typisch männliche und typisch weibliche soziale Netzwerke?

Der Eva-Faktor

Warum Frauen länger leben und Männer früher sterben – und jeweils auf ihre Art von der Medizin vernachlässigt werden

Frauen scheinen schon von Natur aus für ein längeres Leben prädestiniert zu sein. Während ein kleiner Junge – nennen wir ihn Max – eine Lebenserwartung von 76,2 Jahren hat, wird seine Schwester – Anna – rein statistisch 82,1 Jahre alt werden. Weltweit sterben in 186 von 191 Staaten Männer früher als Frauen.

Nicht nur biologische Gründe, auch die Geschlechterrollen und das gesellschaftliche Umfeld machen den Unterschied aus. Und speziell für Deutschland gilt: Würde in unseren Arztpraxen und Krankenhäusern das Geschlecht als Gesundheitsfaktor wirklich ernst genommen, könnten beide davon profitieren, Männer und Frauen.

A Doch beginnen wir von vorn. Noch bevor ein Max oder eine Anna auf die Welt kommt, sorgen die biologischen Unterschiede für eine Auslese. Weibliche Babys bringen bereits einen kognitiven Vorsprung mit. „Ein neugeborenes Mädchen entspricht einem vier bis sechs Wochen alten Jungen", sagt der amerikanische Kinderpsychiater Thomas Gualtieri.

Alan White, Fachmann für Männergesundheit an der Leeds Metropolitan University, stellen sich eher gesellschaftliche Fragen: „Woher weiß der Junge, wie er zum normalen Mann heranwachsen soll? Er unterlässt am besten alles, was Mädchen machen." Auch Eltern und Verwandte hätten einen wichtigen Anteil an diesem Rollenspiel und sähen über die naturgegebenen Schwächen des männlichen Geschlechts gerne hinweg. Stattdessen würden oft klischeehafte Vorstellungen von einem „echten Jungen" gepflegt, meint White.

B In der Pubertät trennen sich die gesundheitlichen Pfade endgültig. Max holt sich blaue Flecken und Knochenbrüche beim Fußballmatch, Anna den ersten Termin beim Frauenarzt. Es sind die ersten Merkmale unterschiedlicher Gesundheitskonzepte, die sich später für Frauen in gewonnenen Lebensjahren auszahlen. Anna plagt die Sorge ums Gewicht. Max dagegen hat vielleicht noch die Sprüche vom Starkwerden im Ohr und schaufelt alles in sich hinein, was die Mutter ihm hinstellt. Vom Ende der Pubertät bis zum 25. Lebensjahr legen die Männer deutlich mehr Gewicht zu. Und auch danach gehen die Unterschiede in der Ernährung weiter: Im Alter zwischen 25 und 34 Jahren essen deutsche Männer im Schnitt fast doppelt so viel Fleisch (113 Gramm pro Tag) wie Frauen (65 Gramm); dafür nehmen diese mehr Obst (146 Gramm) zu sich als Männer (100 Gramm).

C In ihrem Verhalten folgen die Geschlechter auch einem archaischen Programm und teilen ihre Kräfte unterschiedlich ein, erklären Evolutionspsychologen. Frauen investierten mehr Energie in ihre Kinder, sie müssten daher bei der Auswahl der Männer wählerischer sein und ihren Körper pflegen; Männer verschwendeten im Kampf um die Frauen ihre Kräfte. Im Laufe der Evolution setzten sich Gene durch, die männliches Risiko- und Wettkampfverhalten fördern; das geht zulasten von Reparaturkapazitäten und Krankheitsprävention.

D Während Anna regelmäßig Ärzte aufsucht, vielleicht schon das erste Kind bekommt und deshalb noch häufiger unter medizinischer Kontrolle steht, hat Max, inzwischen 30, schon lange den Kontakt zum Gesundheitssystem verloren. Max hat inzwischen einen stressigen Vollzeitjob. Früher hat er sich seine Probleme eventuell noch Freundinnen gegenüber von der Seele geredet, jetzt aber ist er verheiratet, und seine Frau sähe es nicht gern, wenn er noch mal eben bei Maria vorbeiführe, um sein Herz auszuschütten. „Sie hat intime Freundinnen, er nur noch Arbeit und Kumpel", bringt es Alan White auf den Punkt.

Nach vielen Besuchen in Imbissbuden und unzähligen Schachteln Zigaretten verspürt Max manchmal so ein Ziehen über der Brust. Aber das ignoriert der Mittvierziger. Die Hausarztpraxen haben nur von acht Uhr morgens bis fünf Uhr nachmittags geöffnet. Ein Arzttermin nach 18 Uhr ist die absolute Ausnahme. Am Ende einer stressigen Woche kommt Max von einem Geschäftsessen, steht vor der Restauranttür und hat Schmerzen im linken Arm. Vorzugsweise freitags landen Männer mit Herzinfarktverdacht in der Notaufnahme der Krankenhäuser; Mediziner sprechen vom typischen „Adam-Infarkt", der oft tödlich endet.

E Es gibt auch den typischen „Eva-Infarkt", doch der spielt sich in der Regel ganz anders ab. Wenn er Anna erwischt, ist sie etwa zehn bis fünfzehn Jahre älter als Max. Und wenn sie freitags Beschwerden verspürt, schleppt sie sich häufig noch durchs Wochenende, bis sie dann am Montagmorgen endlich zum Hausarzt geht – der sie schließlich erst am Dienstag ins Krankenhaus einweist.

Spätestens zu diesem Zeitpunkt offenbart sich, dass nicht nur biologische Faktoren und die Sozialisation eine Rolle für das geschlechtsspezifische Überleben spielen, sondern auch die Strukturen des Gesundheitswesens. Denn im Schnitt dauert es nach einem Herzinfarkt in Deutschland bei Männern zwei Stunden, bis sie in der Notaufnahme im Krankenhaus landen, bei Frauen oft wegen falscher Deutung der Symptome 2,6 Stunden. Doch auch wenn Frauen mitunter vom Gesundheitssystem benachteiligt sind, ist das Sorgenkind der Mediziner eher der Mann.

F Dem Bundesministerium für Gesundheit (BMG) ist gerade aufgefallen, dass die Präventionsangebote der Kassen kaum von Männern wahrgenommen werden. Überhaupt werden Männer im Gesundheitswesen weniger wahrgenommen, gibt es beim BMG doch schon länger den Themenschwerpunkt „Frauen und Gesundheit" sowie einen Frauengesundheitsbericht – aber keinen bundesweiten Männergesundheitsbericht. Es geht auch wie in Österreich. Inzwischen hat sich in unserem Nachbarland die Erkenntnis durchgesetzt, dass jedes Geschlecht maßgeschneiderte Gesundheitskonzepte und manchmal sogar spezifische Therapien braucht. Die Österreichische Krebshilfe schaltete Männer-Spots vor und nach den Hauptnachrichten im Fernsehen und bietet ein Programm zur Krebsfrüherkennung in Hellblau an und eines in Rosa. Speziell für Max oder für Anna.

▶ Ü 1

3 Welche Ihrer Aspekte aus Aufgabe 1b hat der Text aufgegriffen? Welche waren neu? ▶ Ü 2

4 Wer ist verantwortlich für die Gesundheit der Menschen? Welche Rolle sollte der Staat dabei spielen? Welche Verantwortung sollte jeder Mensch übernehmen? Erläutern Sie Ihre Ansichten in einem kurzen Text. ▶ Ü 3

Wenn es juckt und kribbelt

▶ Ü 1 **1a** Welche Allergien kennen Sie? Nennen Sie Symptome. Reagieren Sie auf irgendetwas allergisch?

b Lesen Sie den Text und markieren Sie neue Informationen.

Allergien: Wenn der Körper sich wehrt

Von Jahr zu Jahr steigt die Zahl der Allergiker. Inzwischen leidet in Deutschland vermutlich jeder Dritte an einer Allergie – vor dreißig Jahren war es noch jeder zehnte. Es wird vermutet, dass auch Umweltfaktoren beim Entstehen von Allergien eine Rolle spielen –, anders lässt sich diese deutliche Zunahme an Erkrankungen nicht erklären. Aber, was sind eigentlich Allergien und was passiert im Körper?

Bei einer Allergie werden Stoffe im Körper bekämpft, die eigentlich unschädlich sind. Aus bisher ungeklärten Gründen reagiert das Immunsystem heftig auf diese Stoffe und mobilisiert Abwehrmechanismen, um sie zu bekämpfen. Die Körperreaktion ist ungefähr die gleiche, wie bei der Abwehr von gefährlichen Krankheitserregern. Aber anders als bei einer gesunden körpereigenen Abwehrreaktion, führt die allergische Reaktion nicht dazu, dass der auslösende Stoff vernichtet wird. Die Reaktion verschwindet, sobald der Körper dem Stoff nicht mehr ausgesetzt ist.

Allerdings ist nicht jedes Niesen gleich eine Allergie. Wer nur gelegentlich auf einen bestimmten Stoff mit Niesen oder juckenden Augen reagiert, der hat vielleicht nur eine Überempfindlichkeit, aber noch nicht gleich eine Allergie.

Erstaunlich ist, dass eigentlich jeder Stoff eine Allergie auslösen kann – am bekanntesten sind Blütenpollen, die den im Frühling und Sommer weit verbreiteten Heuschnupfen auslösen, Tierhaare (Tierhaarallergie) und Hausstaub (Hausstauballergie). Inzwischen gibt es verschiedene Hauttests, mit denen viele Allergene identifiziert werden können. Hier ist die Forschung also schon recht weit. Krankenkassen und Ärzteverbände sind sich jedoch einig: Die Ursachen für das Entstehen von allergischen Erkrankungen sollen noch genauer erforscht werden. Ein häufiges Phänomen ist das Auftreten einer sogenannten Kreuzallergie: Wer z. B. auf Birken-, Erlen- oder Haselpollen allergisch reagiert, verträgt oft auch keine Walnüsse oder Äpfel.

Die Körperreaktionen bei einer Allergie reichen von geschwollenen, juckenden Augen, geröteter Haut und Schnupfen über asthmatische Erstickungsanfälle und vielem mehr bis hin zum lebensbedrohenden anaphylaktischen Schock. Und trotz dieser offensichtlichen Beschwerden, müssen sich Allergiker oft anhören, dass sie sich die Symptome nur einbilden oder gar Hypochonder seien. Es ist zwar richtig, dass Stress oder ein unausgeglichener Gemütszustand die Symptome verstärken können, wichtig ist aber auch, Allergien ernst zu nehmen. Denn wenn sie nicht behandelt werden, können die Symptome schnell chronisch werden. Bei Heuschnupfen zum Beispiel können auch die tieferen Atemwege in Mitleidenschaft gezogen werden und es kann unter Umständen auch zu Lungenentzündungen kommen.

c Woher kommen Allergien und was kann man dagegen tun? Ergänzen Sie die Informationen aus dem Text auch mit eigenen Erfahrungen. Wie kann man mit Allergien leben? Tauschen Sie Ihre Ideen im Kurs aus.

2 Besonderheiten des Passivs.

a Passivsatz ohne Subjekt. Vergleichen Sie die Sätze. Wann steht *es* auf Position 1?

Position 1	Position 2	
Bei einer Allergie	werden	Stoffe im Körper bekämpft …
Es	werden	bei einer Allergie Stoffe im Körper bekämpft …
Es	wird	vermutet, dass auch Umweltfaktoren beim Entstehen von Allergien eine Rolle spielen.
Dass auch … eine Rolle spielen,	wird	vermutet.

> In subjektlosen Passivsätzen muss die Position 1 von einem Satzglied, auch in Form eines Nebensatzes, oder von dem Wort _____ besetzt werden. Wird die _____ von einem anderen Satzglied besetzt, entfällt das Wort *es*. (Stilistisch gilt dies als die bessere Variante.)

▶ Ü 2

b Nebensatz im Passiv mit Modalverb. Ergänzen Sie und markieren Sie die Position der Modalverben im Nebensatz. Ergänzen Sie dann die Regel.

	Passiv mit Modalverb im Hauptsatz	Passiv mit Modalverb im Nebensatz
Präsens oder Präteritum	Mit Hauttests <u>können/konnten</u> viele Allergene <u>identifiziert werden</u>.	Es gibt Hauttests, mit denen viele Allergene _____.
Konjunktiv Vergangenheit	Viele Allergien <u>hätten</u> schon viel früher <u>behandelt werden müssen</u>.	Heute weiß man, dass viele Allergien schon viel früher **hätten behandelt werden müssen**.

> Nebensatz mit Passiv und Modalverb im Präsens oder Präteritum:
> am Satzende steht: Partizip II + *werden* + _____.
> Nebensatz mit Passiv und Modalverb im Konjunktiv der Vergangenheit:
> am Satzende steht: *haben* im _____ + Partizip II + *werden* + _____.

▶ Ü 3–4

c Passiv mit *wollen/sollen*. Vergleichen Sie die Sätze. Worauf bezieht sich das Passiv? Ergänzen Sie die Regel mit *eigene Person* und *Sache*.

Aktiv	Passiv
Man **will** die Ursachen für das Entstehen von allergischen Erkrankungen noch genauer **erforschen**. Die Ärzte **wollen**, dass er gesund wird.	Die Ursachen für das Entstehen von allergischen Erkrankungen **sollen** noch genauer **erforscht werden**. Er **soll geheilt werden**.
Nach langer Krankheit **will** er, dass die Ärzte ihn endlich heilen.	Nach langer Krankheit **will** er endlich **geheilt werden**.

> Wunsch bezieht sich auf andere Person oder _____ ➔ Passivsatz mit *sollen*
> Wunsch bezieht sich auf die _____ ➔ Passivsatz mit *wollen*

▶ Ü 5

3 Arbeiten Sie zu zweit. Schreiben Sie eigene Beispielsätze zu 2a–c. Ihr Partner / Ihre Partnerin korrigiert.

Mythen der Medizin

1a Die Volkshochschule Hamburg veranstaltet einen Vortragsabend zum Thema „Gesundheit und Gesundheitswesen". Lesen Sie die Ankündigung zum Eröffnungs-Referat. Welche Informationen erwarten Sie in dem Referat? Tauschen Sie Ihre Erwartungen im Kurs aus.

> Nie ging es Kranken besser als heute: Es ist nicht lange her, da prägten Äther, Amputation und Aderlass den medizinischen Alltag. Die moderne Medizin wartet mit Kernspintomografie, Herzkathetern und minimalinvasiven Operationstechniken auf. Das medizinische Wissen verdoppelt sich alle vier Jahre und es gibt zahlreiche Spezialkliniken für die unterschiedlichsten Leiden. Eines scheint gewiss: Der medizinische Fortschritt ist ein Segen. Nur, für wen eigentlich? Hat sich die Situation der Patienten tatsächlich verbessert? Oder sitzen wir alle nur weitläufig verbreiteten Mythen auf? Lassen Sie sich überraschen, welche medizinischen Selbstverständlichkeiten sich als Mythen entpuppen.

b Hören Sie das Referat. Welche Mythen werden genannt und mit welchen Begründungen oder Beispielen werden sie widerlegt? Machen Sie Notizen. *(2.19)*

c Ergänzen Sie mithilfe Ihrer Notizen aus Aufgabe 1b die Karteikarte zum ersten Mythos. Hören Sie dann noch einmal den Abschnitt dazu und kontrollieren/ergänzen Sie die Karte.

Mythos 1

„Mit neuen Diagnosemethoden lassen sich Krankheiten präziser bestimmen als je zuvor."

richtig: heute: genauere, ausgefeiltere Geräte → detailliertere Darst. des menschl. Körpers

aber: für 90 % aller Diagnosen: _____
_____ ausreichend

trotzdem: Ärzte u Patienten _____
Patienten → aufwendige Untersuchungen (Röntgen, Computer- u. Kernspintomografie)

Studie: 1996 dt. Unikliniken:
ausgewertet u. vergl. 1959, 1969, 1979, 1989
Ergebnis: _____
Obduktionen → 1959–1989: nicht/falsch erkannte Krankheiten: _____ %

Bsp: Rückenschmerzen

Sit.: _____
_____
Problem Diagnose: _____
Versuch: _____
Schlussfolgerung: _____

▶ Ü 1

d Arbeiten Sie zu zweit. Hören Sie nun noch einmal das Referat in Abschnitten und erstellen Sie zu jedem Mythos eine Karteikarte mit den wichtigsten Stichpunkten. Tipp: Gestalten Sie Ihre Karten klar gegliedert und übersichtlich, sodass Sie die Informationen schnell erfassen können. Verwenden Sie auch Abkürzungen. *(2.19)*

lesen
schreiben | sprechen | hören

Modul 4

2 Ein klar gegliedertes Referat halten.

a Ordnen Sie die Redemittel in die Übersicht. Hören Sie dann das Referat noch einmal und ergänzen Sie passende Redemittel aus dem Hörtext.

> Abschließend möchte ich noch einmal hervorheben, dass …
>
> Eine häufige Meinung ist auch, dass …
>
> Als nächsten Mythos möchte ich auf … eingehen.
>
> Viele Menschen sind des Weiteren davon überzeugt, dass …
>
> Heute möchte ich mich der Frage / dem Thema … widmen.
>
> Ich hoffe, ich konnte deutlich machen, dass/wie …
>
> Insgesamt kann man sagen, dass …
>
> Nachdem …, soll nun …
>
> Fazit des oben Gesagten ist …
>
> Schließlich kann man zu dem Ergebnis kommen, dass …
>
> Zusammenfassend ist festzuhalten, dass …
>
> In meinem Referat befasse ich mich mit …
>
> Alles in allem kann man sagen, dass …

ein Referat einleiten	zum nächsten Punkt überleiten	ein Referat abschließen

b Arbeiten Sie zu zweit und halten Sie Minireferate über „Mythen der Medizin". Ein Partner / Eine Partnerin beginnt, gibt die Informationen zum ersten Mythos wieder und leitet zum zweiten Mythos über. Der andere Partner / Die andere Partnerin fährt dann mit der Zusammenfassung des zweiten Mythos fort usw.

Mythen der Medizin

3a Lesen Sie die Hinweise, wie man ein gutes Handout zu einem Vortrag oder Referat erstellt. Analysieren Sie dann zu zweit die beiden Beispiele für ein kurzes Handout zu einem Referat zum Thema „Mythen der Medizin". Was ist gut, was ist nicht gut an den Handouts?

Wozu ein Handout?
- Erleichtert das Verfolgen des Vortrags
- Erspart übermäßiges Mitschreiben
- Eignet sich als Gedächtnisstütze für späteres Wiederholen
- Bietet Raum für eigene Notizen der Zuhörer

Sinn eines Handouts
- Nachvollziehbare Gliederung der Präsentation
- Wiedergabe wichtiger Inhalte und Zusammenhänge in knappen Sätzen oder in Stichworten

Wie soll ein Handout aussehen?
- **Umfang:** 1–2 Seiten
- **Kopf:** Name des Verfassers / der Verfasserin und Datum des Referats
  Titel des Referats
- **Einleitung:** Fragestellung: Was ist das Ziel? / Warum ist das Thema von Interesse?
- **Hauptteil:** Wiedergabe der zentralen Aussagen des Referats
  Ggf. Begriffserklärungen
- **Schluss:** Ergebnisse des Referats
  Ggf. Konsequenzen
- Angabe verwendeter Quellen

A

Mona Müller   13.08.20…

Handout zum Referat über
„Mythen der Medizin"

In meinem Referat möchte ich über „Mythen der Medizin" berichten. Wir glauben ja viele Dinge, die Medizin betreffend, sicher zu wissen. Zum Beispiel dass wir heute alle gesünder sind als früher, weil die medizinischen Möglichkeiten besser geworden sind. Ob das wirklich so ist und welche anderen „Weisheiten" sonst noch verbreitet sind, möchte ich an einigen Beispielen darlegen. Insgesamt werde ich vier klassische Mythen der Medizin aufdecken.

Am Ende meines Referats werden Sie sehen, dass es wichtig ist, Allgemeinweisheiten – besonders zum Thema Medizin – immer kritisch zu hinterfragen.

B

Mythen der Medizin

Mythos 1: Mit neuen Diagnosemethoden lassen sich Krankheiten präziser bestimmen als je zuvor.

Mythos 2: Die flächendeckende Versorgung mit Hightech-Medizin ist ein Segen für die Menschen.

Mythos 3: Dank moderner Medizin werden wir so alt wie keine Generation vor uns.

Mythos 4: Ärzte wissen heute, wie wichtig die Psyche des Patienten ist.

Quellen: Artikel aus dem Magazin der Süddeutschen Zeitung (vom 7. März 2008, S. 20–24) von Werner Bartens: „Machen Sie sich bitte frei"

---

b Besprechen Sie Ihre Ergebnisse im Kurs. Entwerfen Sie dann zu zweit ein gutes Handout. Nutzen Sie Ihre Aufzeichnungen aus Aufgaben 1b und c.

Fertigkeitstraining
lesen | schreiben | sprechen | hören

4a Wählen Sie ein Thema aus dem Bereich Gesundheit und Medizin (z. B. Sport und Gesundheit, gesunde Ernährung, Wellness-Boom, Gesundheitssystem in Ihrem Land) und bereiten Sie ein Referat vor.

- 1. Schritt: Recherchieren Sie dafür die nötigen Informationen.
- 2. Schritt: Notieren Sie alle Informationen, die Sie für wichtig halten. Verwenden Sie pro Information eine Karteikarte. Notieren Sie auch, woher die Informationen stammen.
- 3. Schritt: Gewichten Sie die gesammelten Informationen. Welche der Informationen möchten Sie wiedergeben? Womit möchten Sie beginnen? Bringen Sie die Informationen in eine sinnvolle Reihenfolge.
- 4. Schritt: Überlegen Sie sich einen guten Einstieg und einen guten Schluss.
- 5. Schritt: Erstellen Sie nun übersichtliche Karteikarten mit den Informationen, die Sie für Ihr Referat brauchen.
- 6. Schritt: Erstellen Sie ein Handout für Ihr Referat.
- 7. Schritt: Üben Sie Ihr Referat.

▶ Ü 2

b Halten Sie nun Ihr Referat. Die anderen notieren Fragen, die sie zum Referat stellen möchten, und eventuell auch Einwände.

c Die anderen Kursteilnehmer stellen nun ihre Fragen und äußern ggf. Einwände. Sie reagieren darauf. Verwenden Sie die Redemittel.

Fragen stellen	Einwände erheben
Eine Sache ist mir nicht ganz klar geworden.	Ich bin nicht sicher, ob man das so sagen kann.
Könnten Sie / Könntest du bitte noch einmal erklären, wie/warum …	Ich finde es wichtig, auch zu bedenken, dass …
Mich würde noch interessieren, ob/warum/ wie …	Haben Sie / Hast du bei Ihren/deinen Recherchen auch bedacht, dass …
Ich würde gerne noch mehr wissen über …	
auf Fragen antworten	**auf Einwände reagieren, Zeit (zum Nachdenken) gewinnen**
Vielen Dank für diese Frage, auf die ich gerne eingehe.	Vielen Dank für diesen wertvollen Hinweis.
Das ist eine gute Frage, die ich mir bei der Recherche zu diesem Thema auch gestellt habe …	Mit diesen kritischen Überlegungen haben Sie / hast du bestimmt recht, dennoch möchte ich nochmal darauf zurückkommen, dass …
Das will ich Ihnen/dir gerne erklären …	Ich verstehe Ihren/deinen Einwand, möchte aber nochmal darauf hinweisen, dass …
Natürlich, das hatte ich vielleicht nicht deutlich genug ausgedrückt.	Vielen Dank für diesen Hinweis, das ist ein weiterer interessanter Punkt.
Unter … versteht man …	Darf ich später auf Ihre/deine Frage zurückkommen und zunächst …
Das ist eine gute Frage, die mich auch beschäftigt hat.	

▶ Ü 3

Porträt

Eckart von Hirschhausen
(* 1967 in Frankfurt/Main)

Eckart von Hirschhausen, Arzt, Kabarettist und Autor

„Das Gesundheitssystem braucht einen Hofnarren und den gebe ich gern"

Wohin er auch kommt – Dr. med. Eckart von Hirschhausen bringt das Lachen mit.
Seit mehr als 15 Jahren ist der promovierte Neurologe, Kabarettist und Buchautor mit seinen Bühnenprogrammen auf Tournee.

Forum: Herr von Hirschhausen oder Herr Doktor – wie hätten Sie es denn gern?
Eckart von Hirschhausen: … Doktor, bitte, so viel Zeit muss sein (lacht). Das ist keine Eitelkeit, sondern damit beuge ich der Frage „Sind Sie wirklich Arzt?" vor. Das ist nicht nur der akademische Titel, den ich mir mühsam erworben habe, sondern auch Teil meiner Marke. Was mich von anderen Kabarett-Kollegen unterscheidet, ist nun mal mein medizinischer Hintergrund. […]
Forum: Derzeit herrscht an deutschen Kliniken Ärztemangel. Wie können Sie es in diesen Zeiten verantworten, dass Sie den weißen Kittel offiziell an den Nagel gehängt haben und nicht mehr praktizieren?
Eckart von Hirschhausen: Ich praktiziere ja – ich bin aktiv in der Prävention tätig. Ärzte beschäftigen sich mit Menschen, wenn sie krank sind. Ich beschäftige mich mit ihnen, damit sie gar nicht erst krank werden. […] Was ich in meinem Bühnenprogramm „Glücksbringer" erzähle, ist verkappte Psychotherapie und stammt beispielsweise aus der kognitiven Verhaltenstherapie bei Depressionen. Als praktizierender Arzt würde ich genau das auch erzählen, nur immer jedem Patienten einzeln. Wenn jetzt 1.500 Leute gleichzeitig in meine Show kommen, dann spare ich jeden Abend fünf Jahre in der Klinik. So gesehen bin ich hocheffektiv. Wie könnte ich verantworten, das nicht zu tun?
Forum: Sie betrachten die Medizin mit Humor – plädieren aber auch ernsthaft für eine neue Wahrnehmung des Themas Gesundheit.
Eckart von Hirschhausen: Die eigentliche Wissenschaft der Medizin ist die Wissenschaft vom inneren Schweinehund. Wir wissen alle, was uns guttäte, wir tun es nur zu selten. Das medizinische Wissen verdoppelt sich alle vier Jahre. Heißt das, dass wir alle vier Jahre doppelt so schlau sind oder doppelt so gesund? Der menschliche Körper ist ein schöner Lehrmeister für den Unterschied zwischen Qualität und Quantität. Wer vier Grad über der normalen Körpertemperatur liegt, ist nicht halb so krank wie jemand, der acht Grad darüber liegt, sondern doppelt so lebendig! Zwischen 41 und 45 Grad Celsius gibt es also einen Qualitätssprung – nämlich den über die Klinge. Die zentralen Themen der Medizin sind: Wie gehe ich mit mir um, den Menschen um mich herum um, wie halte ich es mit Bewegung und Essen? Wie verarbeite ich das, was die Biologie als Verfall und Krankheit und Sterblichkeit mitgegeben hat, damit ich nicht die Lebensfreude verliere? Gesundheit ist am schönsten, wenn man so viel Freude am Leben hat, dass sie nicht nur für einen selbst, sondern auch für andere reicht. […]
Forum: Gesundheit und Glück sind also dasselbe?
Eckart von Hirschhausen: Ein erfülltes, sinnhaftes Dasein ist relativ unabhängig vom körperlichen Zustand. Als Arzt lernen Sie viele Menschen kennen, die trotz körperlicher Misere und drohender Endlichkeit ihr Leben genießen. Grundsätzlich gilt aber: Das menschliche Gehirn besteht aus einem Frontallappen – der plant. Und aus einem Seitenlappen – der vernetzt. Wir Deutschen haben einen zusätzlichen Hirnteil – den Jammerlappen, der verhindert. Der hat keine Verbindung zum Sehnerv, hat aber immer schon alles kommen sehen.

Mehr Informationen zu Eckart von Hirschhausen

Sammeln Sie Informationen über Persönlichkeiten aus dem In- und Ausland, die für das Thema „Gesundheit" interessant sind, und stellen Sie sie im Kurs vor. Sie können dazu die Vorlage „Porträt" im Anhang verwenden. Beispiele aus dem deutschsprachigen Bereich: Hildegard von Bingen – Robert Koch – Christiane Nüsslein-Volhard – Albert Schweitzer – Monika Hauser

Grammatik-Rückschau   6

1 Infinitivsätze in Gegenwart und Vergangenheit

Geschehen im Hauptsatz **gleichzeitig mit** dem Geschehen im Nebensatz mit *dass* ➜ Infinitivsatz im Präsens Aktiv oder Passiv	
Der Moderator <u>bittet</u> die Experten,	… dass sie den Zuschauern den Placebo-Effekt <u>erklären</u>. … den Zuschauern den Placebo Effekt **zu erklären**.
Den Placebos <u>kommt</u> zugute,	… dass sie für den Organismus nicht belastend <u>sind</u>. … für den Organismus nicht belastend **zu sein**.
Die Patienten <u>gehen</u> davon aus,	… dass sie mit wirksamen Medikamenten <u>behandelt werden</u>. … mit wirksamen Medikamenten **behandelt zu werden**.
Geschehen im Hauptsatz **vor** dem Geschehen im Nebensatz mit *dass* ➜ Infinitivsatz im Präsens Aktiv oder Passiv	
Viele Kranke <u>hatten</u> davor Angst,	… dass sie Nebenwirkungen <u>spüren</u>. … Nebenwirkungen **zu spüren**.
Geschehen im Hauptsatz **nach** dem Geschehen im Nebensatz mit *dass* ➜ Infinitivsatz im Perfekt Aktiv oder Passiv	
Die Forscher <u>sind</u> der Ansicht,	… dass sie interessante Erkenntnisse <u>gewonnen haben</u>. … interessante Erkenntnisse **gewonnen zu haben**.
Die Patienten <u>bestätigen</u> den Ärzten,	… dass sie für die gemeinsamen Gespräche dankbar <u>gewesen sind</u>. … für die gemeinsamen Gespräche dankbar **gewesen zu sein**.
Wir alle <u>erinnern</u> uns daran,	… dass wir als Kinder mit einem Streicheln von unseren Schmerzen <u>befreit worden sind</u>. … als Kinder mit einem Streicheln von unseren Schmerzen **befreit worden zu sein**.
Die Umformung in einen Infinitivsatz ist nur möglich, wenn das Subjekt oder das Objekt des Hauptsatzes auch das Subjekt des Nebensatzes mit *dass* ist.	

2 Besonderheiten des Passivs

a Passivsatz ohne Subjekt
In subjektlosen Passivsätzen muss die Position 1 von einem Satzglied, auch in Form eines Nebensatzes, oder von dem Wort *es* besetzt werden. Wird die Position 1 von einem anderen Satzglied besetzt, entfällt das Wort *es*. (Stilistisch gilt dies als die bessere Variante.)

Position 1	Position 2	
Bei einer Allergie	werden	Stoffe im Körper bekämpft …
Es	werden	bei einer Allergie Stoffe im Körper bekämpft …

b Nebensatz im Passiv mit Modalverb
Präsens und Präteritum: am Satzende steht: Partizip II + *werden* + Modalverb
*Es gibt verschiedene Hauttests, mit denen viele Allergene **identifiziert werden können/konnten**.*

Konjunktiv der Vergangenheit: am Satzende steht: Konjunktiv von *haben* + Partizip II + *werden* + Modalverb im Infinitiv
*Heute weiß man, dass viele Allergien schon viel früher **hätten behandelt werden müssen**.*

c Passiv mit *wollen/sollen*
Wunsch bezieht sich auf andere Person oder Sache ➜ Passivsatz mit *sollen*
*Die Ursachen für das Entstehen von allergischen Erkrankungen **sollen erforscht werden**.*
*Er **soll geheilt werden**.*
Wunsch bezieht sich auf die eigene Person ➜ Passivsatz mit *wollen*
*Nach langer Krankheit **will** er endlich **geheilt werden**.*
Als Stilmittel können Sachen personalisiert werden: *Die Gesundheit **will gepflegt werden**.*

Lernen, richtig zu essen

1 a Was ist für die gesunde Entwicklung von Kindern wichtig? Sammeln Sie Punkte dazu.

b Wie hängt Gesundheit und Ernährung Ihrer Meinung nach zusammen?

2 Im Film wird Ursula Pfeifer vom Verein „Lobby für Kinder" gezeigt. Sehen Sie den Film und notieren Sie kurz alle Stationen, in denen sie zu sehen ist, und was sie dort macht.

3 a Sehen Sie die erste Sequenz. Welche Probleme werden genannt und wie versucht Ursula Pfeifer zu helfen?

b Warum sind die Kinder in dem Restaurant? Wie finden Sie diese Idee? Diskutieren Sie.

4 a Lesen Sie die Aufgaben auf der nächsten Seite und sehen Sie die zweite Sequenz.

sehen | nachdenken | diskutieren 6

Sind die folgenden Aussagen richtig oder falsch?

	r	f
1. Die alleinerziehende Mutter bekommt Sozialhilfe vom Staat.	☐	☐
2. Sie muss fünf Kinder versorgen.	☐	☐
3. Sie muss monatlich 80 Euro für ihre Schulden abgeben.	☐	☐
4. Das Geld reicht oft nicht für etwas Obst und Gemüse.	☐	☐
5. Der Mutter ist es wichtig, dass die Kinder satt und zufrieden sind.	☐	☐

Ergänzen Sie die Sätze:

6. Frau Pfeifer kommt zum Einkaufen mit, um …

7. Beim Hackfleisch achtet sie darauf, dass es einerseits … und andererseits …

8. Frau Pfeifer respektiert aber auch die Entscheidungen von Markos Mutter, z. B. …

9. Am Abend bereitet Marko eine Überraschung vor: …

b Wie finden Sie das Engagement von Frau Pfeifer? Glauben Sie, dass sich durch ihre Hilfe die Ernährungsgewohnheiten langfristig ändern?

5 Sich gut ernähren bedeutet mehr als gesunde Lebensmittel zu essen. Sehen Sie den Film noch einmal und stellen Sie eine Liste mit Empfehlungen zusammen. Ergänzen Sie auch eigene Ideen.

103

Recht so!

1 Sehen Sie die Bilder an. Welche Begriffe aus dem Kasten passen? Notieren Sie. Manchmal passen mehrere Begriffe.

> Sachbeschädigung   Betrug   Diebstahl   Erpressung   Heiratsschwindel
> bewaffneter Raubüberfall   Produktpiraterie   Fahrerflucht   Körperverletzung
> unterlassene Hilfeleistung   Kunstfälschung

A

B *Die neueste CD von Tokio Hotel, nur 5 Euro!*

C

D

Sie lernen

Zeitungsmeldungen verstehen und ähnliche Situationen darstellen................. Modul 1

Grafiken Informationen entnehmen und Inhalte aus einer kontroversen Diskussion detailliert verstehen .... Modul 2

Einen Text zum Thema „Gefängnis" lesen und über den Anteil von Männern und Frauen im Strafvollzug sprechen .... Modul 3

Einen Text über die Geschichte des Krimis mündlich zusammenfassen .... Modul 4

Eine Buch- oder Filmbesprechung schreiben .... Modul 4

Grammatik

Präpositionen mit Dativ und Genitiv, Verben mit Genitiv .... Modul 1

Modales Partizip .... Modul 3

2a Lesen Sie die Erklärungen. Welche Straftaten aus Aufgabe 1a werden beschrieben?

A Nach § 142 Strafgesetzbuch (StGB) macht sich derjenige strafbar, der sich als an einem Verkehrsunfall Beteiligter vom Unfallort entfernt, ohne zuvor den anderen Unfallbeteiligten die Feststellung seiner Personalien ermöglicht zu haben oder hierzu wenigstens eine angemessene Zeit gewartet zu haben, sowie derjenige, der sich zwar erlaubterweise vom Unfallort entfernt hat, die erforderlichen Feststellungen aber nicht unverzüglich nachträglich ermöglicht.

_____

B Bei dieser Straftat nach § 253 StGB versucht eine Person, sich selbst oder Dritte rechtswidrig durch Gewalt oder durch Androhung eines Übels zu Lasten eines anderen zu bereichern. Insofern ist diese Straftat von der Nötigung zu unterscheiden, die keine Bereicherungsabsicht oder Vermögensschädigung voraussetzt.

_____

C Im deutschen Recht wird dieses Delikt nicht ausdrücklich erwähnt. Für eine Verfolgung sind maßgeblich § 107 UrhG (Urhebergesetz) und § 263 (Betrug) und § 267 StGB (Urkundenfälschung). Das Kopieren oder Nachahmen an sich ist rechtlich zulässig, unzulässig ist lediglich die betrügerische Absicht, die sich darin äußert, Gewinn zu erzielen.

_____

b Schreiben Sie weitere Erklärungen für zwei Straftaten aus Aufgabe 1 oder wählen Sie andere Straftaten. Recherchieren Sie Informationen im Internet, in Lexika, …

Dumm gelaufen

1 Arbeiten Sie zu zweit. Jeder/Jede liest zwei Texte. Berichten Sie anschließend Ihrem Partner / Ihrer Partnerin über Ihre Kurztexte. Welchen Fall finden Sie am komischsten?

A Vier Jahre Haft lautet das Urteil für einen etwas ungeschickten Täter und ehemaligen Polizeibeamten, der des Banküberfalls angeklagt wurde. Bei dem Überfall, bei dem er 14.260 Euro erbeutete, verlor er seine Bankkarte in der Filiale. Kurz nach der Tat zahlte er die gesamte Beute auf sein Konto ein und gab das Abhandenkommen seiner Bankkarte bekannt. Da die Karte bereits gefunden und dem Täter zugewiesen worden war, gab der Computer Alarm.
Die Bankangestellte verzögerte die Transaktion, indem sie den Täter in ein Gespräch verwickelte. Unauffällig alarmierte sie die Polizei. Kurz darauf konnte der Täter festgenommen werden. Als Motiv gab er gegenüber der Polizei an, er habe sich aufgrund der Trennung von seiner Frau und aus Geldmangel nicht mehr zu helfen gewusst.

B Ein Einbrecher der etwas schusseligen Art hat Polizeibeamten im US-Bundesstaat Wisconsin einen ungewöhnlich entspannten Arbeitseinsatz beschert. Der Einbrecher nutzte die sturmfreie Bude, um in Ruhe seine E-Mails zu checken. Schon das ist hinsichtlich der Tatsache, dass niemand im Web wirklich anonym unterwegs ist, reichlich dumm. Das Verhalten des Einbrechers entbehrte auch ansonsten jeder Logik: Während des Einbruchs machte er sich einen Kaffee und duschte, bevor er eine Runde fernsah. In welcher Reihenfolge auch immer streute er dann noch die Zubereitung einiger kleiner Snacks ein. Was der Einbrecher nicht tat, führte am Wochenende zu seiner Verhaftung: Er loggte sich nicht aus. Der E-Mail-Account des Einbrechers war nach seinem Verschwinden immer noch offen. Angesichts dieser Dummheit war die Identifizierung des Täters dann kein Kunststück mehr – zumal die Polizei bereits wegen anderer Vergehen nach ihm suchte. Der Täter konnte mitsamt seiner Beute schnell gefunden werden.

C Mittels einer Fahndung in einem Online-Netzwerk konnte Neuseelands Polizei einen tollpatschigen Dieb fassen. Nur mithilfe einer Brechstange und eines Winkelschleifers wollte der junge Einbrecher den Tresor einer Bar knacken und versagte dabei gleich mehrfach: Den Safe konnte er nicht bezwingen und die Überwachungskamera sah er auch zu spät. Der 21-jährige Einbrecher nahm während seines Öffnungsversuchs die Skimaske ab und entdeckte dann mit einem überraschten Blick die Überwachungskamera. Dank dieses Fehlers konnte die Polizei das Überwachungsvideo sowie ein paar Fotos kurz darauf bei einem Internet-Netzwerk, das sich großer Beliebtheit erfreut, einstellen und wurde entgegen allen Erwartungen positiv überrascht. Nur einen Tag nach dem missglückten Einbruch wurde der Täter identifiziert und von der Polizei nahe seiner Wohnung festgenommen.

D Im finnischen Lapua ereignete sich ein Kriminalfall, den man sich in dieser Form sonst vielleicht nur in amerikanischen Krimis vorstellen kann. Aber offensichtlich braucht es keine hoch bezahlten Drehbuchautoren, um unglaubliche Geschichten zu schreiben.
Während der Autodieb im frisch gestohlenen Fahrzeug unterwegs ist, piekst ihn eine Mücke und saugt sich mit seinem Blut voll. Durch welche glückliche Fügung auch immer fanden die Ermittler genau dieses Insekt und konnten anhand des in ihr befindlichen Blutes und eines Abgleichs mit einer DNA-Datenbank den Langfinger schnappen und ihn des Diebstahls überführen.

2a Präpositionen mit Dativ oder Genitiv. Lesen Sie die Texte noch einmal und schreiben Sie die Präpositionen in die Tabelle, die im Text mit Dativ oder Genitiv verwendet werden.

Präpositionen mit Dativ	_____
	_____
	_____
	Weitere Präpositionen: *außer, dank, entsprechend, fern, gemäß, laut, nebst, seit, wegen, zufolge, zuliebe, zuwider*
Präpositionen mit Genitiv	_____
	_____
	_____
	Weitere Präpositionen: *anlässlich, anstatt, anstelle, außerhalb, bezüglich, eingedenk, infolge, inklusive, innerhalb, laut, mangels, trotz, um ... willen, ungeachtet, zwecks*

b Schreiben Sie je drei Beispielsätze zu den Präpositionen mit Dativ und mit Genitiv. ▶ Ü 1–3

c Außerdem finden Sie in den Texten einige Wendungen, die ebenfalls den Genitiv enthalten. Diese und weitere sind hier aufgeführt. Ordnen Sie jeder Wendung die richtige Bedeutung zu.

Wendungen mit Genitiv

1. _____ j–n eines Verbrechens anklagen
2. _____ jeglicher Logik entbehren
3. _____ sich großer Beliebtheit erfreuen
4. _____ j–n eines Verbrechens überführen
5. _____ j–n der Lüge bezichtigen
6. _____ j–n eines Verbrechens beschuldigen
7. _____ etwas bedarf keiner Erklärung
8. _____ jeglicher Beschreibung spotten
9. _____ sich eines Besseren besinnen

a etwas ist sehr eindeutig/klar
b sich anders/vernünftiger entscheiden
c behaupten, dass j–d ein Verbrechen begangen hat
d etwas ist sehr populär
e j–n vor Gericht beschuldigen, dass er ein Verbrechen begangen hat
f beweisen, dass j–d ein Verbrechen begangen hat
g etwas ist sehr schlecht
h etwas macht keinen Sinn
i behaupten, dass j–d lügt

▶ Ü 4

3 Schreiben Sie zu zweit einen ähnlichen Artikel wie auf Seite 106. Verwenden Sie Präpositionen und Genitiv-Wendungen.

Strafe muss sein?!

1 Was denken Sie, für welche Straftaten Jugendliche am häufigsten vor Gericht gestellt werden? Sammeln und diskutieren Sie im Kurs.

Jugendliche machen oft blöde Mutproben. Zum Beispiel klauen sie irgendetwas.

Ich könnte mir auch vorstellen, dass ...

2a Sehen Sie sich die Schaubilder A und B an und formulieren Sie Aussagen
   - zur Entwicklung der Jugendkriminalität von 1990–2006,
   - zu Unterschieden bei den Delikten in den drei Altersgruppen,
   - zu drei wesentlichen Inhalten des deutschen Jugendstrafrechts.

▶ Ü 1

b Was wissen Sie über das Jugendstrafrecht in Ihrem Land (Welches Alter? Welche Strafen? ...)? Berichten Sie.

A

Das Jugendstrafrecht

gilt für:	Jugendliche zwischen 14 und 18 Jahren	Heranwachsende zwischen 18 und 21 Jahren
		Jugendrichter kann entscheiden, dass Erwachsenenstrafrecht angewendet wird

Ziel: Angeklagten möglichst durch erzieherische Maßnahmen von zukünftigen Straftaten abhalten

Zuständigkeit: Jugendgerichte

Strafen:

→ bei **leichteren** Vergehen: Erziehungsmaßnahmen wie Strafarbeit, soziales Training, Heimunterbringung

→ bei **gravierenderen** Vergehen: Verwarnung und schärfere Auflagen wie Geldbuße, Jugendarrest (max. vier Wochen)

→ bei **schweren** Vergehen: Haft in Jugendstrafanstalt (meist zwischen einem halben Jahr und fünf Jahren, max. zehn Jahre), oft zur Bewährung ausgesetzt

dpa·Grafik 4725

B

Jung und straffällig

Nach dem Jugendstrafrecht Verurteilte

1990: 77 274
1995: 76 731
2000: 93 840
2006: 105 902

davon 2006 verurteilt wegen folgender Delikte in %

Delikt	14- bis unter 18-Jährige	18- bis unter 21-Jährige	21-Jährige und Ältere
Freiheitsberaubung, Mord, Totschlag, ...	2,3	2,1	3,4
	5,9	14,0	8,8
Drogenvergehen	9,8		
Vermögens- und Fälschungsdelikte	18,2	24,8	34,9
schwerer Diebstahl, Raub, Erpressung		10,2	3,7
Körperverletzung	26,3	18,9	10,3
Sachbeschädigung, einfacher Diebstahl	30,3	17,9	19,8
Sonstiges	7,2	12,1	19,1

© Globus 1912
nur Westdeutschland, ab 1995 einschl. Gesamtberlin
Quelle: Stat. Bundesamt

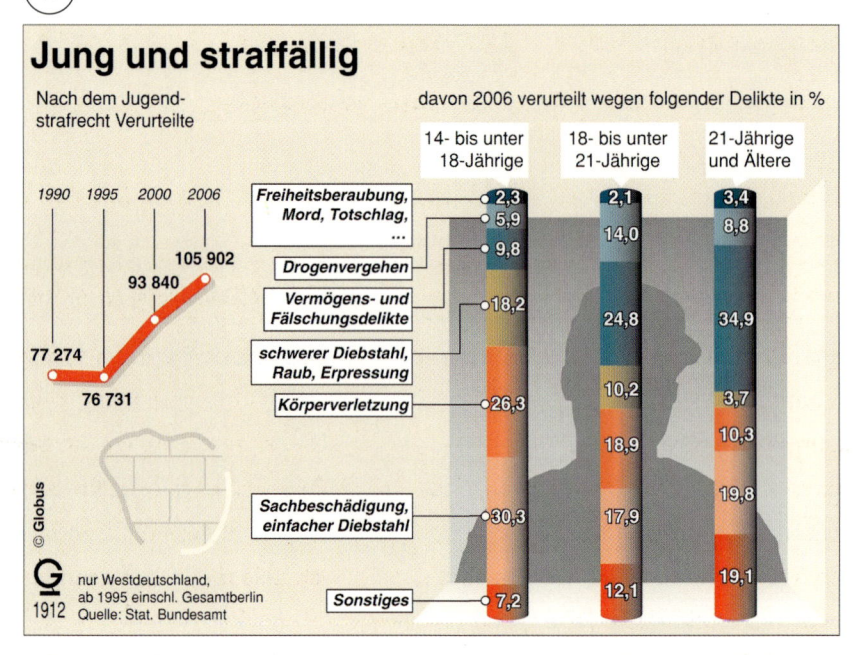

sprechen / hören — 7 Modul 2

3a Hören Sie den ersten Teil einer Radiodiskussion zum Thema „Kriminalität von Jugendlichen" mit Margarete Schneider (Strafrichterin), Ingo Möller (Polizist), Firad Tan (Streetworker) und Ursula Radutz (Schulleiterin). Wie lauten die Kernfragen für das Gespräch?

b Hören Sie nun den zweiten Teil der Diskussion. Lesen Sie zuerst die Aussagen und notieren Sie während des Hörens, wer was sagt.

Aussage	Herr/Frau
1. In konfliktträchtigen Stadtteilen sollten mehr Polizeibeamte im Einsatz sein.	
2. Eine Ausweitung der Strafmaßnahmen ist kein Thema, da eine breite Palette zur Verfügung steht. Konsequente Anwendung ist wichtiger.	
3. Die Ursachen für die Gewaltbereitschaft sind ein gesellschaftliches Problem und schon im familiären Umfeld zu finden.	
4. Manche Eltern sind damit überfordert, ihre Kinder zum regelmäßigen Schulbesuch zu bewegen.	
5. Schon Kinder müssen positive Impulse bekommen, die ihnen zeigen, dass es sich auszahlt, Teil der Gesellschaft zu sein.	
6. Aussichtslosigkeit und mangelnde Freizeitbeschäftigung sind für problematische Stadtviertel typisch.	
7. Jugendliche können mit Beginn der Strafmündigkeit bei einem aktuellen Delikt auch für ältere Straftaten verurteilt werden. Das ist sinnlos.	
8. Manche verurteilten Teenager berichten, dass ihnen das streng geregelte Leben im Heim geholfen hat.	
9. Viele soziale Projekte sind befristet. Wenn sie enden, sind die Jugendlichen oft noch frustrierter als vorher.	
10. Nicht allen gesellschaftlichen Schwierigkeiten können wir uns stellen, aber wir veranstalten viel für die Jugendlichen und ihre Angehörigen.	

c Vergleichen Sie Ihre Lösungen im Kurs. Hören Sie dann den zweiten Teil noch einmal.

d Hören Sie das Ende der Diskussion und notieren Sie, was zur Rolle der Medien gesagt wird. ▶ Ü 2

4a Welche Position würden Sie zum Thema vertreten? Notieren Sie Argumente für Ihren Standpunkt.

b Diskutieren Sie in Kleingruppen: Welche Maßnahmen/Strafen halten Sie zur Verringerung/Vermeidung von Jugendkriminalität für sinnvoll?

Standpunkte vertreten/differenzieren	Meinungen widersprechen
Ich bin der Ansicht, dass	Das sehe ich ganz anders, denn …
Für mich ist ganz klar, dass …	Ich möchte bezweifeln, dass …
Einerseits kann man beobachten, dass …	Das ist eine gängige Sichtweise, aber …
Andererseits darf man nicht unterschätzen, dass …	Da möchte ich widersprechen, weil …
Wir beobachten …, aber trotzdem …	… spricht mich nicht an, weil …
Das Problem hat mehrere Seiten/Aspekte, z.B. …	Ich teile diese Auffassung nicht, denn …
So einseitig kann man das nicht sehen, denn …	

▶ Ü 3

Alltag im Knast

1 Welche Ausdrücke sind Synonyme für „im Gefängnis sitzen"? Welche nicht?

Häftling sein – im Knast sitzen – in Haft sein – hinter schwedischen Gardinen sitzen – rückfällig werden – im Kittchen hocken – einen Ausbruch vorbereiten – inhaftiert sein – einsitzen – hinter Schloss und Riegel sein – Freigang haben

2a Lesen Sie den Text und geben Sie den vier Abschnitten passende Überschriften.

Gefängnis – Leben hinter Gittern

Aufgabe der Justizvollzugsanstalten ist es, Häftlinge zu resozialisieren, damit sie später nicht rückfällig werden. Das ist gesetzlich vorgeschrieben.

Ein Tag im Gefängnis

Der Tagesablauf in einem normalen deutschen Gefängnis beginnt üblicherweise zwischen 6.00 Uhr und 6.30 Uhr mit Wecken und der Ausgabe des Frühstücks. Eine Stunde später geht es zur Arbeit. Der Arbeitstag dauert acht Stunden, um 12.00 Uhr ist Mittagspause, zwischen 16.00 Uhr und 16.30 Uhr Feierabend. Zum Minimalangebot gehört der Hofgang. Je nach Haftanstalt stehen aber auch Sportangebote wie Fußball und Fitnesstraining auf dem Plan. Besuche von Angehörigen sind möglich, aber nur einmal im Monat für eine Stunde. Abends zwischen 21 Uhr und 22 Uhr ist dann der sogenannte Einschluss.

Eine Einzelzelle ist etwa acht bis zehn Quadratmeter groß und hat mindestens einen Tisch, einen Stuhl und ein Bett. Ein Fernseher ist zwar gestattet, muss aber vom Häftling selbst finanziert werden. Alkohol und Drogen sind in der Anstalt verboten. Dennoch, das Geschäft floriert. Die Schmuggelwege sind so fein ausgeklügelt, dass die Kontrollen nur selten greifen.

Gefangenenstatistik

Im März 2006 gab es nach Angaben des Statistischen Bundesamtes 64.512 Strafgefangene in Deutschland. Davon sind 95 Prozent Männer und fünf Prozent Frauen. In Deutschland kommen auf 100.000 Einwohner rund 90 Straftäter. Gut 1.900 der deutschen Gefangenen wurden zu einer lebenslangen Haftstrafe verurteilt, für 42 Prozent (27.200 Gefangene) betrug die voraussichtliche Strafdauer weniger als ein Jahr. Die meisten Gefangenen saßen wegen Diebstahl (21 Prozent), Drogendelikten (15 Prozent) oder Raub (13 Prozent) im Gefängnis.

Arten des Strafvollzugs

Es gibt unterschiedliche Gefängnistypen für den geschlossenen und den offenen Vollzug. In der geschlossenen Justizvollzugsanstalt (JVA) gibt es keinen Freigang. Die Häftlinge bleiben rund um die Uhr in der Einrichtung. Die Fenster sind vergittert und der Bau ist mit einer hohen Mauer von der Außenwelt abgeschirmt. Mit besonderen Sicherheitsvorkehrungen ist der sogenannte Hochsicherheitstrakt ausgestattet: elektronisch gesicherte Türen, Gitter aus besonders gehärtetem Stahl, die Einrichtung aus Holz, damit Metalldetektoren Ausbruchswerkzeuge problemlos entdecken können.

Der offene Vollzug sieht anders aus: Die Gefangenen können tagsüber die Strafanstalt verlassen, um einer geregelten Arbeit nachzugehen. Das dürfen allerdings nur die Häftlinge, die hinreichend resozialisiert sind. Die nicht leicht zu treffende Entscheidung, wann ein Häftling in den offenen Vollzug kommt und zum sogenannten „Freigänger" wird, liegt bei der Anstaltsleitung.

Außerdem gibt es noch weitere Einteilungen im Strafvollzug. So werden erstmalig Inhaftierte in einen sogenannten „Erstvollzug" eingewiesen und die Wiederholungstäter in den „Regelvollzug". Die Trennung geschieht, um Ersttäter vor dem negativen Einfluss durch Wiederholungstäter zu schützen. Jugendliche erwartet eine Jugendhaftanstalt und Frauen eine Frauenhaftanstalt. Letztere ist allerdings die Ausnahme. Da nur etwa fünf Prozent aller zu inhaftierenden Straftäter Frauen sind, werden sie normalerweise in einem gesonderten Trakt untergebracht.

Die Mitarbeiter

Der Alltag in den verschiedenen Haftanstalten ist unterschiedlich. Das bundeseinheitliche Strafvollzugsgesetz stellt die Resozialisierung in den Vordergrund. Jeder Mitarbeiter der Strafanstalt ist dann für seinen Bereich verantwortlich: Vollzugsbeamte,

Psychologen, Seelsorger, Sozialarbeiter, Ärzte und Lehrer. Die Vollzugsbeamten bilden die größte Gruppe. Sie sind für die Sicherheit verantwortlich, für den Tagesablauf, die Wäsche, das Essen, den Hofgang. Sie betreuen die Gefangenen bei Freizeitangeboten, erledigen Anträge und organisieren Besuche. Zur Unterstützung kommen Psychologen, Seelsorger, Sozialarbeiter, Streetworker und ehrenamtliche Mitarbeiter dazu. Sie sind im Vollzug besonders wichtig, um Straffällige auf ein geordnetes Leben in Freiheit vorzubereiten. Sie helfen zum Beispiel dabei, Aggressionen abzubauen, um Gewalttätigkeiten zu verhindern. Vorzugsweise therapieren sie die Häftlinge aus dem normalen Strafvollzug. Als Faustregel gilt: Je länger die abzusitzende Haftstrafe, umso länger die Therapie und umso geringer die zu erwartende Rückfallquote. Besonders hoch ist die Rückfallquote bei Drogenkranken.

Arbeit und Ausbildung (im Gefängnis)

Jeder Häftling ist zur Arbeit verpflichtet, heißt es im Strafvollzugsgesetz. Ausgenommen sind nur die Untersuchungshäftlinge. Je nach Fähigkeiten muss der Inhaftierte in den anstaltseigenen Werkstätten arbeiten. Im offenen Vollzug ist der Arbeitsplatz außerhalb der Gefängnismauern. Der Gefangenenlohn liegt derzeit bei durchschnittlich zwölf Euro pro Tag. Eine Alternative zur geregelten Arbeit sind Ausbildung und Fortbildung. Ob ein Gefangener Maurer, Schlosser oder Schreiner wird, entscheiden die Ausbilder je nach Eignung. Die Ausbildung ist besonders gestrafft. Statt in drei Jahren wird hier in einem Jahr das gleiche zu erarbeitende Pensum verlangt. Die Prüfungen nimmt anschließend die Industrie- und Handelskammer ab. Die abzusehenden Vermittlungschancen auf dem Arbeitsmarkt sind für ehemalige Häftlinge nicht schlecht. Im Rahmen der Weiterbildung gibt es Angebote zu Schulabschlüssen oder auch Fernstudienprogramme. Wer dann im ersten Halbjahr nach der Entlassung eine ernst zu nehmende Arbeit gefunden hat und ein geregeltes Leben führt, wird in den seltensten Fällen rückfällig.

▶ Ü 1–2

b Lesen Sie den Text noch einmal und fassen Sie für jeden Abschnitt interessante/neue/überraschende Informationen in eigenen Worten zusammen.

3a Modales Partizip. Lesen Sie die folgenden Sätze. Kreuzen Sie dann an, welche Aussagen für das modale Partizip korrekt sind.

Die nicht leicht zu treffende Entscheidung liegt bei der Anstaltsleitung.
→ Die Entscheidung, _die nicht leicht getroffen werden kann_, liegt bei der Anstaltsleitung.
→ Die Entscheidung, _die nicht leicht zu treffen ist_, liegt bei der Anstaltsleitung.

Da nur etwa fünf Prozent aller zu inhaftierenden Straftäter Frauen sind, …
→ Da nur etwa fünf Prozent aller Straftäter, _die inhaftiert werden müssen_, Frauen sind, …
→ Da nur etwa fünf Prozent aller Straftäter, _die zu inhaftieren sind_, Frauen sind …

Das modale Partizip …
- ☒ besteht aus _zu_ + Partizip I + Endung.
- ☐ beschreibt eine zeitliche Abfolge näher.
- ☒ funktioniert wie ein Adjektiv vor einem Nomen.
- ☒ hat immer passivische Bedeutung.
- ☐ kann in einen Modalsatz umgeformt werden.
- ☒ kann durch einen Relativsatz ausgedrückt werden.
- ☒ drückt eine Notwendigkeit (_muss/soll_), Möglichkeit (_kann_) oder Verbot (_darf nicht_) aus.

b Suchen Sie in den letzten zwei Abschnitten im Text weitere Sätze mit modalen Partizipien und wandeln Sie sie in Relativsätze um.

▶ Ü 3

4 Können Sie sich erklären, warum nur fünf Prozent der Häftlinge Frauen sind? Diskutieren Sie mögliche Gründe.

Kriminell

1a Lesen Sie gerne Krimis? Sehen Sie sich Krimis im Fernsehen an? Berichten Sie kurz, was Sie daran mögen oder nicht mögen.

b Bilden Sie Gruppen und sammeln Sie bekannte Krimi-Autoren und bekannte Krimi-Figuren.

c Was sind die zentralen Elemente eines Krimis? Sammeln Sie im Kurs.

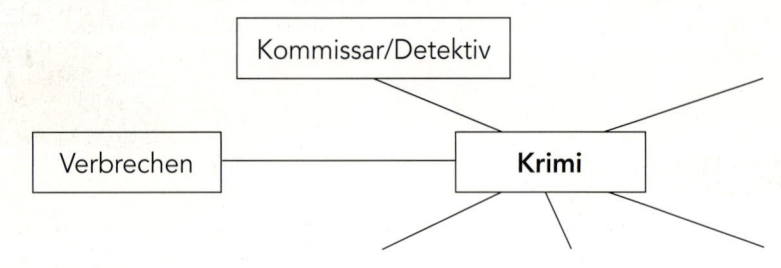

```
            Kommissar/Detektiv
                    |
   Verbrechen ——— Krimi
```

▶ Ü 1

2a Arbeiten Sie zu zweit. Jeder/Jede entscheidet sich für einen Text (A oder B). Lesen Sie den Text und markieren Sie Schlüsselwörter und wichtige Informationen.

b Teilen Sie Ihren Text in thematische Teilbereiche auf. Machen Sie sich Notizen zu jedem Bereich.

Krimis – Faszination Verbrechen

A Im Prinzip ist es immer wieder das Gleiche: Ein Mord ist geschehen und die Frage lautet „Wer hat es getan und warum?". Doch so einfach dieses Grundkonzept ist, so erfolgreich ist es auch. Noch in den 1970er-Jahren galt der Krimi in der Literaturwissenschaft als suspekt. Hauptkritikpunkt war, dass der Krimi den Leser nicht durch die Kraft oder Schönheit seiner Sprache fesselt, sondern ihn in ein Rätsel einbindet. Der Leser soll permanent „logisch denken". Deshalb stellten einige Kritiker den Krimi auf die Stufe von Kreuzworträtseln. In einem literaturwissenschaftlichen Buch zum Kriminalroman aus dem Jahr 1971 ging ein besorgter Krimigegner sogar davon aus, dass der Kriminalromanleser „für das gute Buch von literarischem Wert verloren ist". Über so etwas werden Krimifans nur schmunzeln können. Denn bis heute haben zahlreiche Autorinnen und Autoren ausreichend bewiesen, dass ihre Sprache mehr ist als nur Funktionsträger für ein Rätsel.

Der Kriminalroman ist ein noch relativ junges Genre, dessen Anfänge im 19. Jahrhundert liegen. Natürlich gab es auch davor schon Morde in der Literatur. Aber erst das Entstehen der bürgerlichen Gesellschaft in jener Zeit machte den Krimi als solchen möglich. Bis zum Beginn des 19. Jahrhunderts gab es in keiner Kultur einen Polizeiapparat, der sich überhaupt um die beweissichere Aufklärung von Verbrechen bemühte. In Frankreich wurde 1810 die erste ermittelnde Polizei gegründet – bezeichnenderweise von einem früheren Berufsverbrecher, der somit eine gute Kenntnis der Szene hatte. In England wurde ab 1829 „Scotland Yard" aufgebaut. In Deutschland verfügten die großen deutschen Städte gegen Ende des 19. Jahrhunderts über eine eigene Kriminalpolizei. Erst in einer Gesellschaft, die Verbrechen als solche zu ergründen und aufzuklären suchte, konnte der Kriminalroman entstehen. Krimiforscher wie der Kölner Buchhändler Manfred Sarrazin belegen diese Theorie damit, dass in Staaten mit geringem Rechtsbewusstsein und wenig Demokratie auch keine Krimis geschrieben oder gelesen wurden.

Selbst in West-Deutschland dauerte es bis in die 1960er-Jahre, bis eine eigene „Krimikultur" entstand. Auch in der Sowjetunion kam der Detektivroman erst nach der Einführung demokratischer Strukturen in Mode. Da Länder wie Frankreich, England und die USA in Sachen Rechtsstaat weit voraus waren, stammt die frühe und bedeutende Krimiliteratur vorwiegend aus diesen Ländern.

Interessant in diesem Zusammenhang ist, dass es in vielen frühen Krimis oft Privatdetektive waren, die sich auf die Suche nach dem Täter begaben. Dieses Phänomen erklärt sich zum Teil daraus, dass die frühe Polizei als sehr korrupt und auch nicht sonderlich gut ausgebildet galt. Ebenso lässt die Figur eines Privatdetektivs mehr gestalterische Möglichkeiten zu. Anders als ein Polizeikommissar kann der Detektiv den Täter sogar laufen lassen, wenn seine Tat einer wie auch immer definierten höheren Gerechtigkeit dient – z.B. wenn der Täter einen Massenmörder getötet hat, der bis dahin von der Justiz völlig unbehelligt blieb. Eine der wohl bekanntesten Detektivfiguren des Kriminalromans ist der Ermittler Sherlock Holmes. Erfunden hat ihn der Londoner Arzt Arthur Conan Doyle (1859–1930). 1887 tauchte diese Figur erstmals in einer von Doyle geschriebenen Erzählung auf. Eigentlich hatte der Arzt nicht vor, daraus eine Serienfigur zu machen. Ein amerikanischer Verleger konnte ihn dazu überreden, die Figur weiterzuentwickeln und ganze Romane mit ihm zu gestalten.

B Der absolute Star unter allen Krimiautoren ist bis heute Agatha Christie (1890 bis 1976). Zwischen 1920 und 1973 schrieb sie 66 Romane und mehrere Sammlungen mit Kurzgeschichten. Nach Schätzungen soll sie weltweit über zwei Milliarden Bücher verkauft haben. Vor allem zwei Figuren machten Agatha Christie berühmt: die schrullige Miss Marple und der belgische Detektiv Hercule Poirot. Dennoch wurde auch ihr eigener Name zu einem Markenzeichen. Denn bei „Agatha Christie" konnte sich der Leser immer darauf verlassen, dass die Geschichten einen gewissen Witz haben und voller überraschender Wendungen stecken.

Die Krimis von Agatha Christie spielen meist in sogenannten „besseren gesellschaftlichen Kreisen", ähnlich wie die des belgischen Erfolgsautors französischer Sprache Georges Simenon (1903–1989). Seine berühmteste Figur wurde der ständig Pfeife rauchende Kommissar Maigret. Ähnlich wie Agatha Christie hatte auch Simenon ein Talent, Situationen und Landschaften so zu beschreiben, dass der Leser mehr geboten bekam als nur ein reines Mordrätsel. Literarisch weniger anspruchsvoll und trotzdem sehr erfolgreich waren die Krimis von Edgar Wallace (1875–1932). Eines seiner berühmtesten Werke ist „Der Hexer". Wallace beherrschte die Kunst, den Leser sehr schnell in seine Geschichte einzubinden, und hielt auch den Kreis der beteiligten Personen überschaubar. Dennoch wirkt sein „Hexer" aus heutiger Sicht sehr konstruiert und recht unglaubwürdig.

Inzwischen hat sich das Krimigenre deutlich weiterentwickelt. Längst regieren nicht mehr die schrulligen Privatdetektive, die in der feinen Gesellschaft einen Mord aus Habgier aufdecken. Krimis spielen heute in allen möglichen gesellschaftlichen Kreisen.

Die Krimiszene hat sich in die unterschiedlichsten Richtungen entwickelt. Neben dem klassischen Detektivroman findet man diverse Untergenres wie „Medizin-Thriller" oder „Wirtschaftskrimi". Auch ist der Leser längst nicht mehr nur Begleiter des Ermittlers. Er kann auch aus Sicht des Täters am Mord teilhaben. Die Motive kennen ebenfalls keine Grenzen mehr und gehen bis ins Dunkelste der menschlichen Seele.

Frühe Krimis waren meist in den allseits bekannten Großstädten angesiedelt. Das ergab schon deshalb Sinn, weil diese Orte einem großen Lesepublikum bekannt waren. Doch während allgemein eine Globalisierung stattfindet, entwickelt sich der deutsche Krimi seit Jahren in die gegenläufige Richtung. Mittlerweile haben sich einige Verlage darauf spezialisiert, Krimis gezielt in bestimmten Regionen Deutschlands anzusiedeln, um die jeweilige Bevölkerung als feste Kundschaft zu erobern. Die Rechnung scheint aufzugehen, der Regionalkrimi erfreut sich steigender Beliebtheit. Der Leser kann den Krimi nun auf eine besondere Weise „miterleben". Die Tat- und Spielorte sind zum Teil persönlich vertraut. Kommissare sowie Täter bleiben unterwegs in dem Stau stecken, den man selbst täglich erlebt. Somit entsteht eine besondere Form von Nähe zur Geschichte, die – sofern gut gemacht – aber auch für den ortsunkundigen Leser spannend bleibt wie jeder andere Krimi. Denn streng genommen spielt ja jeder Krimi in einer Region.

Gut jedes fünfte Buch, das in Deutschland gelesen wird, ist ein Krimi. Nach Angaben des Börsenvereins des deutschen Buchhandels beträgt der Krimianteil in der Warengruppe Belletristik ca. 22 Prozent. Damit liegt der Krimi an zweiter Stelle hinter den Romanen, die ca. 48 Prozent des Marktes ausmachen. Diese Zahlen sind seit Jahren relativ konstant. Entsprechend der Nachfrage ist das Angebot sehr groß. In einigen Städten findet man inzwischen sogar reine Krimi-Buchhandlungen mit spezialisiertem Personal, das einen genau zu dem Krimi führen kann, den man gerne lesen möchte.

Kriminell

c Fassen Sie Ihren Text anhand Ihrer Notizen mündlich für Ihren Partner / Ihre Partnerin zusammen. Die Redemittel helfen.

Zusammenfassung	
Einleitung	**Inhaltspunkte darstellen**
In dem Text geht es um das Thema ... Folgendes Thema wird in dem Text behandelt ... Der Text befasst sich mit ...	Hauptsächlich wird erklärt/erläutert/beschrieben/dargelegt ... Außerdem/Darüber hinaus wird gezeigt, ... Es wird betont/hervorgehoben, ... Zunächst wird erklärt, ... Dann erläutert der Autor / die Autorin ... Folgende Beispiele werden angeführt: ... Mit folgendem Beispiel wird verdeutlicht ... Die Beispiele ... zeigen ...

3 Hören Sie ein Krimi-Hörspiel und beantworten Sie die Fragen.

2.28

Abschnitt 1:
a Warum geht Petersen zu seinem Chef?
b Wie reagiert Fossner?
c Womit erpresst Petersen seinen Arbeitgeber?
d Wie könnte die Geschichte weitergehen? Stellen Sie Vermutungen an.

Abschnitt 2:
e Warum kann Petersen vor seinem nächsten Nachtdienst nicht schlafen?
f Was hat er vor? Vermuten Sie.

Abschnitt 3:
g Wer ist Jahnke?
h Warum trifft sich Petersen mit Jahnke?
i Welche Information hat Jahnke für Petersen?

Abschnitt 4:
j Wer taucht plötzlich in dem Café auf?
k Wie reagiert Petersen?
l Was werden die drei Personen jetzt tun? Sammeln Sie Hypothesen.

Abschnitt 5:
m Warum ruft Petersen Fossner an und wie reagiert dieser?
n Erklären Sie das Ende.
o Geben Sie dem Hörspiel einen Titel.

Fertigkeitstraining
hören | lesen | sprechen | schreiben

7 Modul 4

4 Bilden Sie zwei Gruppen und denken Sie sich ein Krimi-Hörspiel aus. Verteilen Sie die Rollen und spielen Sie Ihr Hörspiel vor.

Verbrechen	Rollen	Situationen, die gespielt werden sollen
– Diebstahl – Betrug – Erpressung – …	– Kommissar(in) und Assistent(in) – Täter – Zeugen – Opfer – …	– Verbrechensplanung – Verbrechen – Verhöre durch die Polizei – Zeugenbefragung – Festnahme

Spannung aufbauen
Er/Sie wurde blass.   Ihm/Ihr schlug das Herz bis zum Hals. Er/Sie bekam es mit der Angst zu tun.   Jetzt war alles aus. Schlagartig wurde ihm/ihr bewusst, …   Plötzlich wurde ihm/ihr alles klar. Jetzt verstand er/sie, was hier gespielt wurde.   Wie hatte er/sie sich nur so täuschen können? Jetzt zeigt … sein/ihr wahres Gesicht.   Was war hier los?   Was sollte er/sie nur machen? Konnte er/sie ihm/ihr vertrauen?   Damit hatte er/sie im Traum nicht gerechnet.

TELC

5 Ein Stadtmagazin bittet seine Leser und Leserinnen, Kritiken zu neuen Büchern oder Filmen einzusenden, die sie empfehlen können. Schreiben Sie eine Besprechung zu einem Buch, das Sie vor Kurzem gelesen haben, oder zu einem Film, den Sie vor Kurzem gesehen haben. (ca. 150 Wörter)

Buch-/Filmbesprechung		
Rubrik	**Inhalt/Handlung**	**positive/negative Bewertung**
Man kann das Buch / den Film folgender Rubrik zuordnen: … Das Buch / Der Film gehört zur Sparte … Das Buch / Der Film ist ein klassischer Krimi / ein klassisches Familiendrama / …	Es geht in dem Buch/Film „…" um Folgendes: … Zur Handlung kann man sagen, dass … Im Mittelpunkt des Geschehens steht … Schauplatz ist (dabei) … Spannung wird dadurch aufgebaut, dass … Es gibt verschiedene Handlungsstränge und zwar …	Das ist ein sehr lesenswertes Buch / ein sehr sehenswerter Film, denn … Die Geschichte ist unterhaltsam/spannend/kurzweilig/tiefsinnig/oberflächlich / gut durchdacht / unrealistisch / nicht schlüssig …

▶ Ü 2

Porträt

Ingrid Noll

(* 1935 in Schanghai)

Ingrid Noll zählt zu den erfolgreichsten deutschen Krimi-Autoren der Gegenwart. Ihre Bücher wurden bislang in 21 Sprachen übersetzt und viele ihrer Romane, wie „Die Apothekerin", „Die Häupter meiner Lieben" oder „Kalt ist der Abendhauch", wurden verfilmt und waren auch in den Kinos ein Erfolg.

Ingrid Noll wurde am 29. September 1935 in Schanghai als Tochter eines Arztes geboren und wuchs mit drei Geschwistern in Nanjing auf. Ihre Eltern waren als junges Ehepaar nach China ausgewandert. 1949 verließ die Familie China und zog nach Bonn/Bad Godesberg. Dort besuchte Ingrid Noll ein katholisches Mädchengymnasium. Anschließend studierte sie an der Universität Bonn Germanistik und Kunstgeschichte. Sie brach das Studium nach einigen Semestern ab, denn 1959 heiratete sie und bekam mit ihrem Mann, dem Arzt Dr. Peter Gullatz, drei Kinder – zwei Söhne und eine Tochter.

Ingrid Noll versorgte Kinder und Haushalt und arbeitete in der Praxis ihres Mannes mit.

Erst als die Kinder aus dem Haus waren, begann sie mit Anfang Fünfzig Kindergeschichten und schließlich Krimis zu schreiben – und hatte gleich Erfolg. Ihr Erstling „Der Hahn ist tot", der 1991 erschien, wurde ein Bestseller.

Weitere Romane folgten: „Die Häupter meiner Lieben" (1993), „Die Apothekerin" (1994), „Kalt ist der Abendhauch" (1996), „Selige Witwen" (2001, Fortsetzung von „Die Häupter meiner Lieben"), „Ladylike" (2006) und „Kuckuckskind" (2008). Viele ihrer Krimis spielen in Mannheim und Umgebung.

1994 erhielt Ingrid Noll den Friedrich-Glauser-Preis, einen der wichtigsten Krimi-Preise im deutschsprachigen Raum, ebenfalls 1994 den Preis von „Das Syndikat" für „Die Häupter meiner Lieben", und 2005 den Glauser Ehrenpreis der „Autorengruppe deutschsprachiger Kriminalliteratur". Außerdem erhielt sie 2002 die Verdienstmedaille des Landes Baden-Württemberg.

Ingrid Nolls Psycho-Krimis verzichten auf Gewalt und Action, stattdessen durchleuchten sie die zwischenmenschlichen Beziehungen sowie die

Ingrid Noll
eine der erfolgreichsten Kriminalschriftstellerinnen Deutschlands

Hintergründe und die Umstände der Taten. Im Mittelpunkt der Geschichten stehen meistens Frauen, die aus den verschiedensten Gründen Männer ermorden, und sie erzählt sie mit viel düsterem, auch boshaftem Humor und einiger Skurrilität. Polizei und Detektive kommen eher selten vor, an der Aufklärung der Taten ist Ingrid Noll weniger interessiert.

Ein Vergleich mit Patricia Highsmith liegt nahe und man sagt ihr britischen Humor nach. Alles in allem: Leser, die zu Noll-Krimis greifen, können sich auf eine geistreiche Unterhaltung freuen.

Mehr Informationen zu Ingrid Noll

Sammeln Sie Informationen über Persönlichkeiten aus dem In- und Ausland, die für das Thema „Recht und Unrecht" interessant sind, und stellen Sie sie im Kurs vor. Sie können dazu die Vorlage „Porträt" im Anhang verwenden.
Beispiele aus dem deutschsprachigen Bereich: Friedrich Dürrenmatt – Wolf Haas – Friedrich Ani – Jutta Limbach – Carla Ponti

Grammatik-Rückschau 7

1 Präpositionen mit Dativ und Genitiv

Präpositionen mit Dativ	aus, außer, bei, dank, entgegen, entsprechend, fern, gegenüber, gemäß, laut, mit, mitsamt, nach, nahe, nebst, seit, von, wegen, zu, zufolge, zuliebe, zuwider
Präpositionen mit Genitiv	anhand, angesichts, anlässlich, anstatt, anstelle, aufgrund, außerhalb, bezüglich, dank, eingedenk, hinsichtlich, infolge, inklusive, innerhalb, laut, mangels, mithilfe, mittels, trotz, um ... willen, ungeachtet, während, wegen, zwecks

2 Wendungen mit Genitiv

Wendung mit Genitiv	Bedeutung
j–n eines Verbrechens anklagen	j–n vor Gericht beschuldigen, dass er ein Verbrechen begangen hat
etwas entbehrt jeglicher Logik	etwas macht keinen Sinn
etwas erfreut sich großer Beliebtheit	etwas ist sehr populär
j–n eines Verbrechens überführen	beweisen, dass j–d ein Verbrechen begangen hat
j–n der Lüge bezichtigen	behaupten, dass j–d lügt
j–n eines Verbrechens beschuldigen	behaupten, dass j–d ein Verbrechen begangen hat
etwas bedarf keiner Erklärung	etwas ist sehr eindeutig/klar
jeglicher Beschreibung spotten	etwas ist sehr schlecht
sich eines Besseren besinnen	sich anders/vernünftiger entscheiden

3 Das modale Partizip

Form
Das modale Partizip besteht aus *zu* + Partizip I + Endung. → die **zu inhaftierenden** Straftäter / die **zu erwartende** Rückfallquote Es kann von transitiven, passivfähigen Verben gebildet werden.
Das modale Partizip kann durch einen Relativsatz ausgedrückt werden. *Die **abzusehenden** Vermittlungschancen sind nicht schlecht.* → *Die Vermittlungschancen, **die man absehen kann**, sind nicht schlecht.* → *Die Vermittlungschancen, **die abzusehen sind**, sind nicht schlecht.*
Es funktioniert wie ein Adjektiv, das ein Nomen näher bestimmt. Es steht direkt vor dem Nomen. Vor dem modalen Partizip können weitere Angaben stehen. *Die nicht leicht **zu treffende** Entscheidung liegt bei der Anstaltsleitung.* *Die unter gleichen Bedingungen **abzulegende** Prüfung soll für alle gerecht sein.*
Bedeutung
Das modale Partizip hat passivische Bedeutung und kann das Gleiche ausdrücken wie eine Äußerung mit einem Modalverb: *Die **zu inhaftierenden** Straftäter sind nur selten Frauen.* → *Die Straftäter, **die inhaftiert werden müssen**, sind selten Frauen.* *Die **abzusehenden** Vermittlungschancen sind nicht schlecht.* → *Die Vermittlungschancen, **die man absehen kann**, sind nicht schlecht.*

Meine Daten – deine Daten?

1a In welchen Situationen geben Sie persönliche Daten über elektronische Systeme preis? Kreuzen Sie an und berichten Sie über Ihr Verhalten. Vergleichen Sie mit den anderen Kursteilnehmern.

	oft	selten	nie
Bestellen von Waren über das Internet			
Benutzen von Bonuskarten			
Bezahlen mit Geld- oder Kreditkarten			
Homebanking			
Chatportale und Blogs			
andere: ...			

b Welche Vorteile haben solche elektronischen Systeme? Welche Gefahren sehen Sie bei der Preisgabe persönlicher Daten? Diskutieren Sie.

2a Sehen Sie den Film. Auf welche Schwerpunkte wird im Film eingegangen? Notieren Sie sie kurz.

b Ergänzen Sie die Sätze aus dem Film mit den angegebenen Verben.

| einschleusen | erheben | erstellen | geben |
| gehen | geraten | herausschmuggeln | kommen |

1. Höchstpreise gibt es für Zugangsdaten, die Aufschluss über Kontostände _____.
2. Patrick Heinen versucht, den Internetverbrechern auf die Spur zu _____.
3. Kriminelle _____ Schnüffelprogramme, sogenannte Trojaner, auf die Festplatte _____.
4. Mitarbeiter _____ sensible Kundendaten aus dem Unternehmen _____.
5. Der Handel ist in der Lage, genaue Persönlichkeitsprofile zu _____.
6. 10.000 E-Mail-Adressen _____ für 1.500 Euro über den Tisch.
7. Niemand kann ausschließen, dass diese Daten nicht in unbefugte Hände _____.
8. Eine ganz wichtige Forderung ist, nur ein Minimum an Daten zu _____.

sehen | nachdenken | diskutieren 7

1 📖 3 Sehen Sie die erste Sequenz und beantworten Sie die Fragen:
   a Wie entwickeln sich zurzeit die Preise im Datenhandel?
   b Welche Daten werden am teuersten gehandelt?
   c Wie kommen Kriminelle an Trojaner heran?
   d Dirk Engling spricht im Interview von „Hackern, die böse geworden sind". Was wäre dann Ihrer Meinung nach ein „guter Hacker"? Diskutieren Sie.

2 📖 4 Sehen Sie die zweite Sequenz und beantworten Sie die Fragen:
   a Was sind die Gründe für den zunehmenden Datenmissbrauch?
   b Auf welche Weise kann der Handel genaue Persönlichkeitsprofile erstellen?
   c Welche Beispiele für selektierte Kundendaten werden genannt? Markieren Sie.

   Alter   Bildungsgrad   Esoterik   Geschlecht   Kaufkraft
   Parteienzugehörigkeit   Reiseverhalten   soziale Lage
   Wertorientierung   Wohnort   Zahlungsverhalten

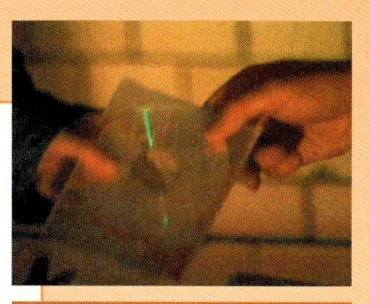

   psychonomics Bankkunden-Typologie
   ☐ Der Unabhängige
   ☐ Der Zugeknöpfte
   ☐ Der Fordernde
   ☐ Der Treue
   ☐ Der Eingeschränkte

3 📖 5 Einige Initiativen treten für den Schutz persönlicher Daten ein. Sehen Sie die dritte Sequenz. An wen richten sich die Forderungen dieser Initiative und welche zwei Punkte werden genannt?

6 Bilden Sie Gruppen von zwei bis vier Teilnehmern. Wählen Sie in der Gruppe eine Aufgabe. Stellen Sie Ihre Ergebnisse im Kurs vor.

   Gruppe A: Formulieren Sie Forderungen an Schulen, Ministerien, staatliche Stellen, Firmen usw.: Was muss getan werden, um die Gefahr eines Datenmissbrauchs zu vermindern?

   Gruppe B: Sammeln Sie Tipps für Freunde und Bekannte: Wie sollte man sich im Alltag verhalten, um die Preisgabe persönlicher Daten auf ein vernünftiges Maß zu reduzieren?

Du bist, was du bist

1a Sehen Sie die Fotos an. Welche Emotionen werden dargestellt?

b Sammeln Sie im Kurs weitere Emotionen.

2a Hören Sie das Lied „Mensch" von Herbert Grönemeyer. Beschreiben Sie die Stimmung des Liedes.

b Hören Sie das Lied noch einmal und lesen Sie dabei den Liedtext. Wie werden Emotionen durch die Musik und im Text ausgedrückt?

Herbert Grönemeyer

Mensch

Momentan ist richtig, momentan ist gut.
Nichts ist wirklich wichtig, nach der Ebbe kommt die Flut.

Am Strand des Lebens,
ohne Grund, ohne Verstand,
ist nichts vergeben,
ich bau die Träume auf den Sand.

Und es ist, es ist ok,
alles auf dem Weg,
und es ist Sonnenzeit
unbeschwert und frei.
Und der Mensch heißt Mensch,
weil er vergisst,
weil er verdrängt,
und weil er schwärmt und stählt,
er wärmt, wenn er erzählt,
und weil er lacht,
weil er lebt,
Du fehlst …

Das Firmament hat geöffnet,
wolkenlos und ozeanblau.
Und Telefon, Gas, Elektrik
unbezahlt, und das geht auch.
Teil mit mir Deinen Frieden,
wenn auch nur geborgt.
Ich will nicht Deine Liebe,
ich will nur Dein Wort.

Sie lernen

Kurze Berichte über Interessantes aus der Psychologie verstehen und Überschriften formulieren	Modul 1
Einen Vortrag zum Thema „Hirnforschung und Geschlechter-Verhalten" schriftlich zusammenfassen	Modul 2
Eine Ratgebersendung über Hochbegabte verstehen	Modul 3
Einen Kommentar zu einer Fernsehsendung über Erziehung verstehen	Modul 4
Eine kontroverse Diskussion zu Erziehungsfragen verstehen und selbst eine Diskussion führen	Modul 4

Grammatik

Subjektive Modalverben zum Ausdruck einer Behauptung	Modul 1
Subjektive Modalverben zum Ausdruck einer Vermutung	Modul 3

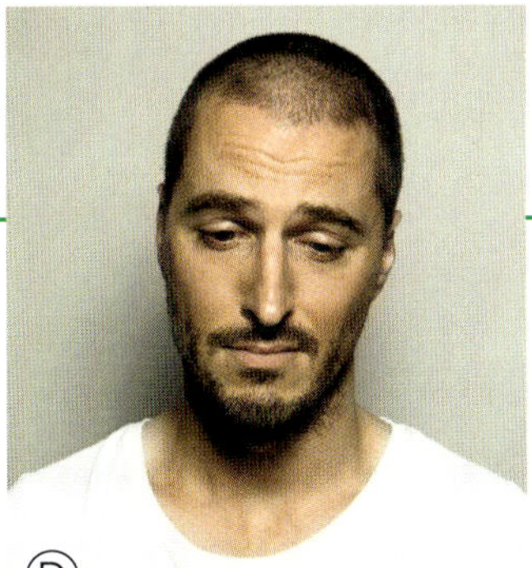

Und es ist, es ist ok,
alles auf dem Weg,
und es ist Sonnenzeit
ungetrübt und leicht,
und der Mensch heißt Mensch,
weil er irrt und weil er kämpft,
und weil er hofft und liebt,
weil er mitfühlt und vergibt,
und weil er lacht,
und weil er lebt,
Du fehlst …

Oh, weil er lacht,
weil er lebt,
Du fehlst …

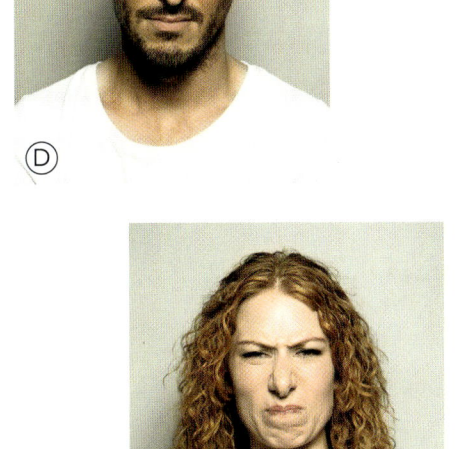

Es ist ok,
alles auf dem Weg,
und es ist Sonnenzeit
ungetrübt und leicht,
und der Mensch heißt Mensch,
weil er vergisst,
weil er verdrängt.

Und weil er schwärmt und glaubt,
sich anlehnt und vertraut.

Und weil er lacht,
und weil er lebt,
Du fehlst …

Oh, ist schon ok,
es tut gleichmäßig weh,
es ist Sonnenzeit
ohne Plan, ohne Geleit.

Der Mensch heißt Mensch,
weil er erinnert, weil er kämpft,
und weil er hofft und liebt,
weil er mitfühlt und vergibt.

Und weil er lacht,
und weil er lebt,
Du fehlst …

oh, weil er lacht,
weil er lebt,
Du fehlst …

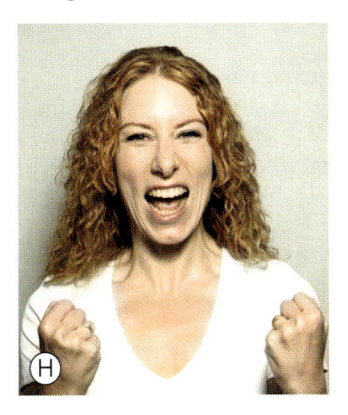

3a Herbert Grönemeyer beschreibt im Refrain, was für ihn typisch für einen Menschen ist. Schreiben Sie den Satz aus dem Refrain frei zu Ende.

Und der Mensch heißt Mensch, weil …

b Lesen Sie Ihre Sätze im Kurs vor und vergleichen Sie.

Interessantes aus der Psychologie

1 Lesen Sie die beiden Kurzberichte. Formulieren Sie für jeden Text eine Überschrift.

A Der Psychologe David Matsumoto will den Beweis erbracht haben, dass man Menschen wirklich vom Gesicht ablesen kann, was sie bewegt. Schon lange vermutet man in der Psychologie, dass sich Emotionen wie Freude, Wut oder Trauer in ganz unterschiedlichen Kulturen auf sehr ähnliche Weise im Gesichtsausdruck spiegeln. Matsumoto soll herausgefunden haben, dass unser Emotionsausdruck tatsächlich größtenteils in den Genen steckt und nicht erlernt werden muss. Dazu führte Matsumoto von der San Francisco State University eine Studie durch. Er verglich den Gesichtsausdruck von sehenden sowie von Geburt an blinden Judoathleten bei den Olympischen und den Paralympischen Spielen des Jahres 2004. Laut Studie hat er dafür mehr als 4.800 Fotografien von Sportlern aus 23 Nationen analysiert. Das Resultat soll eindeutig sein: Der Emotionsausdruck blinder und sehender Athleten war nahezu gleich. So konnte man etwa Sportlern, die soeben einen Titelkampf verloren hatten, ihre Enttäuschung auf sehr ähnliche Weise am Gesicht ablesen. Matsumoto will darüber hinaus entdeckt haben, dass blinde und sehende Sportler ihre Emotionen auch auf verblüffend ähnliche Weise zu beherrschen oder zu verbergen versuchten. 85 Prozent der Silbermedaillengewinner, die kurz zuvor ihren Finalkampf verloren hatten, trugen während der Siegerehrung ein tapferes „soziales Lächeln" zur Schau. Bei diesem kontrollierten Lächeln werden nur bestimmte Muskeln des Mundes bewegt, anders beim echten Lächeln: Hier ist das gesamte Gesicht beteiligt. Um die Augen bilden sich Lachfältchen und die Wangen werden nach oben gezogen. Aus der Beobachtung, dass blinde und sehende Sportler die gleichen Reaktionen zeigen, will Matsumoto ableiten, dass diese Emotionen Überbleibsel unserer evolutionären Abstammung sind. Denn von Geburt an blinde Menschen können unmöglich durch Beobachtung anderer gelernt haben.

B Menschen richten ihre Aufmerksamkeit tendenziell auf die linke Hälfte ihres Gesichtsfelds. Bisher nahm man an, dass dies eine Eigentümlichkeit des hoch entwickelten menschlichen Gehirns sei. Nun aber soll herausgefunden worden sein, dass auch viel primitivere Lebewesen unsere Linksvorliebe teilen. Sie scheint ein recht urtümliches Merkmal zu sein.

Forscher machten bislang für dieses Phänomen das Corpus Callosum verantwortlich, ein dickes Bündel von Nervenfasern, welches im Gehirn für die schnelle Vermittlung von Informationen zwischen den Hirnhälften sorgt. Von Biopsychologen aus Bochum soll jetzt aber die charakteristische Linksvorliebe auch bei zwei Vogelarten nachgewiesen worden sein – und Vögel haben kein Corpus Callosum. Der Grund für die einseitige Aufmerksamkeit soll sich, so die Wissenschaftlerin, schon entwickelt haben, bevor sich Vögel und Säugetiere voneinander wegentwickelt hatten, also vor mehr als 250 Millionen Jahren.

Stellt man gesunde Menschen vor die Aufgabe, auf einem Blatt mit sehr vielen in Reihen platzierten Buchstaben nur alle „E" und „R" anzustreichen, dann sollen der Wissenschaftlerin zufolge häufiger die Zielbuchstaben auf der linken Seite ausgewählt und auf der rechten Seite übersehen werden. Die Aufmerksamkeit richtet sich also eher nach links. Optische Eindrücke auf der linken Seite, die wir mit dem linken Auge wahrnehmen, werden von der rechten Gehirnhälfte verarbeitet. Ist diese Gehirnhälfte geschädigt, haben die Betroffenen weit größere Schwierigkeiten, sich zu orientieren, als nach Schädigungen der linken Hirnhälfte.

Um den Effekt zu ergründen, ließen die Forscher Tauben und Hühner aus einer Ansammlung von Körnern picken, die gleichmäßig vor ihnen verteilt war. [...] Beide Vogelarten entschieden sich häufiger für die Körner zu ihrer Linken und neigten dazu, die rechts liegenden Körner zu übersehen. Sie zeigen also genau wie Menschen die Vorliebe für links. [...] Bisher war man davon ausgegangen, dass nur wir Menschen über Links-rechts-Unterschiede unserer Hirnfunktionen verfügen und dass diese Eigenschaft einen Teil unserer denkerischen Überlegenheit ausmacht. Die Ergebnisse aus der Biopsychologie lassen nun aber vermuten, dass wir dieses Merkmal von unseren evolutionären Vorläufern geerbt und nicht neu entwickelt haben.

lesen
sprechen | Grammatik

2 In beiden Kurzberichten werden Studien vorgestellt. Wählen Sie einen Text und fassen Sie ihn zusammen. (Wer? Was? Wie? Welches Ergebnis?) ▶ Ü 1

3a Behauptungen ausdrücken. Lesen Sie die Sätze und ordnen Sie die Bedeutungen zu. Suchen Sie in den Texten weitere Beispiele für Behauptungen.

- [1] Matsumoto soll herausgefunden haben, dass unser Emotionsausdruck größtenteils in den Genen steckt und nicht erlernt werden muss.
- [2] Matsumoto hat herausgefunden, dass unser Emotionsausdruck größtenteils in den Genen steckt und nicht erlernt werden muss.

1 eine Behauptung, die der Schreiber/Sprecher nicht überprüfen kann oder evtl. bezweifelt
2 eine Aussage, die der Sprecher/Schreiber als Tatsache bzw. Fakt darstellt ▶ Ü 2

b Ergänzen Sie: *von sich selbst – von einer anderen Person oder einem Sachverhalt*.

Umschreibung ohne Modalverb	Behauptung mit Modalverb	Ein Sprecher gibt wieder, was jemand ...
In der Zeitung stand, dass Matsumoto herausgefunden hat, dass unser Emotionsausdruck größtenteils in den Genen steckt und nicht erlernt werden muss.	Matsumoto **soll** herausgefunden **haben**, dass unser Emotionsausdruck tatsächlich größtenteils in den Genen steckt und nicht erlernt werden muss.	_von einer anderen Person_ sagt.
Er versichert, den Beweis erbracht zu haben, dass man Menschen wirklich vom Gesicht ablesen kann, was sie bewegt.	Er **will** den Beweis erbracht **haben**, dass man Menschen wirklich vom Gesicht ablesen kann, was sie bewegt.	_von sich selbst_ sagt.

c Ergänzen Sie die Beispiele in der Regel.

	Aktiv	Passiv
Gegenwart	Matsumoto **will** daraus _ableiten_, dass diese Emotionen Überbleibsel unserer evolutionären Abstammung sind.	Die Zielbuchstaben auf der linken Seite **sollen** der Wissenschaftlerin zufolge häufiger **ausgewählt** _werden_.
	wollen/sollen + Infinitiv	wollen/sollen + Partizip II + werden
Vergangenheit	Matsumoto **soll herausgefunden** _haben_, dass unser Emotionsausdruck tatsächlich größtenteils in den Genen steckt und nicht erlernt werden muss.	Von Biopsychologen **soll** jetzt die Linksvorliebe auch bei zwei Vogelarten **nachgewiesen** _worden sein_.
	wollen/sollen + Partizip II + haben/sein	wollen/sollen + Partizip II + worden + haben/sein

▶ Ü 3–5

4 Recherchieren Sie im Internet nach „Interessantem aus der Wissenschaft". Formulieren Sie Behauptungen mit *wollen* und *sollen*. Stellen Sie Ihre Ergebnisse im Kurs vor.

Von Anfang an anders?

1a Was macht uns zu dem, was wir sind? Sammeln Sie in drei Gruppen Meinungen zu je einem Aspekt.

> Gene und Chromosomen?
>
> Umwelt und Erziehung? → education
>
> Eigener Wille und Selbstdisziplin?

Ich denke, dass Jungen anders erzogen werden als Mädchen.

b Vergleichen Sie Ihre Meinungen im Kurs. In welchen Bereichen gibt es die größte Übereinstimmung?

▶ Ü 1

2 Sie hören jetzt einen Vortrag zum Thema „Geschlechterrollen". Ein Freund hat Sie gebeten, sich Notizen zu machen, weil er den Vortrag nicht hören kann.
Machen Sie beim Hören Notizen zu den Stichworten.
Sie haben jetzt eine Minute Zeit, um die Stichworte zu lesen.

3.3
TELC

a Rolle des Y-Chromosoms
– Schlüssel zu Männlichkeit, Produktion Androgene

b Geschlechtsspezifische Verhaltensunterschiede
– Frauen Gruppen 2–3 Freundinnen – lösen Konflikte verbal
– Jungen größeren Gruppen, gleiche Interessen
– enge Beziehungen, Gefahr als Jungen
– Jungen suchen Consens – Konfliktlösung mit Aggression erreichen
– Mädchen sprechen mit ihrem Spielzeug / Jungen nehmen's auseinander

c Geschlechtsspezifische Vorteile
– Mädchen: besseres Sprachvermögen: lesen besser konzentriert
– lernen früher zu sprechen
– räumliches Problem
– Jungen (Knabe, Bub): Körper drehen, lesen später
– 3dimensionale Passes zusammenbauen
– bessere Hand-Augen-Koordination

d Gehirnfunktionen – Unterschiede
– Mädchen: stärkere Vernetzung zwischen beiden Gehirnhälften
– Jungen: stärkere Verbindung innerhalb jeder Hälfte (linden)

e Konsequenzen für die Zukunft
– Berufswahl

hören / schreiben

3a Hören Sie den Vortrag noch einmal und kontrollieren oder ergänzen Sie Ihre Notizen.

b Fassen Sie den Vortrag für Ihren Freund schriftlich in einem kurzen Text zusammen. Die Redemittel helfen.

Einleitung	Wiedergabe der Inhalte
In dem Vortrag ging es konkret um … Der Vortrag handelte von … Das Thema des Vortrags war … Der Vortrag behandelte die Frage, …	Im ersten/zweiten/nächsten Abschnitt ging es um … Anschließend/Danach / Im Anschluss daran wurde dargestellt / darauf eingegangen, dass … Eine wesentliche Aussage war …
Schluss	Laut der Referentin …
Zusammenfassend kann man sagen, dass … Als Hauptaussage lässt sich festhalten, dass …	Die Professorin nannte folgende Beispiele: … Gemäß der Professorin …

▶ Ü 2

4 Welche Ihrer Ideen aus Aufgabe 1 wurden im Vortrag aufgegriffen, bestätigt oder widerlegt?

5a Nach dem Vortrag findet eine Diskussion statt. Wie könnten Aussagen/Fragen aus dem Publikum lauten? Schreiben Sie in Gruppen mögliche Fragen und Aussagen auf Karten. Sammeln Sie die Karten ein. Lesen Sie eine Karte vor. Überlegen Sie, was Frau Professor Schetz dazu sagen könnte?

> Ich denke, das soziale Umfeld macht einen Menschen aggressiv.

> Kinder haben unterschiedliche Veranlagungen. Welche, wissen wir nicht. Habe ich das richtig verstanden?

> Nach Ihrem Vortrag könnte ich sagen, dass sich Frauen um die Familie kümmern sollten. Denn das liegt in ihrer Natur.

> Mädchen zeigen zwar eine starke soziale Veranlagung. Das heißt aber nicht, dass …

b Welchen Aussagen von Frau Professor Schetz stimmen Sie persönlich zu? Welchen nicht? Warum?

▶ Ü 3

Voll auf Zack!

1 Wenn Sie an Ihre Schulzeit zurückdenken, woran erinnern Sie sich gern, woran nicht so gern?

2a Hören Sie den ersten Teil einer Radiosendung. In der „Elternsprechstunde" wird über Jonas gesprochen. Was erfahren Sie über ihn? Machen Sie Notizen.

▶ Ü 1

b Was vermuten Sie: Welche Probleme hat Jonas? Benutzen Sie die Redemittel.

Vermutungen ausdrücken	
Etwas ist sicher.	Ich bin sicher, dass … / Ich bin überzeugt, dass … / Alles deutet darauf hin, dass … / Alle Anzeichen sprechen dafür, dass … / Bestimmt … / Sicher … / Gewiss … / Zweifellos …
Etwas ist sehr wahrscheinlich.	Aller Wahrscheinlichkeit nach … / Wahrscheinlich … / Vermutlich … / Ich vermute, dass … / Ich nehme an, dass … / Ich bin ziemlich sicher, dass … / Es sieht so aus, als ob …
Etwas ist möglich.	Es ist möglich/denkbar / nicht ausgeschlossen, dass … / Vielleicht … / Möglicherweise … / Eventuell … / Angeblich … / Es besteht die Möglichkeit, dass … / … lässt vermuten / darauf schließen, dass …

Ich halte es für denkbar, dass für Jonas die Anforderungen im Gymnasium in bestimmten Fächern zu hoch sind.

▶ Ü 2

c Hören Sie den zweiten Teil der Radiosendung. Haben sich Ihre Vermutungen über Jonas bestätigt? Wie begründet Herr Professor Boldmann seine Vermutung? Notieren Sie seine beiden Argumente.

Argument 1	Argument 2

d Hören Sie den dritten Teil der Radiosendung. Beantworten Sie die Fragen.
1. Wann kann man sagen, dass jemand hochbegabt ist?
2. Warum ist es für die Eltern schwierig, eine Hochbegabung zu erkennen?
3. Was könnten Anzeichen für eine Hochbegabung sein?
4. Was sollte man tun, wenn man glaubt, ein hochbegabtes Kind zu haben?

hören
sprechen | Grammatik

3a Lesen Sie den Auszug aus der Radiosendung. Hören Sie dann den Text und ergänzen Sie.

Moderatorin: Tja, was denken Sie, Herr Professor Boldmann, was ist los mit Jonas?

Boldmann: Nun, so wie die Situation beschrieben wurde, (1) __dürfte__ Jonas zu jenen [diesen] Kindern gehören, die über eine außergewöhnliche intellektuelle Begabung verfügen.

Moderatorin: Sie vermuten, Jonas ist besonders begabt? Aber Jonas bekommt in Mathematik und anderen Fächern schlechte Noten? Er hat Probleme in der Schule. Er (2) __kann__ nicht zu den besonders Begabten gehören. Da (3) __muss__ Ihre Diagnose falsch sein.

Boldmann: Sie (4) __können__ durchaus recht haben, wenn man daran denkt, dass wir hier nur über Jonas sprechen und nicht mit ihm. Aber in dem Fall von Jonas sprechen einige Dinge dafür, dass er doch hochbegabt sein (5) __könnte__.

b Herr Professor Boldmann drückt seine Vermutung mit Modalverben aus. Sehen Sie sich die Tabelle an und formulieren Sie die Beispielsätze mithilfe der Redemittel aus Aufgabe 2b um.

Grad der Sicherheit		Modalverb	Umschreibung ohne Modalverb
hoch ↑	Etwas ist sicher.	**müssen:** Da **muss** Ihre Diagnose falsch sein.	*Zweifellos ist Ihre Diagnose falsch.*
		nicht können: Er **kann nicht** zu den besonders Begabten gehören.	
	Etwas ist sehr wahrscheinlich.	**dürfen** (nur im Konjunktiv II): Jonas **dürfte** zu den begabten Kindern gehören.	Es ist wahrscheinlich, dass Jonas zu den begabten Kindern gehört.
niedrig		**können** (im Indikativ): Jonas **kann** hochbegabt sein.	
	Etwas ist möglich.	**können** (nur im Konjunktiv II): Sie **könnten** recht haben.	

c Lesen Sie die Sätze. Markieren Sie die Verbformen. Ergänzen Sie in der Tabelle: *Gegenwart* und *Vergangenheit*.

_____	_____
Sie könnten durchaus recht haben.	Sie könnten durchaus recht gehabt haben.
Jonas kann unterfordert sein.	Jonas kann unterfordert gewesen sein.

▶ Ü 3–5

4 Stellen Sie Vermutungen an, wie die anderen im Kurs als Schüler/Schülerinnen waren. Was haben sie vermutlich (nicht) gerne gemacht?

… *muss ein guter Schüler gewesen sein, denn er will bald Medizin studieren.*
… *kann in der Schule nicht …*

Alles nicht so einfach ...

1a Lesen Sie den Anfang einer Geschichte aus dem „Struwwelpeter" von Heinrich Hoffmann. Wie geht die Geschichte weiter? Vergleichen Sie Ihre Ideen mit dem Text auf Seite 205.

Der Kaspar, der war kerngesund,
Ein dicker Bub und kugelrund.
Er hatte Backen rot und frisch;
Die Suppe aß er hübsch bei Tisch.
Doch einmal fing er an zu schrein:
„Ich esse keine Suppe! Nein!
Ich esse meine Suppe nicht!
Nein, meine Suppe ess ich nicht!"

▶ Ü 1

▶ Ü 2–3

b Welchen Zweck verfolgen solche Geschichten und welche psychologischen Mittel werden dazu eingesetzt? Sind sie zeitgemäß? Würden Sie Kindern solche Geschichten vorlesen?

c Was würden Sie tun, wenn Kaspar Ihr Kind wäre und nicht essen will?

2a Lesen Sie den Text zum Thema „Erziehung" und notieren Sie Hauptinformationen zu: Verhalten der Kinder – Inhalte von „Super Nanny" – Reaktionen der Zuschauer.

„Kinder, macht Sitz!"

Die Diplom-Pädagogin Katharina Saalfrank gibt auf RTL Nachhilfe in Sachen Erziehung und erreicht damit ein Millionenpublikum. BRIGITTE-Mitarbeiterin Julia Karnick fragt sich: Brauchen wir alle eine „Super Nanny"?

Abends, zehn Uhr, in Deutschland

Millionen Mütter und Väter liegen auf ihren Sofas und lassen den Tag an sich vorüberziehen: Kaja hat von morgens bis abends den Bruder gepiesackt und zur Mutter „Du Doofmann!" gesagt. [...] Fanny hat einen Schreikrampf bekommen und den Vater getreten, als der die Glotze ausschaltete. [...] Noa ist eben erst eingeschlafen, nachdem er 13-mal aus dem Bett gekommen ist. Der Abend ist die rechte Zeit für Eltern, sich in aller Ruhe der tagsüber aufgekommenen Frage hinzugeben: „Sind meine Kinder noch normal?" [...]
Ich sitze auf dem Sofa und überdenke meine erbrachte Erziehungsleistung: mangelhaft? Mein sechsjähriger Sohn hat nachmittags seine Schwester übel beschimpft, meine vierjährige Tochter hat ihn daraufhin bespuckt, dann haben die zwei sich plärrend und ineinander verknäult auf dem Boden gewälzt, und alles, was mir dazu einfiel, war: „Die sind ja nicht normal!" Ablenkung suchend bleibe ich bei der RTL-Doku-Serie „Super Nanny" hängen.
Die „Super Nanny" – eine Pädagogin namens Katharina Saalfrank mit dem Charme einer KGB-Offizierin: schön, intelligent, unbestechlich – nistet sich bei Familien ein, deren Haussegen schief hängt, weil der Nachwuchs aus der Reihe tanzt, und weist die überforderten Eltern an, wie kleine Tyrannen diszipliniert werden können: An jenem Abend war es Florian, der von der „Super Nanny" gebändigt wurde. Von knapp 60 Sendeminuten verbrachte er rund eine halbe Stunde auf der „stillen Treppe": Dorthin wurde er jedes Mal verbannt, wenn er ungehorsam, laut oder aggressiv geworden war. Dort sollte der Fünfjährige „nachdenken" über sein Fehlverhalten – per Video überwacht von Frau Saalfrank, die vom oberen Stockwerk aus den verkabelten Eltern Anweisungen ins Ohr raunte: „Er steht auf! Bring ihn zurück! Schneller reagieren! Sag ihm: ‚Das geht so nicht!'" Der Vater: „Flori, das geht so nicht!" Frau Saalfrank: „Das machst du super!"

Die „Super Nanny" ist ein Quotenhit

Florian braucht Regeln, der Vater auch: „6.30 Uhr Frühstück, gemeinsam am Tisch, danach Zähne putzen."
Der Erfolg der Serie basiert auf zwei scheinbar paradoxen Mechanismen. Einerseits entlastet er gestresste Durchschnittseltern durch die Möglichkeit, sich abzugrenzen: „Puh, so schlimm geht's bei uns nun doch nicht zu!" Andererseits identifizieren wir uns, still und heimlich, eben doch mit der Hilflosigkeit der Eltern auf der Mattscheibe, denn [...] oft wissen auch wir nicht mehr weiter.
Selbstverständlich ließen wir es niemals zu, dass Katharina Saalfrank unsere Gästecouch belegt, uns öffentlich als Erziehungsnieten enttarnt, ein Ka-

merateam die Ausraster unserer Kinder filmt und aus den schlimmsten Szenen einen Horrorfilm zusammenschneidet – zu Unterhaltungszwecken. Aber so ein kleiner Knopf im Ohr, über den Experten uns schlaue Erziehungstipps einflüstern, der wäre ab und zu doch ganz praktisch: Endlich jemand, der uns sagt, was wir zu tun haben, um gute Eltern zu sein. [...]. Endlich jemand, der uns einfache Lösungen bietet, wenn wir es leid sind, täglich Antworten auf eine schwierige Frage finden zu müssen: Wie erziehe ich mein Kind zu einem selbstbewussten, selbstständigen und selbst denkenden Menschen, ohne aus ihm einen ignoranten, rücksichtslosen Egozentriker – ein unausstehliches Balg – zu machen?

Zwischen Verstehen und Gehorchen

Früher war klar: Kinder müssen nicht verstehen, sondern gehorchen. Das Konzept der antiautoritären Erziehung behauptete das genaue Gegenteil: Kinder müssen nicht gehorchen, sondern verstehen. Heutzutage ist die Lage komplizierter, wir haben eingesehen, dass die Wahrheit wie so oft im Leben irgendwo dazwischen liegt: Kinder sollen möglichst verstehen, zur Not aber auch ohne Einsicht gehorchen. Leider weiß kaum jemand genau, wo sich „irgendwo dazwischen" befindet. [...]

Mitten in diese Verunsicherung [...] spaziert stramm Katharina Saalfrank, legt flugs ein paar Regeln fest, pinnt sie an die Wand über der Essecke und ahndet von nun an konsequent jeden Verstoß gegen die neue Familienverfassung: Nach zähem Widerstand begab Flori sich schließlich freiwillig auf die Treppe, sobald er der kleinen Schwester wieder mal eine gescheuert oder beim Essen zu sehr herumgezappelt hatte. Am Ende schien er es satt zu haben, den halben Tag in Verbannung zu verbringen und zeigte Besserung. „Mensch, geht doch!", könnte man sagen und sich mit den sichtlich erleichterten Eltern freuen. Ich kann es nicht: Weil mir angesichts des kleinen Florians das gleiche Unbehagen die Kehle zuschnürt, das mich überkommt, wenn ich in der Manege eines drittklassigen Zirkus sitze und einen Schimpansen in Anzug und Krawatte dabei beobachte, wie er Männchen macht, um ein Stück Zucker zu bekommen. Ich habe keine Lust, meine Kinder zu dressieren. Weil sie keine Zirkusaffen sind, sondern kleine Menschen. Klar, ich bin die Mutter, ich trage die Verantwortung, am Ende entscheide immer ich, wo es langgeht – diese Sicherheit brauchen und wollen Kinder.

Zugleich aber will ich ihnen die gleichen Rechte zugestehen, die sich jeder Erwachsene leistet: Man darf mal einen schlechten Tag haben, man darf Mist bauen, Fehler machen, wütend, auch ausfallend werden, Anordnungen hinterfragen, ab und zu fünfe gerade sein lassen. Darum will ich mich weiter mit ihren Macken herumschlagen [...], mich von ihren Argumenten überzeugen lassen und mich ihrem Willen beugen können, plötzlich lachen, wenn ich eigentlich schimpfen will. Ich will weiter nach dem „irgendwo dazwischen" suchen. Und vor allem: gelassen bleiben. Mitten im heutigen Ringkampf gackerten meine Kinder plötzlich los, drei Minuten später bauten sie gemeinsam an einem Legoschloss für die Barbie meiner Tochter. Wäre es nach der „Super Nanny" gegangen, hätten sie auf der Treppe gesessen.

b Die Autorin nutzt viele umgangssprachliche Ausdrücke. Arbeiten Sie in drei Gruppen: Sammeln und klären Sie Wörter und Phrasen aus einem Abschnitt.

c Um ihre Sichtweise zu verdeutlichen, verwendet Julia Karnick Übertreibungen und Vergleiche. Sammeln Sie Beispiele aus dem Text.

Übertreibung	Vergleich
jemanden von morgens bis abends piesacken	

d Welches Resümee zieht die Autorin für die Erziehung ihrer Kinder? In welchen Situationen können Sie ihr zustimmen? Wann nicht?

Alles nicht so einfach …

3a Lesen Sie die Aussagen. Lassen sie sich einem autoritären oder antiautoritären Erziehungsstil zuordnen? Begründen Sie Ihre Zuordnung.

1. Das Ziel ist, Kindern zu helfen, glücklicher zu werden.

2. Wir müssen Kindern Gelegenheit und Wahlmöglichkeiten geben, damit sie sich ihrem individuellen Tempo gemäß entwickeln und ihren eigenen Interessen folgen können.

3. Kinder müssen vor Gefahren, die sie nicht kennen, durch die Erwachsenen geschützt werden.

4. Kinder sind unvollkommen. Sie brauchen Anleitung und Unterstützung beim Sammeln und Einordnen ihrer Erfahrung.

▶ Ü 4

b Sie hören gleich eine Radiodiskussion zum Thema „Erziehung heute" mit zwei Psychologen. Einer vertritt einen eher autoritären und einer einen eher antiautoritären Erziehungsstil. Lesen Sie drei Fragen aus der Diskussion. Wählen Sie eine Frage und stellen Sie Vermutungen an, was die Psychologen jeweils antworten könnten.

1. Welche Rolle spielen gesellschaftliche Veränderungen (mehr Stress, Einzelkinder, …)?
2. Sind Kinder und Erwachsene gleichberechtigte Partner?
3. Wie müsste die Schule auf die zunehmende Zahl auffälliger Kinder reagieren?

c (3.12) Hören Sie nun die Diskussion. Bilden Sie zwei Gruppen: Gruppe A notiert die Ansichten von Frau Dr. Pohl, Gruppe B die Meinungen von Herrn Dr. Meierfeld.

Erziehung ohne Zwang	gesellschaftliche Veränderungen
Kommunikation und Zeit	**Kinder als gleichberechtigte Partner**
Forderungen an die Schule	**Sonstiges**

▶ Ü 5

d Beide Gruppen stellen Ihre Ergebnisse vor. Was stimmt mit Ihren Vermutungen aus Aufgabe 3b überein? Was hat Sie überrascht?

e Welchen Aussagen stimmen Sie zu?

4a Lesen Sie die Blogeinträge. Welche Situation möchten Sie im Kurs diskutieren?

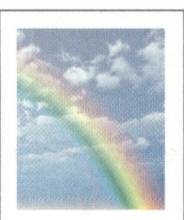

Catharina aus Herne: Jeden Tag spielt sich bei uns zu Hause das gleiche Drama ab. Mein Sohn Luka (5) und ich müssen einkaufen gehen oder zu sonst einem Termin. Wenn es so weit ist, dass wir losgehen müssen, will mein Sohn nie mit. Er schreit und tobt. Ich kann ihn aber auch nicht zu Hause alleine lassen. Wir haben schon so oft darüber gesprochen und auch Regeln wie: „Wenn du mitkommst, dann bekommst du auch etwas." ziehen gar nicht mehr. Was tun?

Fertigkeitstraining
hören | lesen | **sprechen** | schreiben

Modul 4

> Paul aus Chemnitz: Unsere Tochter Nadine ist 16 und im Moment einfach schwer zu ertragen. Sie hat die Schule abgebrochen und nach zwei Wochen die Lehre geschmissen. Sie ist zu allen vorlaut und aggressiv. Dabei war sie so ein liebes Kind, wir hatten nie Streit, alle haben uns um so ein braves Mädchen beneidet. Jetzt hat mich die Mutter ihrer besten Freundin angerufen, weil Nadine das Mädchen übel beschimpft hat. Wegen einer Lappalie. Wie sollten wir reagieren? Für Tipps sind meine Frau und ich dankbar.

b **Eine Diskussion führen.** Wählen Sie zuerst einen Moderator / eine Moderatorin. Bilden Sie dann zwei Gruppen. Gruppe A vertritt einen autoritären, Gruppe B einen antiautoritären Erziehungsstil. Sammeln Sie für alle Mitglieder Ihrer Gruppe Argumente, wie die Familie ihre Situation verbessern könnte.

c Stellen Sie Redemittel zusammen, die Sie in der Diskussion nutzen wollen.

zustimmen/ablehnen	zweifeln	jemanden unterbrechen
		Entschuldigung, dass ich unterbreche, aber …
		Wenn ich da kurz einhaken / unterbrechen darf …
		Eine kurze Bemerkung zum Stichwort …
		Nur kurz zu …

d Spielen Sie die Diskussion im Kurs. Alle bringen ihre Vorschläge und Argumente zur Sprache. Der Moderator / Die Moderatorin darf Fragen stellen, zusammenfassen, zur Äußerung auffordern.

5 Antworten Sie auf den Blogeintrag und schreiben Sie
- wie Sie die Situation einschätzen,
- welche Ursache Sie für das Problem sehen,
- welche Lösungen Sie vorschlagen.

6 Die Aufgabe ist, für Ihren Partner / Ihre Partnerin einen kurzen Vortrag zu halten. Wählen Sie
TELC eines der Themen aus. Sie sollen etwa eineinhalb Minuten sprechen. Danach stellt Ihnen Ihr Partner / Ihre Partnerin Fragen.

A
- Beschreiben Sie Vor- und Nachteile einer autoritären Erziehung.
- Erzählen Sie von einem Schulerlebnis, das typisch für die Erziehung an Ihrer Schule war.

B
- Berichten Sie über die Rolle der Eltern bei der Erziehung in Ihrem Land.
- Beschreiben Sie positive und negative Aspekte einer antiautoritären Erziehung.

Porträt

Emmi Pikler

(* 9. Januar 1902 in Wien,
† 6. Juni 1984 in Budapest)

Kinderärztin und Entwicklungspsychologin

Emmi Pikler, Tochter einer Wiener Kindergärtnerin und eines ungarischen Handwerkers, wuchs zunächst in Wien und ab 1908 in Budapest auf. Schon früh starb die Mutter, Emmi Pikler war gerade 12 Jahre alt. Das berufliche Ziel Kinderärztin stand für sie schon bald fest. Für das Medizinstudium kehrte Emmi Pikler nach Wien zurück. 1927 promovierte sie und absolvierte ihre pädiatrische Fachausbildung an der dortigen Universitäts-Kinderklinik und an der Kinderchirurgie.

Ihren Mann lernte Emmi Pikler während ihrer Ausbildung kennen. Er war ihr Lehrer, ein Mathematiker und Pädagoge. Seine Erfahrungen bestätigten ihre Annahmen und Thesen zur Entwicklungspsychologie. Schon bei ihrem ersten gemeinsamen Kind entschied das Paar, ihm eine freie Entwicklung in seinen Bewegungen zu ermöglichen und die Stadien mit Geduld abzuwarten.

Die Erfahrungen mit der Tochter zeigten, dass Kinder nicht animiert werden müssen, um sich zu bewegen oder zu spielen. Sie stellten aber auch fest, dass bereits Kleinigkeiten beim Umgang mit dem Kind oder aus der Umgebung Einfluss auf die kindliche Entwicklung nehmen. Die ersten Fachartikel zum Umgang mit Kleinkindern entstanden bereits zu dieser Zeit.

Die Familie lebte erst in Triest, dann in Budapest. 1940 erschien das erste Buch für Eltern, das auch über die ungarischen Grenzen hinaus Anerkennung fand.

Zehn Jahre arbeitete Emmi Pikler als Kinderärztin. Während des Nationalsozialismus durchlebte sie eine schwere Zeit, da sie jüdischer Herkunft war und ihr Mann zudem von 1936 bis 1945 in politischer Gefangenschaft lebte. Ihrer mutigen und unerschrockenen Art, aber auch der Hilfe der Eltern, deren Kinder sie betreute, ist es zu verdanken, dass sie und ihre Familie die Judenverfolgung überlebten.

Nach dem Krieg wurde Emmi Pikler noch zweimal Mutter.

Emmi Pikler praktizierte nicht mehr, kümmerte sich jedoch um verlassene und unterernährte Kinder. Schon 1946 wurde das bekannte Säuglingsheim Lóczy von ihr gegründet, dessen Leitung sie bis 1979 übernahm. Sie verstand es stets, dort eine angenehme und geborgene Umgebung zu schaffen und die üblichen Anstaltsschäden zu verhindern, nicht zuletzt durch sorgfältige Auswahl ihres pflegerischen Personals.

Emmi Pikler steht synonym für ein geändertes Bewusstsein beim Umgang mit Säuglingen und Kleinkindern. Das Kind wird als ernst zu nehmender Mensch und Partner betrachtet, der nicht laufend gelenkt werden muss. Kann ein Kind selbst Bewegungen entdecken, kann es selbstständig etwas erarbeiten, so haben diese Prozesse und Erlebnisse besondere Bedeutung für die frühkindliche Entwicklung. Umdrehen vom Rücken auf den Bauch, Aufrichten, Sitzen, Gehen – das alles allein zu entdecken und zu meistern gibt dem Kind Sicherheit und Vertrauen in sich selbst.

Nach Pikler steht die Entwicklung der Persönlichkeit in direktem Zusammenhang mit der selbstständigen Entwicklung der Bewegungsabläufe. „Wesentlich ist, dass das Kind möglichst viele Dinge selbst entdeckt. Wenn wir ihm bei der Lösung aller Aufgaben behilflich sind, berauben wir es gerade dessen, was für seine geistige Entwicklung das Wichtigste ist." Foto- und Videodokumente aus vielen Jahren beweisen, dass diese Annahme eine dauerhafte Praxiserfahrung im Lóczy wurde.

Emmi Piklers Arbeit, u.a. ihr Konzept des „SpielRaums", fand in den letzten Jahren ihres Lebens im In- und Ausland immer mehr Anerkennung. Emmi Pikler war bis zuletzt aktiv im Berufsleben tätig und verstarb 1984 nach kurzer schwerer Krankheit.

Mehr Informationen zu Emmi Pikler

Sammeln Sie Informationen über Persönlichkeiten aus dem In- und Ausland, die für das Thema „Psychologie" interessant sind, und stellen Sie sie im Kurs vor. Sie können dazu die Vorlage „Porträt" im Anhang verwenden.
Beispiele aus dem deutschsprachigen Bereich: Heinz Klippert – Alice Miller – Richard David Precht – Friedrich Wilhelm August Fröbel – Julia Onken – Verena Kast

Grammatik-Rückschau 8

1 Subjektive Bedeutung der Modalverben: Behauptungen ausdrücken

Mit den Modalverben *wollen* und *sollen* wird eine Behauptung ausgedrückt, die der Schreiber/Sprecher nicht überprüfen kann oder vielleicht bezweifelt.

Behauptung mit Modalverb	Umschreibung ohne Modalverb
a) **Behauptung über andere oder einen Sachverhalt** Matsumoto **soll herausgefunden haben**, dass unser Emotionsausdruck größtenteils in den Genen steckt …	*In der Zeitung stand, dass … / Man sagt, dass … / Man berichtet, dass … / Man behauptet, dass …* *… Matsumoto herausgefunden hat, dass unser Emotionsausdruck größtenteils in den Genen steckt …*
b) **Behauptung über sich selbst** Er **will** den Beweis **erbracht haben**, dass man Menschen wirklich vom Gesicht ablesen kann, was sie bewegt.	*Er behauptet, dass … / Er sagt von sich selbst, dass … / Er gibt vor, dass …* *… er den Beweis erbracht hat, dass man Menschen wirklich vom Gesicht ablesen kann, was sie bewegt.*

	Aktiv	Passiv
Gegenwart	Matsumoto **will** daraus **ableiten**, dass diese Emotionen Überbleibsel unserer evolutionären Abstammung sind.	Die Zielbuchstaben auf der linken Seite **sollen** der Wissenschaftlerin zufolge häufiger **ausgewählt werden**.
	wollen/sollen + Infinitiv	*wollen/sollen* + Partizip II + *werden*
Vergangenheit	Matsumoto **soll herausgefunden haben**, dass unser Emotionsausdruck tatsächlich größtenteils in den Genen steckt und nicht erlernt werden muss.	Von Biopsychologen **soll** jetzt die Linksvorliebe auch bei zwei Vogelarten **nachgewiesen worden sein**.
	wollen/sollen + Partizip II + *haben/sein*	*wollen/sollen* + Partizip II + *worden* + *haben/sein*

2 Subjektive Bedeutung der Modalverben: Vermutungen ausdrücken

Grad der Sicherheit	Modalverb + Infinitiv*	Umschreibung ohne Modalverb
hoch ↑ Etwas ist sicher.	*müssen:* Da **muss** Ihre Diagnose falsch sein.	Ich bin sicher, dass … / Ich bin überzeugt, dass … / Alles deutet darauf hin, dass … / Alle Anzeichen sprechen dafür, dass … / Bestimmt … / Sicher … / Gewiss … / Zweifellos …
	nicht können: Er **kann nicht** zu den besonders Begabten gehören.	
Etwas ist sehr wahrscheinlich.	*dürfen* (nur im Konjunktiv II): Jonas **dürfte** zu den begabten Kindern gehören.	Aller Wahrscheinlichkeit nach … / Wahrscheinlich … / Vermutlich … / Ich vermute, dass … / Ich nehme an, dass … / Ich bin ziemlich sicher, dass … / Es sieht so aus, als ob …
	können (im Indikativ): Jonas **kann** hochbegabt sein.	
niedrig Etwas ist möglich.	*können* (nur im Konjunktiv II): Sie **könnten** recht haben.	Es ist möglich/denkbar / nicht ausgeschlossen, dass … / Vielleicht … / Möglicherweise … / Eventuell …

* Formen für Gegenwart und Vergangenheit wie in 1

133

Intuition – das schlaue Gefühl

1 Wie spontan und intuitiv handeln Sie? In welchen alltäglichen Situationen lassen Sie sich eher von Ihrer Intuition leiten statt von rationalen Überlegungen? Berichten Sie.

2a Was ist Intuition? Sehen Sie den Film und notieren Sie alles, was für eine Definition des Begriffs *Intuition* wichtig sein könnte.

b Formulieren Sie mithilfe Ihrer Notizen eine Definition für ein Wörterbuch.

c Vergleichen Sie Ihre Definitionen im Kurs. Welche sind die besten? Begründen Sie.

3a Sehen Sie die erste Sequenz und beschreiben Sie das Experiment „Wiedererkennungsintuition". Gehen Sie besonders auf die Vorkenntnisse und die Entscheidungsfindung der Testpersonen ein.

b „Intuitive Entscheidungen (z. B. beim Kauf eines Produkts) müssen nicht immer richtig sein." Begründen Sie diese Behauptung mit dem Ergebnis des Experiments.

4a Das Max-Planck-Institut hat auch die sogenannte „Gerechtigkeitsintuition" erforscht. Bilden Sie Gruppen zu je drei Personen und machen Sie das Experiment.

Ihre Gruppe hat 20 Münzen, die Sie mit einer anderen Gruppe möglichst gerecht teilen sollen. In der anderen Gruppe sind genauso viele Personen wie in Ihrer; auch das Alter und die soziale Situation sind gleich. Die Personen kennen Sie aber nicht. Sie sollen teilen, aber Sie müssen nicht unbedingt.

Diskutieren Sie und einigen Sie sich zu diesen Fragen: Wie viele Münzen für die andere Gruppe wären eigentlich gerecht? Wie viele der 20 Münzen sind Sie tatsächlich bereit abzugeben?

134

sehen | nachdenken | diskutieren 8

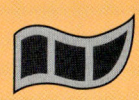

b Schreiben Sie die Ergebnisse aller Gruppen an die Tafel. Vergleichen und diskutieren Sie.

	hält für gerecht	will abgeben
Gruppe 1	… Münzen	… Münzen
Gruppe 2		
…		

c Die Ergebnisse des Max-Planck-Instituts finden Sie auf Seite 208.
Stimmen die Ergebnisse mit denen in Ihrem Kurs überein? Wie erklären Sie sich die Ergebnisse des Instituts?

2 **5a** Sehen Sie die zweite Sequenz. Notieren Sie, wie Intuition aus medizinischer Sicht erklärt wird. Berichten Sie kurz.

b In der Alltagssprache gibt es Redewendungen, in denen der Ort unserer Intuition genannt wird. Was sagt man in Ihrer Sprache?

Mein Bauch sagt mir, dass …

Beim Einkaufen entscheide ich meist aus dem Bauch heraus.

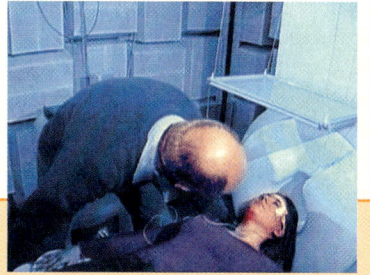

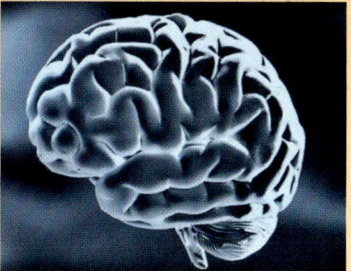

3 **6a** Sehen Sie die dritte Sequenz. Welche Wege werden darin genannt oder gezeigt, um intuitives Verhalten zu begünstigen und zu trainieren?

b Sind Sie eher ein Bauchmensch oder ein Kopfmensch?

135

Die schöne Welt der Künste

1a Welche Bereiche gehören zur Kunst? Sammeln Sie.

Theater, ...

b Kunst – Testen Sie Ihr Wissen. Arbeiten Sie in Gruppen und beantworten Sie die Fragen.

1. Welcher deutsche Filmemacher hat schon einmal einen Oskar für den besten nicht-englischsprachigen Film gewonnen?

   a Tom Tykwer ☐
   b Caroline Link ☐
   c Doris Dörrie ☐

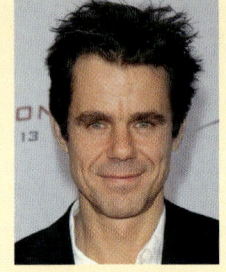

2. Welcher berühmte Komponist stammt aus Österreich?

   a Johann Sebastian Bach ☐
   b Ludwig van Beethoven ☐
   c Wolfgang Amadeus Mozart ☐

3. Wie heißt das berühmte Theater in Wien?

   a Volksbühne ☐
   b Burgtheater ☐
   c Schauspielhaus ☐

Sie lernen

Ein Fazit aus Texten zum Thema „Kreativität"
ziehen .... Modul 1

Einen Radiobeitrag über Filmproduktionen
zusammenfassen und ein Exposé für einen
Film schreiben .... Modul 2

Einen Brief schreiben und Ratschläge
geben .... Modul 3

Einen autobiografischen Text verstehen
und über Lesegewohnheiten sprechen .... Modul 4

Einen Radiobeitrag über ein neues Produkt
verstehen und eine Grafik beschreiben .... Modul 4

Grammatik

Trennbare und untrennbare Verben .... Modul 1
Konnektoren (*andernfalls, demnach, folglich, ...*) .... Modul 3

136

AB Wortschatz

4. Wer schrieb u.a. die berühmten Werke „Der Besuch der alten Dame" und „Die Physiker"?

   a Friedrich Dürrenmatt ☐
   b Max Frisch ☐
   c Urs Widmer ☐

5. Welcher Fotograf wurde mit großformatigen, digital bearbeiteten Fotos sehr berühmt?

   a Andreas Gurski ☐
   b Bernd Becher ☐
   c August Sander ☐

6. Der berühmte Künstlerkreis, dem u.a. Wassily Kandinsky, Franz Marc und August Macke angehörten, hieß

   a „Die blaue Gruppe". ☐
   b „Der blaue Reiter". ☐
   c „Das blaue Pferd". ☐

7. Welche Kunstschule gründete Walter Gropius 1919, die Architektur und Design bis heute entscheidend beeinflusst und die als Heimstätte der Moderne und Avantgarde gilt?

   a Bauhaus ☐
   b Hochschule für Gestaltung Ulm ☐
   c Akademie der Künste Berlin ☐

8. Wie heißt einer der erfolgreichsten und populärsten deutschen Musiker?

   a Daniel Brühl ☐
   b Moritz Bleibtreu ☐
   c Herbert Grönemeyer ☐

c Vergleichen Sie Ihre Ergebnisse und überprüfen Sie sie auf Seite 205. Welche Gruppe hat die meisten Fragen richtig beantwortet?

d Welche Bereiche der Kunst wurden in den Fragen behandelt? Decken Sie sich mit Ihrer Sammlung aus Aufgabe 1a?

e Welcher Bereich interessiert Sie besonders bzw. überhaupt nicht?

2 Recherchieren Sie Informationen zu einem Bereich, der Sie besonders interessiert, und erstellen Sie eigene Quizfragen.

Kreativ

▶ Ü 1 1 **In welchen Situationen ist Kreativität gefragt?**

2a **Lesen Sie die Thesen (A–D). Welchen stimmen Sie zu, welchen nicht? Begründen Sie. Lesen Sie dann die Texte und ordnen Sie die Thesen zu.**

A In Krisen sind wir besonders kreativ.

B Nur wer viel über ein Thema weiß, kann auf geniale Ideen kommen.

C In der Gruppe sind wir einfallsreicher als allein.

D Ortswechsel fördern die Kreativität.

1 **1** __C__ Diese Methode hat sich in vielen Bereichen durchgesetzt: Man sitzt in der Gruppe zusammen und lässt seinen Ideen freien Lauf. Das ist wohl die beliebteste Kreativtechnik. Sie basiert auf zwei Regeln. Erstens: Äußere jeden Einfall, der dir durch den Kopf geht – auch wenn er unsinnig erscheint! Zweitens: Bewerte weder deine eigenen noch die Ideen anderer! In der Praxis erweist sich die Methode oft als we-
5 niger wirksam als gedacht. Denn nicht jeder, dem gute Ideen in den Kopf schießen, kann diese in größerer Runde ungehemmt aussprechen. Zu groß ist die Sorge, etwas Naives oder Dummes zu sagen. Zumal es den meisten Menschen schwerfällt, die zweite Regel einzuhalten: Vorschläge anderer Gruppenmitglieder nicht zu kommentieren. Vor allem in Brainstorming-Runden in Unternehmen mit strenger Hierarchie beäugen sich die Teilnehmer mitunter eher skeptisch: Hat Kollege Müller etwa bessere Ideen als ich?
10 Doch diese Leistungsatmosphäre ist Gift für den ungezügelten Kreativitätsfluss. Ein anderes Problem sind die Wartepausen, in denen der „Brainstormer" nicht selbst reden kann, sondern den anderen Gruppenmitgliedern zuhören muss. In dieser Phase wird die Ideenkette unterbrochen, der rote Faden geht verloren.

1 **2** __D__ Die meisten Einfälle kommen tatsächlich nicht am Schreibtisch. So berichtet beispielsweise der Physiker Freeman Dyson, dass er sich über Wochen in ein mathematisches Problem verbissen habe. Er hatte versucht, die Lösung regelrecht zu erzwingen. Doch erst, als er sich entschieden habe, nicht mehr danach zu suchen, sei ihm eine Lösung eingefallen – und zwar bei einer nächtlichen Fahrt im Bus. Der
5 Physiker Albert Einstein meinte: „Wir können die Probleme nicht auf der gleichen Ebene lösen, auf der wir sie geschaffen haben." Das heißt: Eine Frage, die im wissenschaftlichen Labor entsteht, kann nur außerhalb des Labors beantwortet werden. Wie geht man also mit einem akuten Ideemangel um? Kreativitätstrainer empfehlen, sich von einem gedanklichen Problem zu lösen und einer monotonen Tätigkeit nachzugehen wie Autofahren, Bügeln oder Gemüseschneiden. Dadurch werde das Gehirn abgelenkt und
10 könne gleichzeitig „unbewusst" nach einer kreativen Lösung fahnden.

1 **3** __A__ Die Lyrikerin Ingeborg Bachmann schrieb ihre schönsten Gedichte in Phasen größter Verzweiflung. Johann Wolfgang von Goethe verfasste seinen „Werther", als er unter Liebeskummer litt. Zieht man diese Beispiele heran, so kann man schnell den Eindruck gewinnen, dass Menschen in Lebenskrisen besonders kreativ wären. Doch Psychologen widersprechen dieser These: Aus wissenschaft-
5 licher Perspektive sind wir eher dann ideenreich und schöpferisch, wenn wir uns in einer stabilen und ausgeglichenen seelischen Verfassung befinden. Edward R. Hirt von der Indiana-Universität in Bloomington hat herausgefunden, dass Menschen, die positiv gestimmt sind, kreativer denken als Miesepeter. Er versetzte seine Probanden entweder in positive oder negative Stimmung, indem er ihnen lustige oder traurige Filme vorführte. Danach testete er ihren Einfallsreichtum. Dabei zeigte sich: Je besser die Laune,
10 desto flüssiger und assoziativer das Denken.

1 **4** __B__ Will ich den perfekten Werbeslogan erfinden – so die landläufige Meinung – muss ich auch ein echter Werbefachmann sein. Soll heißen: Nur wer sich in einem speziellen Bereich richtig gut auskennt, kann darin auch verblüffende Ideen entwickeln. Weit gefehlt. Eine große Menge an Wissen und Erfahrung macht unflexibel und unkreativ. Wer zu viel weiß, dessen Blick ist irgendwann verstellt. Alle
5 Gedanken und Handlungen laufen dann automatisch ab, aus der Welt des Vertrauten kann sich der Experte nur noch sehr schwer lösen. Der Psychologe Merim Bilalic analysierte beispielsweise die Spielzüge von Schach-Koryphäen und Schach-Anfängern. Dabei zeigte sich: Die erfahrenen Spieler wählten in fast jeder Situation die konventionellste Lösung, auch wenn es nicht die schnellste war, um den Gegner schachmatt zu setzen. Sie konnten sich nicht von den jahrelang eingeübten Spielzügen lösen und brauch-
10 ten deshalb für den Sieg ein paar Züge mehr als nötig.

b Welche Thesen werden in den Texten bestätigt, welche widerlegt?

c Welche Konsequenzen könnte man aus den Informationen ziehen? Formulieren Sie in Gruppen zu jedem Text einen Tipp, wie man das Gesagte nutzen kann.

Tipp Text 1: Jeder Teilnehmer / Jede Teilnehmerin sollte zunächst für sich allein Ideen sammeln und diese aufschreiben. Anschließend liest jeder/jede seine/ihre Liste der Gruppe vor, die sich auf eine Idee einigt. ▶ Ü 2

3a In den Texten finden Sie viele trennbare und untrennbare Verben. Wiederholen Sie, welche Vorsilben trennbar und welche nicht trennbar sind. ▶ Ü 3

b Die Vorsilben *durch-*, *über-*, *um-*, *unter-* und *wider-* sind bei manchen Verben trennbar, bei anderen nicht. Kreuzen Sie an, was jeweils zutrifft. Markieren Sie die trennbaren und untrennbaren Verben in unterschiedlichen Farben. Was stellen Sie fest?

	Vorsilbe		Bedeutung: eher	
	betont	unbetont	wörtlich	bildhaft
1. Jeder **durchläuft** unkreative Phasen, das ist völlig normal. Manchmal hilft ein gutes Seminar.		✓		✓
2. Die Kaffeemaschine war verkalkt und der Kaffee konnte nicht **durchlaufen**.	✓		✓	
3. Im Seminarraum war es kalt und alle mussten sich etwas **überziehen**.	✓		✓	
4. Leider hielt sich der Seminarleiter nicht an den Zeitplan und **überzog** fast zwei Stunden.		✓		✓
5. Jemand berichtete, dass einem bekannten Werbefachmann Ideenklau **unterstellt** wurde.		✓		✓
6. Das Seminar fand im Freien statt, aber bei Regen konnte man sich **unterstellen**.	✓		✓	
7. Viele Ideen zur Förderung der Kreativität wurden nur **umschrieben** und nicht im Detail erklärt.		✓		✓
8. Das Seminar war nicht gut. Der Seminarleiter sollte sein Konzept besser komplett **umschreiben**.	✓		✓	

▶ Ü 4–5

4 Bilden Sie Gruppen und arbeiten Sie mit dem Wörterbuch. Jede Gruppe sucht für eine Vorsilbe aus Aufgabe 4b möglichst viele trennbare und untrennbare Verben und bildet jeweils einen Beispielsatz.

Film ab!

1a Stellen Sie sich vor, Sie möchten einen Film drehen. Wie würden Sie anfangen? Woran müssen Sie alles denken? Sammeln Sie gemeinsam im Kurs und notieren Sie.

b Jede Filmproduktion lässt sich in drei Phasen einteilen. Ordnen Sie die einzelnen Schritte den Phasen zu.

~~Idee für einen Film~~   aktive Arbeitsphase für Regie, Kamera, Ton, Licht, Maske, Requisite   Anschaffung von Kostümen und Requisiten   Aufstellen des Drehplans   Erstellung von Vorspann und Abspann   Einholung von Drehgenehmigungen und Lizenzen   evtl. Bau von Kulissen für den Film   evtl. Nachsynchronisierung   Schauspieler in Aktion   Hinzufügen von Ton- und Spezialeffekten   Engagement eines Drehbuchautors, Regisseurs und Kameramanns durch einen Produzenten   Schneiden des Films   Suche nach passenden Schauspielern und Drehorten   Überprüfung des Ablaufs am Set   Unterlegung mit Musik   Verpflegung des Drehteams   Suche nach Produzenten   Zusammenfassung der Idee in einem Exposé

Vorproduktion	Produktion	Nachbearbeitung
Idee für einen Film		

▶ Ü 1

c Haben Sie bei Aufgabe 1a noch andere Aspekte genannt? Was hatten Sie vergessen?

2a (3.15) Bilden Sie drei Gruppen und hören Sie einen Teil eines Radiobeitrags. Jede Gruppe macht Notizen zu den im Beitrag genannten Informationen über ihr Thema.

    Gruppe A Mögliche Probleme beim Erstellen eines Filmes
    Gruppe B Beschriebene Techniken und Verfahren
▶ Ü 2   **Gruppe C** Personen und ihre Besonderheiten

b Jede Gruppe stellt ihre gesammelten Informationen vor.

c Bilden Sie neue Gruppen, in denen je ein Vertreter der ursprünglichen Gruppen ist. Entscheiden Sie, welche fünf Informationen jeder Gruppe die wichtigsten sind, und erstellen Sie Plakate.

hören / schreiben

3a Was macht für Sie einen guten Film oder Videoclip aus? Überlegen Sie, welche Aspekte dabei eine Rolle spielen.

Schauspieler, Musik, ...

b Sicherlich haben Sie in Aufgabe 3a auch die Handlung des Films genannt. Fast jeder Film ist nach einem bestimmten Schema aufgebaut, dem sogenannten „Vier-Akte-Schema". Lesen Sie das Schema und notieren Sie die Zeilenzahl aus dem Exposé im Schema.

1. **Exposition: Zeile** _1–_
   Vorstellung der handelnden Personen und Einführung in Ort und Zeit der Geschichte.

2. **Entwicklung: Zeile** _____
   Entwicklung der Handlung, d.h., die handelnden Personen treten in Beziehung zueinander. Es werden Konflikte oder Veränderungsmöglichkeiten deutlich.

3. **Zuspitzung: Zeile** _____
   Zuspitzung des Konflikts, für den eine Lösung gefunden werden muss.

4. **Auflösung: Zeile** _____
   Eine Lösung wird gefunden und der Konflikt ist somit beendet.

Exposé

1 Ines, Anfang 30 und kaufmännische Angestellte in Hannover, verlässt wie jeden Nachmittag auch an diesem grauen Tag das Büro. Wie so oft, ist die Straßenbahn gerade in die
5 Haltestelle eingefahren, als Ines um die Ecke biegt. Gelangweilt geht sie zwar schneller, läuft aber nicht, offensichtlich hat sie keine Hoffnung, die Bahn noch zu erwischen. Der Trambahn-Fahrer (Michael) sieht die Frau im Rück-
10 spiegel. Das ist die Frau, die ihm schon so oft aufgefallen ist. Er wartet auf sie. Während der folgenden Fahrt beobachtet er sie, nimmt allen Mut zusammen und beschließt, heute endlich Kontakt mit ihr aufzunehmen. Als Ines aus-
15 steigt, wünscht er der schönen Frau, die am Steintor als Letzte zugestiegen ist, über die Lautsprecher noch einen schönen Tag und sagt, er hoffe, sie bald wieder fahren zu dürfen. Ines ist in Gedanken noch so bei der Arbeit, dass sie
20 erst Minuten später realisiert, dass der Fahrer mit der sympathischen Stimme sie gemeint haben muss. Je mehr sie darüber nachdenkt, desto verwirrter und neugieriger wird sie. Michael hingegen ist sich sicher, dass sie mit Absicht
25 nicht auf seine Durchsage reagiert hat und beschließt, sich in Zukunft möglichst für andere Strecken einteilen zu lassen. Ines will nun den Fahrer unbedingt treffen. Das Problem: Sie weiß nicht, wie er aussieht – aber seine Stimme
30 hat sie noch im Ohr. Sie fährt also so oft wie möglich Bahn und lauscht den Durchsagen, ohne Erfolg ... – sie hört die Stimme nicht wieder. Sie versucht sogar, über die Hannoverschen Verkehrsbetriebe den Namen des Man-
35 nes herauszubekommen – vergeblich. Wochen später resigniert sie.
   Da ergreift eine Freundin die Initiative. Ohne Ines' Wissen fordert sie den Fahrer über Internet und Radio auf, am Sonntag zu einer
40 bestimmten Zeit im Café am Steintor zu erscheinen. Die ahnungslose Ines ist an besagtem Sonntag mit ihrer Freundin in eben diesem Café. Michael fragt „unschuldig", ob er sich den Stuhl ausleihen könne. Sie erkennt seine
45 Stimme und lädt ihn spontan ein, an ihrem Tisch Platz zu nehmen. Die beiden kommen sofort ins Gespräch und die Freundin verschwindet schnell unter einem Vorwand, mit einem breiten Grinsen auf dem Gesicht ...

▶ Ü 3

4 Arbeiten Sie zu dritt. Sammeln Sie Ideen für einen Film, den Sie mit Ihrem Handy drehen können. Entscheiden Sie sich für eine Idee und schreiben Sie ein Exposé. Achten Sie darauf, dass Ihre Geschichte einen Spannungsbogen hat. Drehen Sie dann Ihren Film.

Ein Leben für die Kunst

1 Welche Voraussetzungen muss man mitbringen, um als Künstler zu (über)leben? Diskutieren Sie.

2 Lesen Sie die Texte und beantworten Sie die Fragen.

a Was ist wichtig für den künstlerischen Erfolg?

b Wie wird der Künstleralltag charakterisiert?

Von der Kunst leben zu können – davon träumen viele junge Künstler. Die große Karriere winkt am Horizont. *Demgegenüber* steht die Realität. Und da wartet auf die meisten ein harter Alltag. Doch wer wirklich für die Kunst brennt, den schreckt das nicht. Der Andrang an den Kunstakademien und Schauspielschulen ist nach wie vor ungebrochen hoch. Vorausgesetzt, man meistert die Aufnahmeprüfung, dann durchläuft man eine Ausbildung, die einem viel abverlangt. Generell gilt, wer sich der Kunst verschreibt, hat einen unsicheren Weg gewählt. Die Konkurrenz ist groß, die Erwartungen hoch, feste Arbeitszeiten selten und finanzielle Unsicherheit ein gängiges Los. *Infolgedessen* setzen mittlerweile viele Schulen auf eine möglichst breite Ausbildung, um ihren Absolventen bessere Berufsmöglichkeiten zu verschaffen. So sind beispielsweise die Absolventen der Hamburger Stage School nicht nur auf der Bühne zu finden, sondern auch beim Film und Fernsehen, als Moderatoren, Komponisten, Drehbuchautoren, Regisseure oder Choreografen.

Nicht zu unterschätzen ist neben Talent und Handwerk das Schaffen eines Netzwerks. Wer über gute Kontakte verfügt, tut sich in der Kunstwelt leichter.

Langfristig sichert aber nur eines den Erfolg: der unbändige künstlerische Drang, *sonst* ist dieses Leben auf Dauer nicht durchzuhalten. Darauf achtet Kim Moke, künstlerische Direktorin der Hamburger Stage School, schon bei der Aufnahmeprüfung: „Dieses Funkeln in den Augen. Auf die Bühne zu wollen, koste es, was es wolle. Ohne diesen Willen geht es nicht." Das Gleiche gilt für Opernsänger, weiß Norma Sharp, Professorin für Gesang an der Hochschule für Musik Hanns Eisler in Berlin. „Diesen Beruf sollten nur die wählen, die es unbedingt wollen, denn man muss viele Schwierigkeiten aushalten. Etwa damit umgehen können, zehn- oder 15-mal vorzusingen, ohne genommen zu werden – und trotzdem weiterzumachen." Auch Studenten der Kunstakademie brauchen enormes Durchhaltevermögen und den Glauben an sich selbst. *Andernfalls* sollte man lieber einen anderen Studiengang wählen. Sich nicht entmutigen zu lassen und immer wieder zu versuchen, sich gegen die Konkurrenz durchzusetzen sind die entscheidenden Karrierefaktoren im Kunst-Bereich.

Fred Könnek, Kunsthochschule Kassel:
Manchmal frage ich mich natürlich, ob das der richtige Weg ist. Meine alten Freunde haben mittlerweile alle in irgendeiner Art Karriere gemacht. *Währenddessen* dreht sich bei mir immer noch alles primär darum, zu überleben. Neulich habe ich ein Bild zu einem ziemlich guten Preis verkauft. *Daraufhin* habe ich mir gleich viele neue Materialien angeschafft, in der Hoffnung auf mehr Verkäufe. Leider hat sich seitdem nichts getan. Leben kann ich von meiner Kunst nicht, also brauche ich die finanzielle Unterstützung meiner Eltern. Davon sind die natürlich auch nicht sonderlich begeistert und mir wäre es auch lieber, finanziell endlich unabhängig zu sein. *Dennoch* will ich ohne dieses Kribbeln, diese Aufregung, wenn ich meine Ideen entwickle, nicht leben. Deswegen bin ich Künstler geworden.

Astrid Wellman, Hochschule für bildende Künste Hamburg:

Früher habe ich mir ein Künstlerleben immer irgendwie romantisch vorgestellt. *Wohingegen* ich jetzt sagen muss, dass es mit Romantik wenig zu tun hat, *vielmehr* ist es vor allem harte Arbeit. Meine größte Angst ist, dass ich irgendwann aufgebe, weil sich kein materieller Erfolg einstellt. *Somit* wäre es natürlich ganz gut, ein zweites Standbein zu haben. Im Moment lebe ich von dem Geld, das ich als Museumspädagogin verdiene. Ich hätte auch einfach Medizin studieren können wie meine Schwester. *Stattdessen* habe ich mich für die oft brotlose Kunst entschieden. Auch wenn der große Durchbruch nicht kommt, werde ich sicherlich trotzdem immer etwas mit Kunst machen.

▶ Ü 1

3 Könnten Sie sich vorstellen, als Künstler zu leben und zu arbeiten? Begründen Sie.

4a In den Texten finden Sie eine Reihe von Konnektoren. Ordnen Sie sie ihrer Bedeutung zu.

währenddessen	andernfalls	stattdessen	somit	vielmehr	daraufhin
dennoch	sonst	demgegenüber		wohingegen	infolgedessen

Gegensatz	Folge	Zeit
dagegen, demgegenüber, dennoch, stattdessen, vielmehr, wohingegen	infolgedessen, demnach, folglich, infolgedessen, somit, sonst	daraufhin, gleichzeitig, währenddessen

b Notieren Sie die Bedeutung der folgenden Konnektoren.

1. Viele träumen davon, mit ihrer Kunst erfolgreich zu sein. **Dagegen** spricht allerdings die Realität: Es ist schwieriger als Künstler zu überleben, als die meisten zunächst annehmen.	Gegensatz
2. Der Erfolg junger Künstler wird immer mehr von Galeristen und Sammlern bestimmt. **Demnach** ist es wichtig, die richtigen Kontakte zu knüpfen.	Gegensatz
3. An der Akademie lernen die Studenten, mit verschiedenen Techniken und Materialien umzugehen. **Gleichzeitig** lernen sie, sich professioneller zu vermarkten.	Zeit
4. Als Schauspieler muss man häufig vorsprechen und wird dabei oft abgewiesen, **folglich** ist es wichtig, ein starkes Selbstbewusstsein zu besitzen und sich nicht jede Abfuhr zu Herzen zu nehmen.	Folge

▶ Ü 2–4

5 Ihre Brieffreundin Olivia schreibt Ihnen: Sie überlegt, ob sie ihrer Leidenschaft für Kunst nachgehen und Malerei an der Kunstakademie studieren soll oder doch lieber Wirtschaft, um später im Betrieb der Eltern zu arbeiten. Sie möchte Ihren Ratschlag. Schreiben Sie eine Antwort (ca. 150 Wörter).

▶ Ü 5

Leseratten

1a Leseratten sind Menschen, die gerne und viel lesen. Kennen Sie andere Wörter im Deutschen dafür? Welche Wörter für Lesefreunde gibt es in Ihrer Sprache?

b Welche Bücher oder Texte lesen Sie gerne? Was gefällt Ihnen daran?

2a Lesen Sie den Text von Doris Dörrie über das Lesen und beantworten Sie die Fragen.

1. Wie kam es, dass sie mit dem Lesen begann?
2. Was meint die Autorin mit der Äußerung, sie habe zwei Leben?
3. Wie äußert sich die Autorin zu Buchverfilmungen?
4. Welche Bücher las sie als Erstes, welche danach?
5. Was sagt sie über das Vorlesen?
6. Wie beschreibt sie ihr Verhältnis zum Lesen?

Lesen

1 Ich betrachte es als mein großes Glück, dass meine Eltern Leseratten sind und waren und ich mit sehr vielen Büchern und ohne Fernseher aufgewachsen bin. Nach dem Abendessen setzten sich meine Eltern im Wohnzimmer aufs Sofa und lasen. Das war so langweilig, dass man als Kind irgendwann auch zu einem Buch griff, um herauszubekommen, wie man das aushalten
5 kann: einfach still dazusitzen und in ein Buch zu schauen. Ich kann mich sehr gut an das Wunder erinnern, das geschah, als ich lesen lernte und sich mit einem Mal auf den weißen Seiten mit den bis dahin langweiligen schwarzen Buchstaben eine riesige, bunte, unbekannte Welt auftat, in der ich ganz allein herumreisen konnte. Von da an hatte ich mindestens zwei Leben: Ich erinnere mich an das Gefühl, auf dem Sofa meiner Großmutter mit einem Buch in der Hand zu liegen,
10 gleichzeitig aber auf einem Pferderücken zu sitzen und zusammen mit Winnetou durch die Prärie zu galoppieren. Bald stand ich auf einem schwankenden Schiff und segelte mit Graf von Luckner durch einen schweren Sturm, jagte mit Sigismund Rüstig am Strand Schildkröten oder erlebte die Meuterei auf der Bounty.
   Mein Vater gab mir die Kinderbücher seiner Kindheit, und aufgeregt erzählte ich ihm von
15 meinen Abenteuern, die ich nun erlebte und an die er sich gut erinnern konnte. Das war eine Welt, an der meine Mutter und meine kleineren Geschwister, die noch nicht lesen konnten, keinen Anteil hatten. Sie wussten ja noch nicht einmal, was ein Greenhorn war!
   Mit meinem Vater sah ich auch die ersten Filme meines Lebens, natürlich alles Winnetou-Filme, und verstehe sehr gut die unvermeidliche Enttäuschung des treuen Lesers: Der eigene
20 Film, der beim Lesen entsteht, ist immer besser, großartiger, schöner.
   Irgendwann wechselte ich von der Jugendwelt meines Vaters in die meiner Mutter. Ich las „Flicka" und „Die Familie auf Jalna", „Vom Winde verweht". Unvergleichlich das Gefühl, mit einem Buch zu leben. Es nicht erwarten zu können, weiter zu lesen, mit den Charakteren die anregendsten Gespräche zu führen, mit Herzklopfen den Fortgang der Ereignisse zu erwarten
25 und gleichzeitig das Ende zu fürchten. Ein tolles Buch ausgelesen zu haben ist ein Abschied der besonderen Art. Manche Figuren verlassen einen nie mehr, manche Schicksale lassen einen nicht mehr los. Sie bleiben für immer in Erinnerung.
   Meine Lehrerin in der Volksschule, Frau Müller, erkannte meinen Lesefimmel und ermunterte mich, an Vorlesewettbewerben teilzunehmen. Fasziniert stellte ich fest, dass man einer
30 Geschichte, wenn man sie laut und deutlich und mit richtiger Betonung vorliest, zu einem virtuellen Leben im Raum verhelfen kann, das von anderen wahrgenommen und geteilt wird. Das begeistert mich bis heute.

Fertigkeitstraining
hören | lesen | sprechen | schreiben

9 Modul 4

Später, als Teenager, waren meine Eltern so klug, kein Buch ihres umfangreichen Bücherregals wegzusperren oder zu zensieren, und so las ich – in den meisten Fällen viel zu früh – Bücher von
35 Grass, Böll, Gordimer, Dostojewski, D. H. Lawrence, Remarque, Zweig, Andersch, Lenz. Was ich nicht verstand, übersprang ich. Ich fraß mich durch diese Bücher wie eine Raupe, und wie die Raupe Nimmersatt konnte ich nicht mehr aufhören. Bis heute. Ich kann mir gar nicht vorstellen, an einem Abend nicht zu lesen. Ohne Buch ins Bett zu gehen ist für mich, wie in eine Badewanne ohne Wasser zu steigen. Wenn ich nicht mindestens einmal am Tag dieses Fenster öffnen darf in
40 eine andere Welt, habe ich das Gefühl, nicht genug Luft zu bekommen. Lesen ist wie atmen, eine Inspiration. Und immer noch bin ich auf der Suche nach Büchern, die mich durch den Tag und die Nacht begleiten. Das wird leider mit zunehmendem Alter schwieriger. Mein Vater liest immer noch zwischen sechzig und siebzig Bücher im Jahr. Für die anderen Leser in der Familie hat er notiert, wie ihm ein Buch gefallen hat. Oft steht „Großer Mist" auf der ersten Seite. Manchmal
45 jedoch: „Hat mich nicht losgelassen." Und davon träume ich jedes Mal, wenn ich ein Buch öffne: dass es mich nicht loslassen möge, weit über die letzte Seite hinaus.

▶ Ü 1

b Viele Bücher sind verfilmt worden. Lesen Sie lieber das Buch oder sehen Sie lieber den Film? Oder möchten Sie beides erleben? Wenn ja, welche Reihenfolge ist Ihnen lieber: Erst lesen und dann ins Kino gehen oder umgekehrt? Begründen Sie Ihre Meinung.

3a Beantworten Sie den Fragebogen zu Lesegewohnheiten bei Büchern.

1. Ich habe öfter mehrere Bücher, die ich gleichzeitig/parallel lese.	❑
2. Ich lese nur ein Buch, wenn ich länger Zeit habe, z. B. am Wochenende oder im Urlaub.	❑
3. Ich lese ein Buch von vorne bis hinten durch.	❑
4. Ich lasse, wenn ich ein Buch lese, auch mal was aus.	❑
5. Ich überfliege manchmal die Seiten und lese nur das Interessanteste.	❑
6. Ich lese ein Buch in kleineren Portionen über längere Zeit.	❑

b Vergleichen Sie Ihre Antworten und machen Sie eine Kursstatistik.

c Ordnen Sie die Redemittel, um Ähnlichkeiten, Unterschiede und Überraschendes auszudrücken, in der Übersicht auf der nächsten Seite ein.

~~Ähnliche Ergebnisse werden auch in … deutlich.~~ Anders als in der einen Umfrage, …
Die Ergebnisse unterscheiden sich deutlich / sind sehr verschieden.
Im Unterschied zu …
In diesem Punkt sind sich beide … ähnlich.
Das gleiche Ergebnis ist auch in … zu erkennen.   Genauso verhält es sich auch bei …
Erstaunlich finde ich, dass …   Das Eigenartigste/Merkwürdigste/Seltsamste ist …
Im Gegensatz zu …   Auf beide … trifft zu, dass …   Eine vergleichbare Situation erkennt man …
Hinsichtlich des/der … ähneln sich … und … (sehr).   Ich habe nicht gewusst, dass …
Ganz anders stellt sich … dar.   … und … unterscheiden sich klar/deutlich voneinander.
… ist vergleichbar (mit) …   Völlig neu war/ist für mich, dass …
Ich hätte nicht gedacht/erwartet, dass …   Überraschend ist die Tatsache, dass …
Vergleicht man … und … erkennt man große Übereinstimmungen.

Leseratten

Ähnlichkeiten	Unterschiede	Überraschendes
Ähnliche Ergebnisse werden auch in … deutlich.		

d Vergleichen Sie Ihre Kursstatistik mit den Ergebnissen einer Umfrage aus Deutschland. Diskutieren Sie im Kurs: Wie erklären Sie Ähnlichkeiten und Unterschiede in den Ergebnissen. Was überrascht Sie?

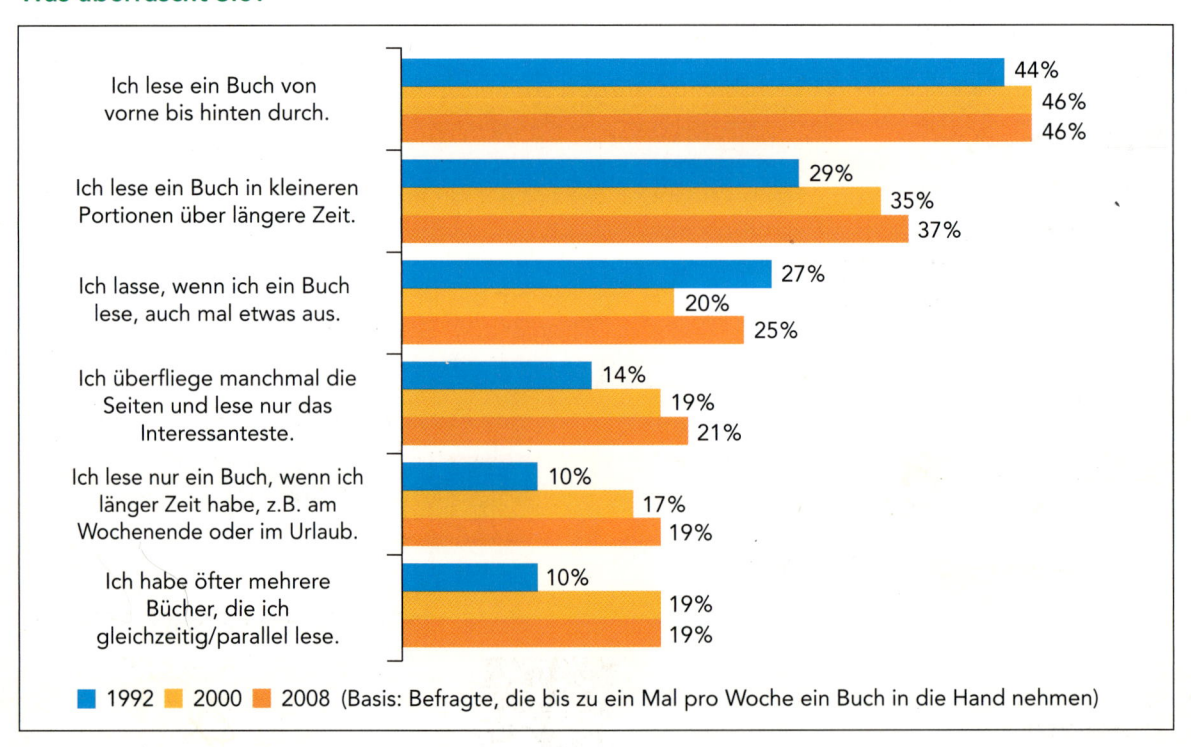

Ich lese ein Buch von vorne bis hinten durch. — 44% / 46% / 46%

Ich lese ein Buch in kleineren Portionen über längere Zeit. — 29% / 35% / 37%

Ich lasse, wenn ich ein Buch lese, auch mal etwas aus. — 27% / 20% / 25%

Ich überfliege manchmal die Seiten und lese nur das Interessanteste. — 14% / 19% / 21%

Ich lese nur ein Buch, wenn ich länger Zeit habe, z.B. am Wochenende oder im Urlaub. — 10% / 17% / 19%

Ich habe öfter mehrere Bücher, die ich gleichzeitig/parallel lese. — 10% / 19% / 19%

■ 1992 ■ 2000 ■ 2008 (Basis: Befragte, die bis zu ein Mal pro Woche ein Buch in die Hand nehmen)

4a Hören Sie einen Radiobeitrag und machen Sie Notizen zu den Punkten.

1. Welche Neuheit wird im Beitrag vorgestellt?
2. Nennen Sie den Preis.
3. Beschreiben Sie das Aussehen.
4. Erklären Sie die Funktionsweise.
5. Welche Berufe haben die beiden befragten Experten?
6. Welche Meinung haben die Befragten zu der Neuheit?

▶ Ü 2 **b** Fassen Sie den Radiobeitrag zusammen. Würden Sie ein solches Gerät kaufen?

Fertigkeitstraining
hören | lesen | sprechen | schreiben

9 Modul 4

5 Ihre Aufgabe ist es, sich dazu zu äußern, wie die Deutschen dem Lesen von Bildschirmtexten gegenüberstehen.

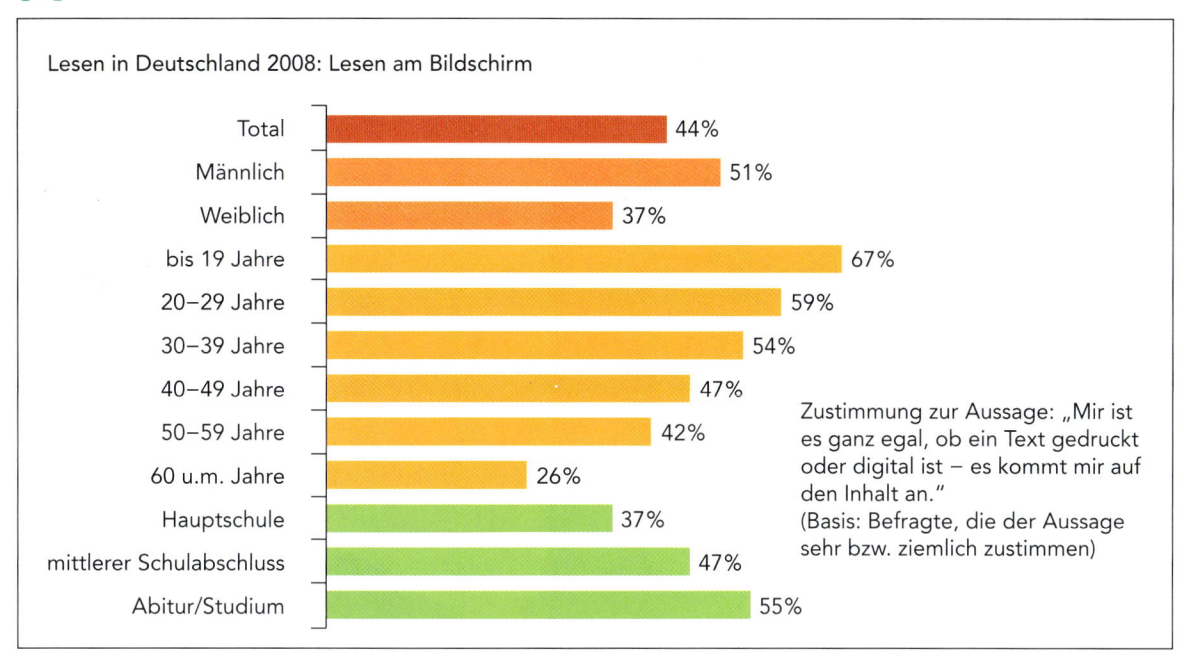

Lesen in Deutschland 2008: Lesen am Bildschirm

Gruppe	Prozent
Total	44%
Männlich	51%
Weiblich	37%
bis 19 Jahre	67%
20–29 Jahre	59%
30–39 Jahre	54%
40–49 Jahre	47%
50–59 Jahre	42%
60 u.m. Jahre	26%
Hauptschule	37%
mittlerer Schulabschluss	47%
Abitur/Studium	55%

Zustimmung zur Aussage: „Mir ist es ganz egal, ob ein Text gedruckt oder digital ist – es kommt mir auf den Inhalt an."
(Basis: Befragte, die der Aussage sehr bzw. ziemlich zustimmen)

Schreiben Sie,

- in welchen Gruppen es den meisten Befragten egal ist, ob sie Texte auf Papier oder am Bildschirm lesen.
- welche markanten Unterschiede es zwischen Männern und Frauen, den verschiedenen Altersgruppen und Bildungsschichten gibt.
- welche Gründe es für die Unterschiede geben könnte.
- ob Sie diese Zahlen überraschen.
- welche Bedeutung das Medium, auf dem ein Text erscheint, für Sie hat.

Hinweise:
Bei der Beurteilung wird unter anderem darauf geachtet,
– ob Sie alle fünf angegebenen Inhaltspunkte berücksichtigt haben,
– wie korrekt Sie schreiben,
– wie gut Sätze und Abschnitte sprachlich miteinander verknüpft sind.
Schreiben Sie mindestens 200 Wörter.

Porträt

Fondation Beyeler

Die Fondation Beyeler in Riehen bei Basel in der Schweiz ist weltweit eines der bedeutendsten Museen für moderne Kunst. Es beherbergt die Kunstsammlung des Ehepaars Hildy und Ernst Beyeler. Im Laufe von über 50 Jahren trugen sie die Kunstschätze mit Schwerpunkt klassische Moderne zusammen und gründeten 1982 die Stiftung Beyeler.

Ernst Beyeler, geboren 1921 in Basel, studierte Kunstgeschichte an der Universität Basel und arbeitete während seines Studiums als Aushilfe in einer kleinen antiquarischen Kunsthandlung. Diese Kunsthandlung mit Büchern, Grafiken und Zeichnungen übernahm er dann im Jahre 1945 und seine Karriere als erfolgreicher Kunsthändler nahm spätestens hier ihren Lauf. Seit den 1950er-Jahren trug er zusammen mit seiner Frau Hildy parallel zu seiner erfolgreichen Galeristentätigkeit ausgesuchte Werke der klassischen Moderne zusammen.

Die Öffentlichkeit bekam diese Schätze im Jahre 1989 bei einer Ausstellung im Museo Nacional Centro de Arte Reina Sofía in Madrid zum ersten Mal zu Gesicht. 1994 erhielt der bekannte italienische Architekt Renzo Piano den Auftrag, für die Sammlung ein öffentliches Museum zu bauen, und er entwarf ein beeindruckendes Gebäude: Das Museum für Moderne Kunst, das am 18. Oktober 1997 eröffnet wurde, kann mit gutem Recht von sich behaupten, eines der schönsten der Welt zu sein, wegen der gelungen lichtdurchfluteten Architektur, der beispielhaften Darstellung dieser einzigartigen Sammlung von Kunstwerken und auch der wunderschönen Lage mit Blick auf Obstbäume und weidende Kühe.

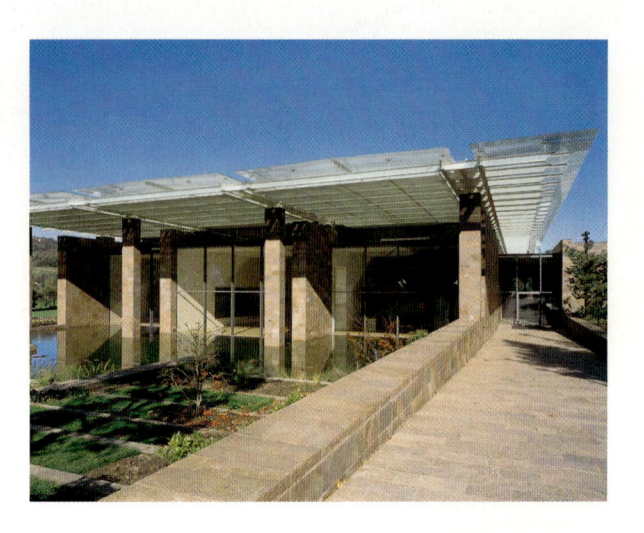

Die Fondation Beyeler enthält rund 180 Werke der klassischen Moderne und spiegelt den persönlichen Blick des Galeristen-Ehepaars auf die Kunst des 20. Jahrhunderts wider.

Unter anderem kann man hier Werke von Degas, Monet, Cézanne, van Gogh, Picasso, Warhol, Lichtenstein, Rothko oder Bacon sehen. Diese Kunstwerke der klassischen Moderne werden durch etwa 25 Objekte der Stammeskunst aus Afrika, Ozeanien und Alaska ergänzt. Neben dieser Dauerausstellung steht ein Drittel des Museums für Sonderausstellungen zur Verfügung. Auch im Garten des Museums werden immer wieder Sonderausstellungen gezeigt, die für alle Interessierten frei zugänglich sind.

Mehr Informationen zur Fondation Beyeler

Sammeln Sie Informationen über Persönlichkeiten aus dem In- und Ausland, die für das Thema „Kunst" interessant sind, und stellen Sie sie im Kurs vor. Sie können dazu die Vorlage „Porträt" im Anhang verwenden.
Beispiele aus dem deutschsprachigen Bereich: Thomas Quasthoff – Walter Gropius – Julia Jentsch – Franz Marc – Marc Foster – Martina Gedeck – Urs Widmer – Marlene Dietrich

Grammatik-Rückschau

1 Präfixe *durch-, über-, um-, unter-, wider-*: trennbar und untrennbar
trennbar: betont, eher wörtliche Bedeutung, untrennbar: unbetont, eher bildhafte Bedeutung

	trennbar	untrennbar	trennbar und untrennbar
über-	überkochen, übersiedeln	überarbeiten, überblicken, überdenken, überfordern, überreden, übertreiben	übersetzen, überstehen, übertreten, überziehen
unter-	unterbringen, untergehen	unterbrechen, unterdrücken, unterschätzen, unterwerfen	unterhalten, unterstellen, unterziehen
wider-	widerhallen, widerspiegeln	widerfahren, widerlegen, sich widersetzen, widersprechen, widerstehen	
durch-	durchfallen, durchführen, durchhalten, durchkommen, durchmachen, durchsehen	durchdenken, durchleben (eher wörtliche Bedeutung)	durchbrechen, durchdringen, durchfahren, durchlaufen, durchschauen, durchsetzen
um-	umladen, umsteigen, umziehen, umändern, umbauen, umtauschen, umfallen, umstoßen (Bedeutung „Veränderung" von Ort, Zustand, Richtung)	umarmen, umkreisen, umzäunen (Bedeutung „kreisförmige Bewegung")	umfahren, umfliegen, umgehen, umschreiben, umstellen (trennbar: „Veränderung", untrennbar: „kreisförmige Bewegung")

2 Konnektoren

Konnektor	Bedeutung	Beispielsatz
andernfalls	Folge	Für das Studium braucht man Durchhaltevermögen. **Andernfalls** sollte man lieber einen anderen Studiengang wählen.
demnach	Folge	Der Erfolg junger Künstler wird von Galeristen bestimmt. **Demnach** ist es wichtig, die richtigen Kontakte zu knüpfen.
folglich	Folge	Als Schauspieler wird man oft abgewiesen, **folglich** ist ein starkes Selbstbewusstsein wichtig.
infolgedessen	Folge	Die Konkurrenz ist groß. **Infolgedessen** setzen viele Schulen auf eine möglichst breite Ausbildung.
somit	Folge	Meine größte Angst ist, dass sich kein materieller Erfolg einstellt. **Somit** wäre es natürlich ganz gut, ein zweites Standbein zu haben.
sonst	Folge	Langfristig sichert aber nur eines den Erfolg: der unbändige künstlerische Drang, **sonst** ist dieses Leben nicht durchzuhalten.
dagegen	Gegensatz	Viele träumen davon, mit ihrer Kunst erfolgreich zu sein. **Dagegen** spricht allerdings die Realität.
demgegenüber	Gegensatz	Die Karriere winkt am Horizont. **Demgegenüber** steht oft die Realität.
dennoch	Gegensatz	Mir wäre es auch lieber, finanziell endlich unabhängig zu sein. **Dennoch** will ich ohne dieses Kribbeln nicht leben.
stattdessen	Gegensatz	Ich hätte auch einfach Medizin studieren können. **Stattdessen** habe ich mich für die oft brotlose Kunst entschieden.
vielmehr	Gegensatz	Mit Romantik hat das wenig zu tun, **vielmehr** ist es harte Arbeit.
wohingegen (Verb am Ende)	Gegensatz	Früher habe ich mir ein Künstlerleben romantisch vorgestellt, **wohingegen** ich jetzt sage, dass es mit Romantik wenig zu tun hat.
daraufhin	Zeit	Neulich habe ich ein Bild verkauft. **Daraufhin** habe ich mir gleich viele neue Materialien angeschafft.
gleichzeitig	Zeit	Die Studenten lernen, mit verschiedenen Techniken umzugehen. **Gleichzeitig** lernen sie, sich professioneller zu vermarkten.
währenddessen	Zeit	Meine Freunde haben mittlerweile Karriere gemacht. **Währenddessen** dreht sich bei mir immer noch alles primär darum, zu überleben.

„Das hier ist wichtig"

1 Sehen Sie den Kurzfilm „Der Termin".

a In welche Kategorie(n) würden Sie den Film einordnen?

> Abenteuer   Dokumentation   Drama   Komödie
> Horror   Action   Trash   Experiment   ...

Welche Zuschauer könnten sich für diesen Film interessieren?

b Wie hat Ihnen der Film gefallen? Begründen Sie Ihre Meinung.

c Entdecken Sie zentrale Aussagen in dem Film? Wenn ja, welche? Diskutieren Sie.

2a Künstlerische Filme (K) unterscheiden sich von Sach- oder Dokumentarfilmen (S). Welche Aussage trifft für welche Kategorie (K/S) zu? Sehen Sie eventuell noch einmal einen der anderen Filme auf der DVD. Sprechen Sie dann im Kurs.

    a Es gibt weniger Sprechtext. Die Mimik und Gestik sind wichtiger. _____
    b Betroffene Leute und Experten informieren über ein aktuelles Problem. _____
    c Der Off-Ton und direkte Aussagen wechseln sich ständig ab. _____
    d Der Einsatz von Licht unterstreicht eine Aussage oder Stimmung. _____
    e Die Position der Kamera spielt eine sehr wichtige Rolle. _____

b Welche weiteren typischen Merkmale können Sie für die beiden Kategorien nennen?

3 Wählen Sie eine Aufgabe und arbeiten Sie in zwei Gruppen. Wie interpretieren Sie das Verhalten der beiden Männer? Sehen Sie dazu die erste Sequenz.

Gruppe A

Schreiben Sie einen „inneren Monolog" für eine der beiden Figuren. Darin sollen die Stimmung und die Gedanken dieser Figur deutlich werden. Lesen Sie Ihren Monolog im Kurs vor.

sehen | nachdenken | diskutieren 9

Gruppe B

Schreiben Sie zusammen mit einem Partner / einer Partnerin einen „inneren Dialog", der die wahren Stimmungen und Gedanken der Figuren ausdrückt. Starten Sie dann die erste Sequenz ohne Ton und sprechen Sie Ihren Dialog zu der Szene.

4 Wählen Sie eine der Aufgaben und lassen Sie Ihrer Fantasie freien Lauf. Sie können allein, zu zweit oder in Gruppen arbeiten. Präsentieren Sie Ihre Ergebnisse im Kurs.

A Der Film soll auf einem Kurzfilmfestival gezeigt werden. Der Produzent bittet Sie, einen Flyer oder ein Plakat dafür zu gestalten.

B Sie haben den Auftrag bekommen, für den Anfang des Films eine passende Filmmusik zu machen. Benutzen Sie dafür Gegenstände, die Sie in der Nähe finden (Lineale, Bleistifte, Plastiktüten, Mülleimer usw.), um z.B. ein Schlagzeugstück und Geräusche zu erfinden. Sie können auch mit der Stimme improvisieren.

C Der Produzent findet das Drehbuch noch nicht gut und bittet Sie, Vorschläge für Veränderungen der Geschichte zu machen. Sie können die veränderten Szenen zur Veranschaulichung auch vorspielen.

D Die Kulturredaktion einer Lokalzeitung bittet Sie, eine Kritik zu dem Film zu schreiben. Sie sollen auf die gelungenen und nicht so gut gelungenen Leistungen in den Bereichen Buch, Regie, Darsteller, Musik usw. eingehen.

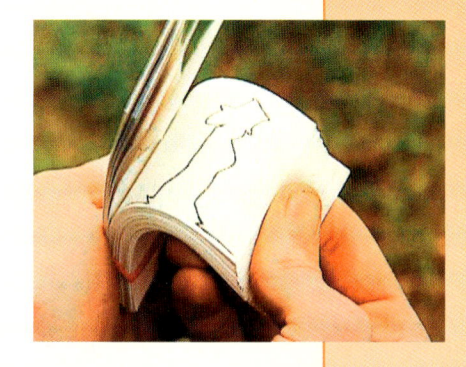

Erinnerungen

1a Lesen Sie die Tagebucheinträge. Um welche Ereignisse geht es?

b Schreiben Sie die Daten zu den Texten.

| 30.06.1992 | 01.01.2002 | 05.08.1888 | 25.12.1952 |

... und noch etwas sehr Interessantes ist heute passiert: Das erste GSM-Netz ist in Deutschland freigeschaltet worden. Zum ersten Mal gibt es hierzulande Handys im Hosentaschenformat. Ich habe sie schon gesehen und will mir trotz des Preises unbedingt eins zulegen. Mein Arbeitskollege hat mir erzählt, dass das wirklich gut funktionieren soll. Wäre doch praktisch, so ein Ding in der Tasche zu haben. Dann kann ich Anna anrufen, wenn ich möchte, und von überall aus. Tolle Vorstellung, am Bahnhof zu stehen, auf die S-Bahn zu warten und die Zeit für ein Telefongespräch zu nutzen. Und endlich kein Kleingeld mehr in der Tasche suchen für die sowieso kaputten Münztelefone. Freu mich riesig drauf. Will mich morgen gleich erkundigen gehen.

Sie lernen

Texte über die Funktion des Gedächtnisses verstehen und Überschriften formulieren . . . Modul 1

Ein Radiosendung zum Thema „Falsche Erinnerungen" verstehen und einen Blogeintrag schreiben . . . . Modul 2

Ein Gespräch verstehen und Fragen zu einem Text über Gesichtsblindheit stellen und beantworten . . . . Modul 3

Einen literarischen Text über Erinnerungen an das Jahr 1952 lesen und Informationen zum sozialen Hintergrund verstehen . . . . . . Modul 4

Darüber schreiben, woran Sie sich in fünf Jahren erinnern werden und über ein Lied sprechen . . . . Modul 4

Grammatik

Partizipialgruppen . . . . Modul 1
Vermutungen ausdrücken: Futur I und II . . . Modul 3

... Papa kam heute mit einer Überraschung nach Hause. In einem Riesenkarton. Ich durfte auspacken. Kein Spielzeug, sondern ein großer brauner Kasten. Und in dem Kasten kann man Menschen sehen, Menschen, so wie du und ich. Wie gebannt saßen wir davor, als Papa ihn anmachte. Tolle Technik. Bei uns im Wohnzimmer ist es jetzt wie im Kino. Abends wird es nie mehr langweilig. ...

AB Wortschatz

10

Als ich gestern Vormittag nichts ahnend aus der Tür trat, erschrak ich ganz furchtbar. Da raste eine Kutsche ohne Pferde an mir vorbei, und sie knatterte und knallte zum Gotterbarmen. Und nicht nur ich glotzte am Straßenrand mit offenem Mund. Auch alle anderen waren stehen geblieben. Diese Maschine musste der Motorwagen sein, von dem schon viel gemunkelt worden war. Und was noch verblüffender war: Auf diesem Motorwagen saßen eine Frau und zwei Kinder!

Wie die Leute später erzählten, war das Bertha Benz, die Frau des Erfinders Carl Friedrich Benz. Sie war mit ihren beiden Söhnen zu dieser unglaublichen Tour aufgebrochen, um in Pforzheim die Großeltern zu besuchen. Angeblich ahnte Carl Friedrich nichts von diesem abenteuerlichen Plan, er soll noch geschlafen haben, als seine Frau den Motor des Gefährts ankurbelte. In der Zeitung stand dann, dass es einige Stunden gedauert hat, bis die drei Wiesloch schließlich erreichten. Tank und Kühlwasser waren zu diesem Zeitpunkt so gut wie leer und die Söhne wurden zum Brunnen geschickt, um Wasser zu holen, und in die Stadtapotheke, um Waschbenzin zu besorgen. Apotheker Willi Ockel hatte gerade noch zwei Liter auf Lager. Und dann fuhren sie weiter. Aber nicht lange. Kurz vor Bruchsal krachte die Kette. In einer alten Schmiede fanden sie zum Glück Hilfe. Bei Weingarten dann das nächste Problem: ein verstopfter Vergaser. Mithilfe ihrer Hutnadel machte Bertha Benz ihre „Kutsche" wieder flott. So kamen die drei gut durchgeschüttelt, aber glücklich, nach 106 km abends bei Großmama und Großpapa in Pforzheim an. Wirklich unglaublich!

... Raketen knallten, ein Feuerwerk erleuchtete den Himmel. Neujahr. Die Stimmung war grandios. Doch irgendwie war ich nicht bei der Sache. Ich musste an die komisch bunten Geldscheine in meinem Portemonnaie denken. Sofort schoss mir durch den Kopf, dass mit dem Glockenschlag um Mitternacht nur noch die Hälfte auf meinem Konto war. Und was wird am Montag im Supermarkt passieren? Wird jetzt alles doppelt so teuer? Das neue Jahr fängt nicht gut an ...

2 Schreiben Sie selbst einen Tagebucheintrag zu einem besonderen Erlebnis.

Erinnern und Vergessen

1 Denken Sie an Ihre Kindheit zurück. Woran erinnern Sie sich gut, woran nicht mehr so gut? Berichten Sie.

2a Lesen Sie den Text. Geben Sie jedem der drei Textteile eine Überschrift.

b Lesen Sie den ersten Teil noch einmal. Erklären Sie, wie Neues aufgenommen und behalten wird.

c Lesen Sie den zweiten Teil noch einmal. Welche drei Hauptsysteme unseres Gedächtnisses werden genannt und wie werden sie unterteilt?

d Lesen Sie den dritten Teil noch einmal. Welche beiden Theorien des Vergessens werden vorgestellt? Welche Theorie erscheint dem Autor schlüssiger? Warum?

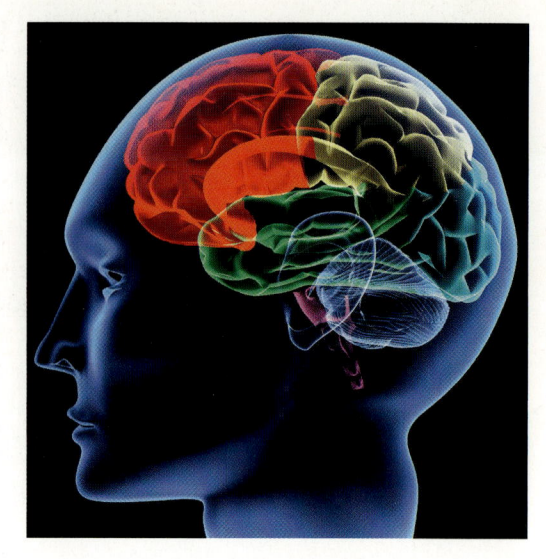

1 Jedes Wort, jeden Gedanken, sogar das Gefühl für uns selbst und andere verdanken wir unserem Gedächtnis. Ohne seine bindende Kraft zerfiele unser Bewusstsein in Einzelteile, in gelebte Augenblicke. Seit frühesten Zeiten rätseln Philosophen und Wissenschaftler über die Natur des Gedächtnisses. Noch immer ist die komplizierte Sprache unseres Gehirns nicht entschlüsselt. Unser Hirn besteht, grob geschätzt, aus etwa 100 Milliarden Nervenzellen (Neuronen), die zu einem riesigen Netz verbunden sind. Wird eine Nervenzelle von einem ankommenden Reiz erregt, leitet sie einen elektrischen Impuls mithilfe von Botenstoffen an ihre Nachbarzellen weiter: Sie „feuert", bildlich ausgedrückt, auf ihre Nachbarzelle.

Wenn wir etwas Neues lernen und unser Gedächtnis dies speichert, dann verstärken sich die Verbindungen zwischen bestimmten Neuronen. Je häufiger sich das Erlebnis wiederholt, desto stärker wird das Neuronennetz zusammengeschweißt, desto dauerhafter ist die Erinnerung. Unser Gedächtnis teilt sich die anfallende Arbeit auf: Die Eigenschaften der Dinge, an die wir uns erinnern, sind denjenigen Regionen zugeteilt, die auch für die Wahrnehmung dieser Eigenschaften zuständig sind. Erinnern wir uns etwa an einen Ball, so ruft unser Gedächtnis die Informationen über Farbe, Form und Funktion dieses Balls von verschiedenen Orten des Gehirns ab. Alle zusammen lassen in Sekundenbruchteilen das Bild des Balls vor unserem geistigen Auge entstehen.

2 Unser Gedächtnis besteht, streng genommen, aus drei Hauptsystemen. Das sensorische Gedächtnis speichert eintreffende Reize für Bruchteile von Sekunden. Was wichtig ist, gelangt ins Kurzzeitgedächtnis. Hier bleibt die Information einige Sekunden lang erhalten. Zeit genug, um etwa einen Satz zu begreifen, ohne seinen Anfang schon wieder zu vergessen.

Ins Langzeitgedächtnis gelangt, was wir für längere Zeit oder dauerhaft behalten. Genau betrachtet, kann das Langzeitgedächtnis noch weiter unterteilt werden: Gespeicherte Informationen stehen uns entweder bewusst oder unbewusst zur Verfügung. Bewusst sind uns die Inhalte des episodischen Gedächtnisses. Es speichert unsere eigene Lebensgeschichte: Erinnerungen an den ersten Kuss, die Flitterwochen, an das heutige Frühstück.

Das semantische Gedächtnis dagegen ist für unser Faktenwissen zuständig. Es nimmt den Namen der japanischen Hauptstadt ebenso auf wie die chemische Formel für Wasserstoff. Unser Gehirn erinnert sich an viel mehr, als uns bewusst ist. Etwa an Bewegungsabläufe: Beim Gehen oder Radfahren erinnern wir uns unbewusst daran, welche Muskeln wann aktiviert werden müssen. Diesen Gedächtnistyp nennt man das prozedurale Gedächtnis.

lesen
sprechen | Grammatik

3 Noch bis vor wenigen Jahrzehnten glaubten die Wissenschaftler, unser Gedächtnis funktioniere, verglichen mit einem Computer, genauso unbestechlich: Es zeichne getreulich alles auf, was wir erleben. Heute steht fest, dass Erinnern wohl eher einem Puzzlespiel gleicht. Die Lücken füllen wir aus, indem wir raten. Erinnern wir uns etwa an einen Porsche, den wir am Vormittag an der Ampel gesehen haben, mag uns das Bild zwar klar vor Augen stehen. Würden wir seine Einzelheiten aber noch einmal mit dem Original vergleichen, fänden sich gewiss bedeutende Unterschiede. Beim Prozess des Merkens spielen Gefühle eine große Rolle. Wir speichern vor allem das, was uns an einem Erlebnis interessiert. Je stärker unsere emotionale Beteiligung, desto dauerhafter die Speicherung.

Was aber passiert, wenn wir etwas vergessen? Darüber gibt es zwei Theorien. Die eine geht davon aus, dass die in unserem Gehirn gespeicherte Erinnerung einfach mit der Zeit verblasst und schließlich ganz verschwindet. Dann müssten wir jedoch umso mehr vergessen, je mehr Zeit seit dem zu erinnernden Ereignis vergangen ist. Dies konnte bislang noch nicht bewiesen werden. Die zweite Theorie ist plausibler: Sie besagt, dass wir bestimmte Dinge vergessen, weil sie von neuen, interessanteren Eindrücken überlagert oder gestört werden. Wir finden somit nur noch schwer Zugang zu alten Informationen.

▶ Ü 1–2

3a Unterstreichen Sie in den folgenden Sätzen jeweils den Hauptsatz.

1. Unser Hirn besteht, grob geschätzt, aus etwa 100 Milliarden Nervenzellen.
2. Genau betrachtet, kann das Langzeitgedächtnis noch weiter unterteilt werden.
3. Es besteht, streng genommen, aus drei Hauptsystemen.

b Der nicht unterstrichene Teil ist eine Partizipialgruppe. Markieren Sie die Partizipien. Finden Sie im Text weitere Beispiele.

c Formen Sie die Partizipialgruppe in Konditionalsätze um.

Partizipialgruppe	Konditionalsatz
Unser Hirn besteht, grob geschätzt, aus …	Wenn man grob schätzt, besteht unser Hirn …
Genau betrachtet, kann das Langzeitgedächtnis noch weiter unterteilt werden.	
Es besteht, streng genommen, aus drei Hauptsystemen.	

d Ergänzen Sie die Regel: *Ende – verkürzte – endungslose.*

Partizipialgruppen sind oft _____ Konditionalsätze. Das _____ Partizip steht gewöhnlich am _____ der Partizipialgruppe*. Das gedachte Subjekt ist oft *man*. Viele Partizipialgruppen mit konditionaler Bedeutung sind feste Wendungen:
genau/kurz/anders gesagt, anders formuliert, genauer/oberflächlich betrachtet, genau/streng / im Grunde genommen, richtig verstanden, grob geschätzt.

*Nach dem Partizip kann eine Präpositionalergänzung stehen, z. B. *verglichen mit* + Dat., *abgesehen von* + Dat., *ausgehend von* + Dat., oder ein *dass*-Satz: *angenommen, dass* …

▶ Ü 3–5

4 Recherchieren Sie im Internet unter dem Stichwort *Gedächtnistraining*. Stellen Sie mögliche Aufgaben dazu im Kurs vor.

Falsche Erinnerungen

1 Lesen Sie die Zitate zum Thema „Erinnerung". Was bedeuten Sie?

Ach, mein Gott, wenn man ganz ehrlich zu sich ist, färbt die Zeit die Erinnerungen natürlich schön.
(Wolfgang Niedecken – Sänger, Musiker, bildender Künstler)

Erinnern heißt auswählen.
(Günter Grass – Schriftsteller)

Erinnerungen sind Wirklichkeiten im Sonntagskleid.
(Oliver Hassencamp – Kabarettist, Schauspieler, Schriftsteller)

2 Sie hören ein Interview zum Thema „Falsche Erinnerungen". Sie hören den Text zweimal, zunächst einmal ganz, danach ein zweites Mal in Abschnitten. Kreuzen Sie die richtige Antwort (a, b oder c) an.

1	Wie charakterisiert Professor Jakobsen falsche Erinnerungen?	a Als erfunden oder zum Teil von der Realität abweichend. b Als erfunden und prinzipiell falsch. c Als vergessen, aber tatsächlich erlebt.
2	Was nahm die Hälfte der Versuchspersonen in dem Experiment mit dem Heißluftballon an?	a Dass das Erlebnis im Heißluftballon real war. b Dass die Fotos Fälschungen waren. c Dass sie von einem Flug im Heißluftballon geträumt haben.
3	Warum entstehen in unserem Gedächtnis Wissenslücken?	a Weil neue Informationen nicht immer zu bereits vorhandenem Wissen passen. b Weil sich unser Gedächtnis nicht alle Informationen merken kann. c Weil unser Gehirn neue Informationen automatisch einordnet.
4	Welche Rolle spielen Gefühle beim Speichern von Informationen?	a Gefühle bestimmen, welche Informationen gespeichert werden. b Gefühle sorgen dafür, dass unser Wissen beim Speichern verändert wird. c Gefühle spielen beim Speichern keine wesentliche Rolle.
5	Welche Voraussetzung muss erfüllt sein, um die Erinnerung eines Menschen zu manipulieren?	a Die Details von einem Film bzw. von Fotos müssen abgespeichert worden sein. b Die gezeigten Fotos und Filme müssen in ihrer Anzahl begrenzt sein. c Die neuen Informationen müssen vom Inhalt her zu anderem Erinnerten passen, damit sie mit diesem vernetzt werden können.
6	Was sagt Professor Jakobsen zu positiven und negativen Erinnerungen?	a Patienten müssen negative Erinnerungen intensiver verarbeiten. b Patienten prägen sich negative Erinnerungen besser ein. c Positive Erinnerungen bleiben länger im Gedächtnis.

hören / schreiben

7	Woran erinnert sich ein Mensch am intensivsten?	a Daran, was besonders wichtig gewesen ist.
		b Daran, was vor Kurzem erst passiert ist.
		c Daran, was zum ersten Mal geschehen ist.
8	Was ist für Historiker besonders schwierig einzuschätzen?	a Ob Zeitzeugen etwas real erlebt haben.
		b Ob Zeitzeugen sich an alle Fakten erinnern können.
		c Ob Zeitzeugen Teile des Erlebten verheimlichen.
9	Warum identifizieren Opfer Unschuldige als Täter?	a Weil das Gehirn falsche Informationen über den Täter speichert.
		b Weil die ursprünglichen Informationen mit den neuen vermischt werden.
		c Weil unser Gedächtnis Teile unserer Erinnerungen nicht wie in einem Puzzle zusammenfügt.
10	Wir glauben in einem Prozess vor Gericht eher …	a den Aussagen von Zeugen.
		b den genauen Fakten.
		c unserem gesunden Menschenverstand.

3 Sammeln Sie an der Tafel wichtige Informationen aus dem Text. ▶ Ü 1

4a Lesen Sie den Eintrag aus einem Weblog. Fassen Sie Christines Problem kurz zusammen.

> **Falsche Erinnerung?**   Samstag, 28. Oktober 2008 von Christine
>
> Ich möchte ein Beispiel dafür einbringen, dass unsere Erinnerungen oft ganz unterschiedlich sind. Ich habe eine drei Jahre ältere Schwester. Neulich haben wir uns alte Fotos angeschaut. Auf einem Foto sind wir beim Bowling. Das ist jetzt fünf Jahre her. In unserer Mannschaft spielte Jochen mit, den man im Hintergrund auf dem Foto sieht. Jochen war ein Schulfreund von mir. Meine Schwester Anna aber behauptet, Jochen sei ein ehemaliger Arbeitskollege von ihr. Sie ist sich absolut sicher und kann sich an berufliche Einzelheiten erinnern. Ich aber auch. Schließlich bin ich mit Jochen zur Schule gegangen. Auf dem Foto ist eine Person zu sehen, an die wir beide unterschiedliche Erinnerungen haben. Wie ist das möglich?

b Schreiben Sie einen Blogeintrag. Beziehen Sie sich auf Christines Problem und gehen Sie dabei auf die Radiosendung ein. Benutzen Sie die Redemittel.

Wichtigkeit ausdrücken	Unwichtigkeit ausdrücken
Entscheidend ist für mich, dass …	Das spielt für mich gar keine Rolle.
Ich halte für besonders wichtig, dass …	Das ist ein zweitrangiges Problem.
Der wichtigste Punkt für mich ist, dass …	Das steht für mich an letzter Stelle.
Ich will hier unterstreichen/hervorheben, dass …	Für mich hat das gar keine Bedeutung.
Für mich ist von Bedeutung, dass …	Ich halte das für (absolut) unwichtig/belanglos/nebensächlich/bedeutungslos.
Das ist von größter Wichtigkeit!	Es gibt doch viel Wichtigeres!
Mir liegt besonders am Herzen, dass …	Für mich ist das kaum der Rede wert.
	Das hat doch gar nichts zu sagen!

Kennen wir uns …?

1 Hören Sie ein Gespräch. Was ist das Problem und welche Erklärung könnte es geben?
▶ Ü 1

2a Vermutungen. Hören Sie noch einmal Sätze aus dem Gespräch. Kreuzen Sie sprachliche Mittel an, mit denen man eine Vermutung ausdrücken kann.

- ☐ Partizipialsätze
- ☐ Futur
- ☐ Adjektive
- ☐ Modalverben *können* und *müssen* im Indikativ oder Konjunktiv
- ☐ Modalverb *dürfen* im Konjunktiv
- ☐ Plusquamperfekt
- ☐ Attribute
- ☐ Modalwörter wie *vielleicht, wahrscheinlich, vermutlich, …*

b Hören Sie die Sätze. Wie bildet man die Formen des Futurs? Ergänzen Sie.

Infinitiv	Futur I	Futur II
sehen	er wird _____	er wird _____
	werden + _____	werden + _____ + _____ /sein

c Welche der Sätze drücken eine Vermutung aus, die sich auf die Gegenwart oder Zukunft bezieht, welche eine Vermutung, die sich auf Vergangenes bezieht? Notieren Sie und ergänzen Sie die Regel.

▶ Ü 2–3

Zeitbezug

1. Weißt du, wer das ist? – Das wird wohl ein Kollege sein.   _Gegenwart_
2. Heute ging es ihm nicht gut, er wird morgen wohl krank sein.   _____
3. Denk dir nichts, er wird dich einfach nicht gesehen haben.   _____

Futur I: Vermutung bezieht sich auf die _____ oder _____.
Futur II: Vermutung bezieht sich auf die _____.

3a Der Text „Wenn alle gleich aussehen" gibt eine Erklärung zum Problem im Gespräch von Aufgabe 1. Stellen Sie Vermutungen an, was das Problem sein könnte.

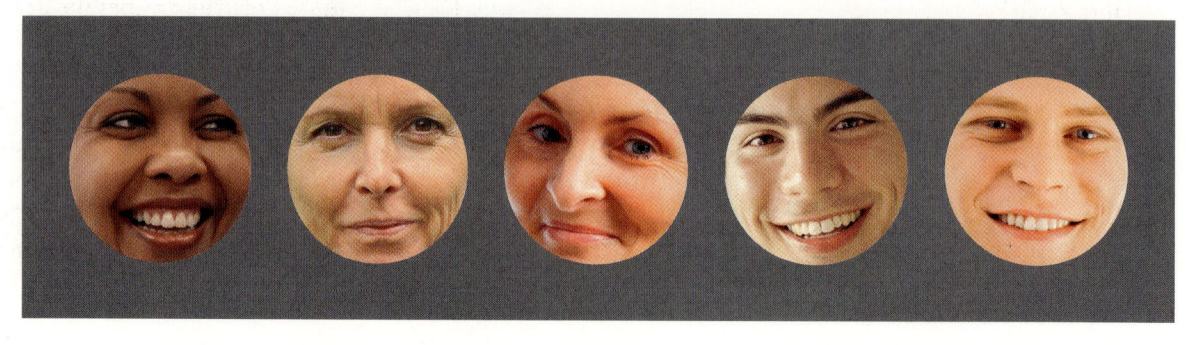

b Lesen Sie nun den Text und formulieren Sie sieben Fragen dazu.

Wenn alle gleich aussehen
Von Christian Stöcker

Menschen, die an Prosopagnosie leiden, können Gesichter nur mit Mühe voneinander unterscheiden. Einst galt die Störung als exotisch und selten, nun zeigt sich: Millionen von Menschen haben dieses Problem – meist, ohne es zu ahnen.

„Eines Tages um die Mittagszeit", erzählt Bill Choisser, „traf ich meine Mutter auf dem Gehsteig und erkannte sie nicht." Sie sei „gar nicht amüsiert" gewesen über den Faux-pas ihres Sohnes, berichtet der auf seiner Webseite, und habe ihm „bis heute nicht vergeben". Für Choisser sind derartige Ereignisse keine lustigen Anekdoten, sondern ein lästiger Teil seines Alltags. Choisser leidet an einer Störung mit dem unhandlichen Namen Prosopagnosie – er tut sich schwer damit, Gesichter zu erkennen.

Obwohl dieses Problem in der Weltliteratur das eine oder andere Mal auftaucht, ist Prosopagnosie als definiertes Störungsbild erst 1947 zum ersten Mal wissenschaftlich beschrieben worden. Bis heute, glaubt man aktuellen Forschungsergebnissen, ist das Wissen um den Defekt so wenig verbreitet, dass weltweit Millionen von Menschen keine Ahnung haben, dass viele ihrer Schwierigkeiten auf ihn zurückzuführen sind. Zwei Prozent aller Menschen, schätzen Ken Nakayama von der Harvard University und seine Kollegen, leiden an Prosopagnosie, meist von Geburt an. Wer nie gelernt hat, wie es ist, Gesichter ohne Anstrengung unterscheiden zu können, merkt gar nicht, was ihm fehlt.

Martina Grüter kam in einer Studie an der Universität Münster für Deutschland auf einen ähnlichen Prozentsatz wie ihre US-Kollegen. Besonders angeborene Prosopagnosie sei sehr viel weiter verbreitet, als man bislang vermutet habe, sagt sie. Stimmen die Schätzungen, haben Hunderttausende von Deutschen Schwierigkeiten, Nachbarn, Kollegen und Freunde auf der Straße oder anderswo zu erkennen – ohne zu wissen warum.

Diese verblüffend anmutende Erkenntnis verwundert Grüter allerdings nicht übermäßig. Sie weiß, wovon sie spricht – ihr Ehemann, der ebenfalls auf diesem Gebiet forscht, ist selbst prosopagnostisch. Das sei aber „nicht so beeinträchtigend, wie man sich das vorstellt", sagt sie, und fügt hinzu: „An mir ist mein Mann noch nie vorbeigelaufen, ohne mich zu erkennen."

[…]

Erwachsene, die mit der Störung leben, kommen oft hervorragend zurecht – Martina Grüter kennt „Rechtsanwälte, Ärzte, Schulrektoren" mit Prosopagnosie – was vermutlich einer der Gründe ist, warum bis vor einigen Jahren „nur 100 Fälle weltweit dokumentiert waren", wie Nakayama erklärt. Erwachsene mit der Störung haben „Probleme in einer Verwechslungskomödie oder mit einem Film, in dem lauter ähnlich aussehende blonde Frauen vorkommen", sagt Grüter, aber im Alltag hätten sie Strategien entwickelt, um Menschen trotzdem zu unterscheiden.

Das Problem, sagt Grüter, seien die Kinder. 50 Prozent des Nachwuchses von Prosopagnostikern hätten selbst Probleme mit Gesichtern – und das kann, etwa im Kindergarten, durchaus zu sozialer Ausgrenzung führen. Würden Kindergärtner und Eltern aber richtig instruiert, könnten sie frühzeitig gegensteuern und auch Tipps geben. „Zum Beispiel, dass man sich Jana nicht darüber merkt, dass sie ein rotes Kleid anhat, sondern lieber über die Form ihrer Ohren", sagt Grüter.

„Das Bewusstsein allein macht vielen Betroffenen das Leben leichter." Wenn das eigene Kind im Kindergarten also Schwierigkeiten hat, sich in eine Gruppe zu integrieren, muss man nicht gleich an Autismus oder Ähnliches denken – vielleicht kann es seine neuen Spielkameraden einfach nicht auseinanderhalten.

c Arbeiten Sie zu zweit und beantworten Sie gegenseitig Ihre Fragen.

Weißt du noch ...?

1a In dem Buch „Mein Jahrhundert" erzählt Günter Grass zu jedem Jahr des 20. Jahrhunderts eine Geschichte. Lesen Sie einen kurzen Auszug vom Anfang der Geschichte zum Jahr 1952. Was könnte mit dem „Zauberspiegel" gemeint sein?

> Sag ich, wenn Gäste uns fragen, immer noch: Uns hat der Zauberspiegel [...] zusammengeführt, die Liebe kam erst scheibchenweise. Es geschah auf Weihnachten zweiundfünfzig.

b Lesen Sie nun den ersten Absatz. Haben Sie richtig vermutet, was der „Zauberspiegel" war?

> 1 1952
>
> Sag ich, wenn Gäste uns fragen, immer noch: Uns hat der Zauberspiegel, wie anfangs – und nicht nur in „Hör zu" – das Fernsehen genannt wurde, zusammengeführt, die Liebe kam erst scheibchenweise. Es geschah auf Weihnachten zweiundfünfzig. Da standen überall und so auch
> 5 bei uns in Lüneburg die Menschen gedrängt vor den Schaufenstern der Radiogeschäfte und erlebten, wie auf den Bildschirmen das erste richtige Fernsehprogramm ablief. Wo wir standen, gab's nur einen einzigen Apparat.

c Lesen Sie den Text zu Ende. Erschließen Sie aus dem Kontext die Bedeutung der folgenden Wörter.

1. rumzappeln (Zeile 10)
2. quasseln (Zeile 11)
3. jemanden verkuppeln (Zeile 15)
4. schnippisch (Zeile 21)
5. das Luftschloss (Zeile 30f.)
6. die Göre (Zeile 36)
7. der Ohrwurm (Zeile 37)
8. das Ebenbild (Zeile 40)
9. glotzen (Zeile 48)
10. etwas einmotten (Zeile 57)

1. sich nervös und hektisch bewegen

> Na, besonders mitreißend war das nicht: Zuerst eine Geschichte, in der es um das Lied „Stille Nacht, heilige Nacht"[1], einen Lehrer und einen Herrgottsschnitzer[2] namens Melchior ging.
> 10 Später gab's ein Tanzspiel, in dem, frei nach Wilhelm Busch, Max und Moritz rumzappelten. [...] Achja, anfangs quasselte noch der Intendant vom Nordwestdeutschen Rundfunk irgendwas Feierliches, ein gewisser Dr. Pleister, auf den dann die Fernsehkritik „Scheibenkleister"[3] gereimt hat. Und eine Ansagerin gab's, die im geblümten Kleid beinahe schüchtern auftrat und alle und besonders mich anlächelte.

[1] Weihnachtslied
[2] Jemand, der Holzfiguren schnitzt
[3] Ausruf des Missfallens, wenn etwas nicht gut ist oder nicht funktioniert

Es war Irene Koss, die uns auf diese Weise verkuppelt hat, denn in der Menschentraube vor dem Radiogeschäft stand Gundel rein zufällig neben mir. Ihr gefiel alles, was der Zauberspiegel zu bieten hatte. Die Weihnachtsgeschichte rührte sie zu Tränen. Jeden Streich, den Max und Moritz lieferten, beklatschte sie ungeniert. Doch als ich nach den Tagesneuigkeiten – weiß nicht mehr, was außer der Papstbotschaft lief – Mut faßte und sie ansprach: „Ist Ihnen aufgefallen, mein Fräulein, daß Sie eine sagenhafte Ähnlichkeit mit der Ansagerin haben?", fiel ihr nur ein schnippisches „Nicht daß ich wüßte" ein.

Trotzdem trafen wir uns anderntags, ohne verabredet zu sein, vor dem wiederum menschenbedrängten Schaufenster, und zwar schon am frühen Nachmittag. Sie blieb, obgleich ihr die Ausstrahlung des Fußballspiels zwischen dem F. C. St. Pauli und Hamborn 07 langweilig wurde. Am Abend sahen wir, doch nur der Ansagerin wegen, das Programm. Und zwischendurch hatte ich Glück: Gundel folgte „zum Aufwärmen" meiner Einladung zu einer Tasse Kaffee. Sie stellte sich mir als ein Flüchtlingsmädel aus Schlesien vor, tätig als Verkäuferin bei „Salamander"[4]. Ich, der ich damals hochfliegende Pläne schmiedete, Theaterdirektor, zumindest Schauspieler werden wollte, gab zu, daß ich leider in der mehr schlecht als recht gehenden Gaststätte meines Vaters aushelfen müsse, aber im Grunde arbeitslos sei, doch voller Ideen. „Nicht nur Luftschlösser", beteuerte ich.

Nach der Tagesschau sahen wir uns vor dem Radiogeschäft eine, wie wir fanden, witzige Sendung an, in der es um die Zubereitung von Weihnachtsstollen ging. Eingerahmt war das Teiganrühren von launigen Beiträgen Peter Frankenfelds, der später mit seiner Talentsuchsendung „Wer will, der kann" populär wurde. Außerdem vergnügten wir uns an Ilse Werner, die pfiff und sang, besonders aber an dem Kinderstar Cornelia Froboess, einer Berliner Göre, die durch den Ohrwurm „Pack die Badehose ein" bekannt geworden war.

Und so ging es weiter. Wir trafen uns vor dem Schaufenster. Bald standen und guckten wir Hand in Hand. Doch dabei blieb es. Erst als das neue Jahr schon begonnen hatte, stellte ich Gundel meinem Vater vor. Ihm gefiel das Ebenbild der Fernsehansagerin Irene Koss, und ihr gefiel die am Waldrand gelegene Gaststätte. Um es kurz zu machen: Gundel hat Leben in den heruntergewirtschafteten „Heidekrug" gebracht. Sie verstand es, meinen seit Mutters Tod mutlosen Vater zu überreden, Kredit aufzunehmen und in die große Gaststube einen Fernseher, nicht etwa das kleine Tischgerät, sondern die Projektionstruhe von Philips, zu stellen, eine Anschaffung, die sich gelohnt hat. Ab Mai war Abend für Abend im „Heidekrug" kein Tisch, kein Stuhl mehr frei. Von weither kamen Gäste, denn die Zahl privater Fernsehempfänger blieb noch lange bescheiden.

Bald hatten wir ein treues Stammpublikum, das nicht nur glotzte, sondern auch ordentlich was verzehrte. Und als der Fernsehkoch Clemens Wilmenrod populär wurde, übernahm Gundel, die nun nicht mehr Schuhverkäuferin war, sondern meine Verlobte, dessen Rezepte, um sie der zuvor recht eintönigen Speisekarte des „Heidekrugs" einzuverleiben. Ab Herbst vierundfünfzig – wir waren inzwischen verheiratet – zog dann die Seriensendung „Familie Schölermann" immer mehr Publikum an. Und mit unseren Gästen erlebten wir das wechselvolle Geschehen auf dem Bildschirm, als habe die Fernsehfamilie auf uns abgefärbt, als seien auch wir die Schölermanns, also, wie man oft abfällig hören konnte, deutscher Durchschnitt. Ja, es stimmt. Wir sind mit zwei Kindern gesegnet, das dritte ist unterwegs. Beide leiden wir ein wenig unserer überschüssigen Pfunde wegen. Zwar habe ich meine hochfliegenden Pläne eingemottet, bin aber nicht unzufrieden mit meiner nebengeordneten Rolle. Denn es ist Gundel, die den „Heidekrug" – fleißig den Schölermanns abgeguckt – nun auch als Pension führt. Wie viele Flüchtlinge, die ganz von vorne anfangen mußten, ist sie voller Tatendrang. Und das sagen auch unsere Gäste: Die Gundel, die weiß, was sie will.

[4] Schuhgeschäft

Weißt du noch ...?

2a Lesen Sie den Text noch einmal und machen Sie Notizen zu folgenden Punkten.

- das Fernsehprogramm im Jahr 1952
- Informationen über Gundel
- Informationen über den Ich-Erzähler

b Welche Informationen über das Leben in Deutschland in den 1950er-Jahren können Sie aus Ihren Notizen und aus dem Text entnehmen? Sammeln Sie im Kurs.

c Besprechen Sie im Kurs – mithilfe der Informationen aus dem Text – wie das Leben in Deutschland in den 1950er-Jahren wohl war.

▶ Ü 1

3 Was denken Sie? Woran werden Sie sich in fünf Jahren erinnern? Wählen Sie ein Kärtchen oder eine eigene Idee und schreiben Sie einen Text.

- Privates
- Fernsehsendungen
- neue Dinge / Erfindungen
- berühmte Persönlichkeiten
- politische Ereignisse
- Musik
- Sonstiges ...

Ich denke, in fünf Jahren werde ich mich noch ganz genau an den Tag erinnern, als einer meiner Lieblingsschauspieler gestorben ist. Ich war gerade mit dem Fahrrad auf dem Weg zur Arbeit und sah aus dem Augenwinkel die Schlagzeilen der Zeitungen. ...

Fertigkeitstraining
lesen | schreiben | sprechen | hören

10 Modul 4

4 Im Text wird ein deutscher Schlager genannt, an den sich der Ich-Erzähler erinnert. Lieder wecken oft Erinnerungen.

2.24 **a** Hören Sie das Lied „Tage wie dieser" von der Band Juli. Haben Sie es schon einmal gehört? Von wann könnte es sein?

b Hören Sie das Lied noch einmal. Wie gefällt Ihnen das Lied (der Text, die Melodie, der Rhythmus, die Stimme)?

▶ Ü 2

c Welcher Tag könnte im Lied gemeint sein? Beschreiben Sie einen solchen Tag.

„Tage wie dieser" sind für mich Tage, an denen die Sonne scheint, es warm ist und ich Zeit habe, gemeinsam etwas mit meiner Familie zu machen. Zum Beispiel ...

5 Bringen Sie ein Lied mit, das Sie mit bestimmten Erinnerungen verbinden. Spielen Sie das Lied vor und erzählen Sie.

von Erinnerungen berichten	
Ich erinnere mich noch genau, wie ...	Ich weiß noch genau, wie ich ...
Mir kommt es vor, als wenn es gestern gewesen wäre.	Ich war damals ... und konnte mir nicht vorstellen, dass ...
Als ... ständig im Radio lief, war ich ...	Es war in ... / beim ..., als ich ... das erste Mal hörte.
Als ich zum ersten Mal ... hörte ...	Mir wird immer in Erinnerung bleiben, wie ...

Bei diesem Lied muss ich immer an meine Zeit an der Uni denken. Ich ...

Ach ja, das werde ich nie vergessen ...

Porträt

Aleida und Jan Assmann

> **Die Vergangenheit […], das ist unsere These, entsteht überhaupt erst dadurch, dass man sich auf sie bezieht.**
> Ein solcher Satz muss zunächst befremden. Nichts erscheint natürlicher als das Entstehen von Vergangenheit; sie entsteht dadurch, dass Zeit vergeht. So kommt es, dass das Heute morgen „der Vergangenheit angehört". Es ist zum Gestern geworden. Zu diesem natürlichen Vorgang können sich aber Gesellschaften auf ganz verschiedene Weise verhalten. Sie können – wie Cicero von den „Barbaren" behauptet – „in den Tag hineinleben" und das Heute getrost der Vergangenheit anheimfallen lassen, die in diesem Fall Verschwinden und Vergessen bedeutet, sie können aber auch alle Anstrengungen darauf richten das Heute auf Dauer zu stellen, etwa dadurch, dass sie – wie Ciceros Römer – „alle Pläne auf die Ewigkeit ausrichten" […]. Wer in dieser Weise schon im „Heute" auf das „Morgen" blickt, muss das „Gestern" vor dem Verschwinden bewahren und es durch Erinnerung festzuhalten suchen. In der Erinnerung wird Vergangenheit rekonstruiert. In diesem Sinne ist die These gemeint, dass man sich auf sich bezieht. […]
> (Aus: Jan Assmann: Das kulturelle Gedächtnis. Schrift, Erinnerung und politische Identität in frühen Hochkulturen. München 1992, S. 31ff.)

Aleida Assmann (1947) promovierte 1977 in Heidelberg im Fach Anglistik und in Tübingen in Ägyptologie. 1992 habilitierte sie in Heidelberg und folgte ein Jahr später dem Ruf auf den Lehrstuhl für Anglistik und Allgemeine Literaturwissenschaft an der Universität Konstanz, wo sie auch heute noch lehrt. 2001 wurde sie zum Fellow der Princeton University in New Jersey ernannt und im Sommer 2005 hatte sie die „Peter-Ustinov-Gastprofessur" an der Universität Wien inne.

Aleida Assmann veröffentlichte zahlreiche Arbeiten zur englischen Literatur und zur Archäologie der literarischen Kommunikation. Seit den 1990er-Jahren ist ihr Forschungsschwerpunkt die Kulturanthropologie, insbesondere die Themen kulturelles Gedächtnis, Erinnerung und Vergessen.

Aleida Assmann ist mit dem Ägyptologen Jan Assmann verheiratet. Die beiden haben fünf Kinder.

Jan Assmann (1938) ist Ägyptologe, Religions- und Kulturwissenschaftler. Er wuchs in Lübeck und Heidelberg auf und studierte Ägyptologie, Klassische Archäologie und Gräzistik in München, Heidelberg, Paris und Göttingen. Im Jahre 1971 habilitierte er sich und war bis zum Jahr 2003 Professor für Ägyptologie in Heidelberg. Seit 2003 ist er an der Uni Konstanz als Honorarprofessor für allgemeine Kulturwissenschaft tätig. Jan Assmann absolvierte zahlreiche Forschungs- und Auslandsaufenthalte (z. B. USA, Wien Frankreich, Ägypten).

Als Kulturwissenschaftler entwickelten Jan und Aleida Assmann zusammen die Theorie des kulturellen Gedächtnisses und wurden international bekannt. Beide haben zahlreiche Preise und Auszeichnungen erhalten.

Mehr Informationen zu Aleida und Jan Assmann

Sammeln Sie Informationen über Persönlichkeiten aus dem In- und Ausland, die für das Thema „Erinnerung" interessant sind, und stellen Sie sie im Kurs vor. Sie können dazu die Vorlage „Porträt" im Anhang verwenden.

Beispiele aus dem deutschsprachigen Bereich: Deutsche Alzheimer Gesellschaft – Christa Wolf – Uwe Tim – Joachim Bodamer – Monika Maron – Karoline Pichler

Grammatik-Rückschau _____10

1 Partizipialgruppe

Partizipialgruppe	Konditionalsatz
Unser Hirn besteht, **grob geschätzt**, aus etwa 100 Milliarden Nervenzellen.	**Wenn man grob schätzt**, besteht unser Hirn aus etwa 100 Milliarden Nervenzellen.
Genau betrachtet, kann das Langzeitgedächtnis noch weiter unterteilt werden.	**Wenn man es genau betrachtet**, kann das Langzeitgedächtnis noch weiter unterteilt werden.
Es besteht, **streng genommen**, aus drei Hauptsystemen.	**Wenn man es streng nimmt**, besteht es aus drei Hauptsystemen.

Partizipialgruppen sind oft verkürzte Konditionalsätze. Das endungslose Partizip steht gewöhnlich am Ende der Partizipialgruppe. Viele Partizipialgruppen mit konditionaler Bedeutung sind feste Wendungen, deren gedachtes Subjekt *man* ist:

genau/kurz/anders gesagt, anders formuliert, genauer/oberflächlich betrachtet, genau/ streng / im Grunde genommen, richtig verstanden, verglichen mit, abgesehen von, ausgehend von, grob geschätzt

2 Futur I und II zum Ausdruck von Vermutungen

Futur I	Futur II
er wird sehen	er wird gesehen haben er wird gefahren sein
werden + Infinitiv	*werden* + Partizip Perfekt + *haben* oder *sein*

	Zeitbezug
Weißt du, wer das ist? – Das wird wohl ein Kollege sein.	Gegenwart
Heute ging es ihm nicht gut, er wird morgen wohl krank sein.	Zukunft
Denk dir nichts, er wird dich einfach nicht gesehen haben.	Vergangenheit

Futur I: Vermutung bezieht sich auf die Gegenwart oder Zukunft.
Futur II: Vermutung bezieht sich auf die Vergangenheit.

Es war einmal

1 a Lesen Sie die Titel der bekanntesten Märchen der Brüder Grimm. Welche dieser Märchen kennen Sie? Sagen Sie in ein bis zwei Sätzen, worum es darin geht.

Aschenputtel	Hänsel und Gretel
Dornröschen	Rotkäppchen
Der Froschkönig	Rumpelstilzchen
Der gestiefelte Kater	Schneewittchen
Frau Holle	Das tapfere Schneiderlein

b Nennen Sie zu den Märchen Gegenstände, Orte, Tiere oder Personen, an denen man sie leicht erkennen kann.

c Sehen Sie den Film und nennen Sie die beiden Schwerpunkte, um die es darin geht.

2 a Welche Informationen über Leben und Werk der Brüder Grimm konnten Sie sich nach dem ersten Sehen des Films merken? Was wussten Sie schon vorher über die Grimms? Sammeln Sie im Kurs.

166

sehen | nachdenken | diskutieren 10

1 b Sehen Sie die erste Filmsequenz. Notieren Sie dabei Stichwörter zu den Schwerpunkten
– Lebenslauf,
– Märchensammlungen,
– Arbeiten zur deutschen Sprache.
Vergleichen Sie die Stichwörter mit Ihrem Partner / Ihrer Partnerin.

3 Sehen Sie den Film noch einmal ganz und achten Sie dabei auf die Einrichtung des Grimm-Museums in Kassel.
– Welche Exponate sind im Museum zu sehen?
– Welche Angebote gibt es speziell für Kinder?

4 Wählen Sie eine der folgenden Aufgaben und bereiten Sie sich allein oder mit anderen zusammen auf die Präsentation im Kurs vor.
A Wählen Sie Ihr Lieblingsmärchen der Brüder Grimm und erzählen Sie es wie ein(e) Märchenerzähler(in).
B Erzählen Sie ein Märchen aus Ihrem Land.
C Spielen Sie ein Märchen vor.

167

Redemittel

Hier finden Sie die Redemittel aus Aspekte 1 (Niveau B1+), Aspekte 2 (Niveau B2) und Aspekte 3 (Niveau C1) in einer Übersicht. Die Verweise geben an, in welchen Kapiteln die Redemittel behandelt werden: B1+K1M2 = Aspekte 1 (Niveau B1+), Kapitel 1, Modul 2; B2K4M2 = Aspekte 2 (Niveau B2), Kapitel 4, Modul 3; C1K4M2 = Aspekte 3 (Niveau C1), Kapitel 4, Modul 2.

1. Meinungen ausdrücken / argumentieren / diskutieren

etwas beurteilen — B1+K1M2 / B1+K5M2 / B2K10M4

Ich halte … für gut/schlecht/…
Für … spricht … / Dafür spricht …
Gegen … spricht … / Dagegen spricht …
Eine gute/schlechte Idee ist …
Ein wichtiger/entscheidender Vorteil/Nachteil ist …

… ist sicherlich sinnvoll / … macht gar keinen Sinn.
Man muss auch bedenken, dass …
Man darf nicht vergessen, dass …
Ein Argument für/gegen … ist …
Besonders hervorzuheben ist auch …

eine Geschichte positiv/negativ bewerten — B1+K7M4 / B2K6M4

etwas positiv bewerten
Die Geschichte gefällt mir sehr.
Ich finde die Geschichte sehr spannend.
Eine sehr lesenswerte Geschichte.
Die Geschichte ist gut durchdacht und überraschend.
Ich finde die Geschichte kurzweilig und sehr unterhaltsam.
Die Geschichte macht mich neugierig.
Ich bin gespannt auf …
Die Geschichte ist gut erzählt.

etwas negativ bewerten
Ich finde die Geschichte unmöglich.
Die Geschichte ist voller Widersprüche.
Für mich ist die Geschichte Unsinn.
Die Geschichte ist nicht mein Geschmack.
Ich finde die Geschichte verwirrend.
Ich finde die Geschichte komisch/seltsam.
Die Geschichte ist schlecht erzählt.
Ich finde die Geschichte langweilig.
Ich kann die Geschichte schlecht verstehen.

Verhalten positiv/negativ bewerten — C1K4M2

Verhalten positiv bewerten
Ich finde es anständig/lobenswert/anerkennenswert, dass …
Ich erkenne an, wenn jemand …
Ich schätze es, wenn …
Ich heiße das / ein solches Verhalten / diese Einstellung/Haltung gut, denn …

Verhalten negativ bewerten
Ich finde es falsch/unmöglich / nicht in Ordnung, dass …
… wäre für mich undenkbar.
Ich lehne es ab, wenn …
Ich missbillige so etwas.
Es ist für mich moralisch fragwürdig, wenn …
Ich halte nichts davon, wenn …
Solches Verhalten findet vielleicht bei vielen Anerkennung, aber …

Meinungen ausdrücken   B1+K1M2 / B1+K1M4 / B1+K2M4 / B2K1M2 / B2K1M4 / C1K3M4 / C1K7M2

Meiner Meinung/Auffassung nach …
Meiner Meinung nach ist das Unsinn, denn …
Ich bin der Meinung/Ansicht/Auffassung, dass …
Ich bin der festen Überzeugung, dass …
Ich bin da geteilter Meinung. Auf der einen Seite …, auf der anderen Seite …
Ich stehe auf dem Standpunkt, dass …
Ich denke/meine/glaube/finde, dass …
Ich bin davon überzeugt, dass …
Ich finde, dass man zwar einerseits …, andererseits ist es aber auch wichtig zu sehen, dass …

Ich denke, man kann das (nicht) so sehen, denn …
Für mich ist ganz klar, dass …
Einerseits kann man beobachten, dass …
Andererseits darf man nicht unterschätzen, dass …
Wir beobachten …, aber trotzdem …
Das Problem hat mehrere Seiten/Aspekte, z. B. …
So einseitig kann man das nicht sehen, denn …
… spricht mich (nicht) an, weil …
Meines Erachtens ist das …
Ich vertrete die Ansicht, dass …
Für mich steht fest, dass …

Zustimmung ausdrücken   B1+K1M4 / B1+K8M2 / B1+K9M2 / B2K1M4 / C1K3M4

Der Meinung bin ich auch.
Ich bin ganz deiner/Ihrer Meinung.
Das stimmt. / Das ist richtig. / Ja, genau.
Da hast du / haben Sie völlig recht.
Ja, das kann ich mir gut vorstellen.
Das kann ich mir vorstellen.
Ja, das ist richtig.
Ja sicher!
Selbstverständlich ist das so, weil …
Ja, das sehe ich auch so.

Ich stimme dir/Ihnen zu.
Der ersten Aussage kann ich völlig zustimmen, da/weil …
Ich denke, diese Einstellung ist falsch, denn …
Ich finde, … hat recht, wenn er/sie sagt, dass …
Ich bin der gleichen Ansicht.
Dem kann ich zustimmen.
Dem kann ich mich nur anschließen.
Das klingt einleuchtend/überzeugend.
Dieses Argument leuchtet mir ein.

Widerspruch ausdrücken   B1+K1M2 / B1+K1M4 / B2K1M4 / C1K3M4 / C1K7M2

Das stimmt meiner Meinung nach nicht.
Der Meinung bin ich auch, aber …
Das ist nicht richtig.
Das ist sicher richtig, allerdings …
Ich sehe das (etwas/völlig/ganz) anders, denn …
Da muss ich dir/Ihnen aber widersprechen.
Dem kann ich nur bedingt/teilweise zustimmen.
Das klingt überzeugend, aber …
Da kann ich dir/Ihnen nur völlig recht geben, aber …

Das kann ich nicht nachvollziehen.
Dieser Aussage muss ich widersprechen.
Da kann man einwenden, dass …
Dagegen spricht, dass …
Dem kann ich nicht zustimmen.
Das sehe ich ganz anders, denn …
Ich möchte bezweifeln, dass …
Das ist eine gängige Sichtweise, aber …
Da möchte ich widersprechen, weil …
Ich teile diese Auffassung nicht, denn …
Die Aussage überzeugt mich nicht.
Dazu habe ich eine andere Meinung.

Redemittel

Zweifel ausdrücken B1+K1M4 / B1+K9M2 / B2K1M4

Also, ich weiß nicht …
Ob das wirklich so ist?
Stimmt das wirklich?
Es ist unwahrscheinlich, dass …
Ich glaube/denke kaum, dass …

Wohl kaum, denn …
Ich bezweifle, dass …
Ich habe da so meine Zweifel.
Ich sehe das (schon) anders, da …

Vermutungen ausdrücken B1+K6M4 / B1+K7M4 / B1+K8M3 / C1K8M3

Etwas ist möglich.
Es ist möglich/denkbar/vorstellbar / nicht ausgeschlossen, dass …
Ich kann mir gut vorstellen, dass …
Es kann/könnte (gut) sein, dass …
Vielleicht/Möglicherweise/Eventuell …
Angeblich ist …
Es besteht die Möglichkeit, dass …
… lässt vermuten / darauf schließen, dass …

Etwas ist sehr wahrscheinlich.
Aller Wahrscheinlichkeit nach …
Wahrscheinlich/Vermutlich/Vielleicht …

Ich vermute, dass …
Ich nehme an, dass …
Ich glaube, dass …
Ich bin ziemlich sicher, dass …
Es sieht so aus, als ob …

Etwas ist sicher.
Ich bin sicher, dass …
Ich bin überzeugt, dass …
Alles deutet darauf hin, dass …
Alle Anzeichen sprechen dafür, dass …
Bestimmt/Sicher/Gewiss/Zweifellos …

argumentieren B1+K1M2 / B1+K5M2 / C1K1M2

Für mich ist es wichtig, dass …
Ich finde es …
Es ist (ganz) wichtig, dass …
Dabei wird deutlich, dass …
… haben deutlich gezeigt, dass …
… spielt eine wichtige Rolle bei …
… ist ein wichtiges Argument für …
… hat deutlich gezeigt, dass …

… macht klar, dass …
Außerdem muss man bedenken, dass …
Das Besondere daran ist, dass man …
Beim/Im … kannst du viele interessante/ lustige/ … Dinge lernen/machen.
Im Gegensatz zu anderen Organisationen, kannst du hier …

Gründe/Beispiele anführen C1K3M4

Das hat folgende Gründe: …
Dafür/Dagegen spricht vor allem, dass …
Dazu möchte ich folgende Beispiele anführen: …

Man kann das mit folgenden Beispielen untermauern: …
Man muss hierbei berücksichtigen, dass …

Wichtigkeit/Unwichtigkeit ausdrücken   C1K10M2

Wichtigkeit ausdrücken
Entscheidend ist für mich, dass …
Ich halte für besonders wichtig, dass …
Der wichtigste Punkt für mich ist, dass …
Ich will hier unterstreichen/hervorheben, dass …
Für mich ist von Bedeutung, dass …
Das ist von größter Wichtigkeit!
Mir liegt besonders am Herzen, dass …

Unwichtigkeit ausdrücken
Das spielt für mich gar keine Rolle.
Das ist ein zweitrangiges Problem.
Das steht für mich an letzter Stelle.
Für mich hat das gar keine Bedeutung.
Ich halte das für (absolut) unwichtig/
belanglos/nebensächlich/bedeutungslos.
Es gibt doch viel Wichtigeres!
Für mich ist das kaum der Rede wert.
Das hat doch gar nichts zu sagen!

Konsequenzen nennen   C1K4M3

Als Konsequenz ergibt sich daraus, dass …
… ist eine logische Folge.
Daraus lässt sich ableiten/folgern, dass …

Daraus kann man schließen, dass …
Daraus ergibt sich, dass …
… führt zu …

eine Diskussion führen   B1+K10M2 / B2K10M4 / C1K1M4

um das Wort bitten / das Wort ergreifen
Entschuldigen Sie, wenn ich Sie unterbreche, …
Dürfte ich dazu bitte auch etwas sagen?
Ich möchte dazu etwas sagen/fragen/ergänzen.
Kann ich dazu bitte auch einmal etwas sagen?
Ich verstehe das schon, aber …
Ja, aber …
Glauben/Meinen Sie wirklich, dass …?
Das mag stimmen, aber …

ein Problem ansprechen
Ich finde es nicht gut, wenn …
… gefällt mir nicht.
Ich habe ein Problem mit …
Es ist nicht fair / in Ordnung, wenn …
Über … habe ich mich geärgert.
Ich fühle mich ausgenutzt, wenn …

eine andere Position vertreten
Es ist sicher richtig/verständlich, dass …,
aber …
Einerseits …, andererseits …
Aus meiner Sicht ist es wichtig, dass …
Sie sollten aber bedenken, dass ich in meiner
Situation …
Für mich ist entscheidend/wichtig, dass …,
weil …

auf die Meinung anderer eingehen
Ich kann verstehen, dass Sie …, aber ich …
Das ist Ihre Meinung. Ich bin der Ansicht …
Wir sollten auch die Meinung von Frau/Herrn …
berücksichtigen.
Was Sie sagen, ist aus Ihrer Position sicher richtig.
Trotzdem …
Ja, das sehe ich genau wie Sie, und darum …

sich nicht unterbrechen lassen
Lassen Sie mich bitte ausreden.
Ich möchte nur noch eines sagen …
Einen Moment bitte, ich möchte nur noch …
Darf ich bitte den Satz noch abschließen?
Ich bin noch nicht fertig.
Augenblick noch bitte, ich bin gleich fertig.

ein Gespräch leiten
Was meinen Sie dazu?
Können Sie das näher erläutern?
Würden Sie dem zustimmen?
Gut, dass Sie das ansprechen.
Kommen wir noch einmal zurück zu der Frage/
These, …
Ich nehme an, Sie sehen das genauso.

Redemittel

2. etwas vorschlagen

eine Lösung aushandeln — B1+K4M2 / B1+K4M4 / B2K3M3 / B2K5M4 / C1K1M2 / C1K2M4

einen Vorschlag machen
Wie wäre es, wenn wir …
Wir könnten doch …
Vielleicht machen wir es so: …
Hast du nicht Lust?
Mein Vorschlag wäre …
Ich finde, man sollte …
Was hälst du / halten Sie von folgendem Vorschlag: …?
Wenn es nach mir ginge, würde …
Könnten Sie sich vorstellen, dass …
Meiner Meinung nach sollten wir …
Anstatt …, sollte/könnte man …
Ich würde lieber … als …
Um … zu, muss/müssen meiner Meinung nach vor allem …
Ich würde vorschlagen, dass du mal …
Du könntest ja mal in Betracht ziehen, …
Spring doch einfach mal über deinen Schatten und …
Hättest du nicht mal Lust, …?
Meiner Meinung nach sollten wir …

einen Gegenvorschlag machen
Das ist sicherlich keine schlechte Idee, aber kann man nicht … ?
Gut, aber man sollte überlegen, ob es nicht besser wäre, wenn …
Okay, aber wie wär's, wenn wir es anders machen. Und zwar …
Ich habe einen besseren Vorschlag. Also …
Anstatt … sollte/könnte man …

Ich würde lieber … als …
Wir sollten überlegen, ob es nicht besser wäre …
Ich hätte da eine bessere Idee: …
Ich würde gern einen anderen Vorschlag machen, und zwar …

einem Vorschlag zustimmen
Das hört sich gut an.
Einverstanden, das ist ein guter Vorschlag.
Ja, das könnte man so machen.
Ich finde diese Idee sehr gut.
Ich kann diesem Vorschlag nur zustimmen.
Dieser Vorschlag gefällt mir.

einen Vorschlag ablehnen
Das halte ich für keine gute Idee.
Ich halte diesen Vorschlag für nicht durchführbar.
Das kann man so nicht machen.
Das würde ich so nicht machen.
Das lässt sich nicht realisieren.
So geht das auf keinen Fall!

zu einer Entscheidung kommen
Lass/Lasst uns / Lassen Sie uns Folgendes vereinbaren: …
Einigen wir uns doch auf Folgendes: …
Darauf könnten wir uns vielleicht einigen.
Wie wäre es mit einem Kompromiss: …
Was halten Sie von folgendem Kompromiss: …
Wären alle damit einverstanden, wenn wir … ?
Ja, so machen wir es.

Ratschläge und Tipps geben — B1+K2M4 / B1+K3M4 / B1+K5M3 / B1+K5M4 / B1+K7M4 / B2K9M4

Am besten ist …
Du solltest … / du könntest … /
Du musst …
Man darf nicht …
Da sollte man am besten …

Empfehlenswert ist, wenn …
Überleg dir das gut.
Sag mal, wäre es nicht besser …
Verstehe mich nicht falsch, aber …
Wir schlagen vor …

Ich kann dir/euch nur raten ...
Ich würde dir raten/empfehlen ...
Am besten ist/wäre es ...
Auf keinen Fall solltest du ...
An deiner Stelle würde ich ...
Wenn du mich fragst, dann ...
Mir hat sehr geholfen, ...
Es lohnt sich, ...

Wir geben die folgenden Empfehlungen: ...
Sinnvoll/Hilfreich/Nützlich wäre, wenn ...
Dabei sollte man beachten, dass ...
Es ist besser, wenn ...
Wie wäre es, wenn ...?
Hast du schon mal über ... nachgedacht?
An deiner Stelle würde ich ...

3. Gefühle, Wünsche und Ziele ausdrücken

Gefühle und Wünsche ausdrücken — B2K2M4 / B2K4M4

Ich denke, dass ...
Ich würde mir wünschen, dass ...
Ich freue mich, wenn ...
Mir geht es ..., wenn ich ...
Ich glaube, dass ...

Ich fühle mich ..., wenn ...
Für mich ist es schön/gut/leicht ...
Mir ist aufgefallen, dass ...
Ich frage mich, ob ...
Für mich ist es schwierig, wenn ...

Verständnis/Unverständnis ausdrücken — B1+K3M4 / B1+K7M4

Ich kann gut verstehen, dass ...
Es ist ganz normal, dass ...
Ich verstehe ... nicht.

Ich würde anders reagieren.
Es ist verständlich, dass ...

Situationen einschätzen — B2K9M4

Welches Gefühl hast Du, wenn Du an ... denkst?
Was macht dich glücklich/traurig ...?
Was sagt ... zu deinen Gefühlen?

Wie geht es dir bei dem Gedanken, ...?
Wie würde ... reagieren, wenn ...?
Was sagt ... zu ...?

Glückwünsche ausdrücken — B1+K1M4 / B2K7M4

Herzlichen Glückwunsch!
Ich bin sehr froh, dass ...
Ich freue mich sehr/riesig für dich/euch.

Das ist eine tolle Nachricht!
Es freut mich, dass ...

Ziele ausdrücken — B1+K5M1

Ich hätte Spaß daran, ...
Ich hätte Lust, ...
Ich hätte Zeit, ...
Ich wünsche mir, ...

Ich habe vor, ...
Für mich wäre es gut, ...
Es ist notwendig, ...
Für mich ist es wichtig, ...

Redemittel

4. berichten und beschreiben

eigene Erfahrungen ausdrücken — B1+K3M4 / B2K1M1

Ich habe ähnliche Erfahrungen gemacht, als …
Wir haben gute/schlechte Erfahrungen gemacht mit …
Mir ging es ganz ähnlich, als …
Bei mir war das damals so: …
Wir haben oft bemerkt, dass…

Es ist ein gutes Gefühl, … zu …
… erweitert den Horizont.
Man lernt … kennen und dadurch … schätzen.
Man lernt sich selbst besser kennen.
Ich hatte Probleme mit …
Es ist schwer, … zu …
Mir fehlt …

über interkulturelle Missverständnisse berichten — B2K1M3

In … gilt es als sehr unhöflich, …
Ich habe gelesen, dass man in … nicht …
Von einem Freund aus … weiß ich, dass man leicht missverstanden wird, wenn man …

Als ich einmal in … war, ist mir etwas sehr Unangenehmes/Lustiges passiert. …
Wir hatten einmal Besuch von Freunden aus …
Wir konnten nicht verstehen, warum/dass …

einen Gegensatz ausdrücken — B1+K3M4 / B2K1M1

Im Gegensatz zu … mache ich …
Während …, habe ich …

Bei mir ist das ganz anders.
Während … abends …, mache ich …

einen Begriff erklären/definieren — B2K4M2 / C1K4M3

Meiner Meinung nach bedeutet „…", dass …
„…" ist …
„…" wird definiert als ….

Unter „…" versteht man …
Mit dem Begriff „…" bezeichnet man …
Von „…" spricht man, wenn …
Für mich ist ein Mensch …, wenn er …

recherchierte Ereignisse vorstellen — B2K8M2

Ich werde von … berichten.
Ich habe … ausgesucht, weil …
Ich fand … besonders interessant.

Eigentlich finde ich … nicht so interessant, aber …
Das erste/zweite Ereignis passierte …

historische Daten nennen — B2K8M2

Im Jahr …
Am …
Vor 50, 100 … Jahren …

… Jahre davor/danach …
… begann/endete/ereignete sich …

eine Grafik beschreiben B1+K2M2 / B2K10M2 / C1K9M4

Einleitung
Die Grafik zeigt …
Die Grafik informiert über …
Die Grafik gibt Informationen über …
Die Grafik stellt … dar.
Die Angaben erfolgen in Prozent.

Hauptpunkte beschreiben
Auffällig/Bemerkenswert/Interessant ist, dass …
Die meisten … / Die wenigsten …
An erster Stelle … / An unterster/letzter Stelle steht/stehen/sieht man …
Am wichtigsten …
… Prozent sagen/meinen …
Die Grafik unterscheidet …
Im Vergleich zu …
Verglichen mit …
Im Gegensatz zu …
Während …, zeigt sich …
Ungefähr die Hälfte …
Die Grafik auf der zweiten Folie zeigt, …
Man kann deutlich sehen, dass …
In den Jahren von … bis … ist … stetig gestiegen / hat zugenommen / ist gewachsen.
Seit … nimmt die Zahl der … ab / fällt die Zahl der … / gibt es immer weniger …
Die Zahl der … ist wesentlich erheblich höher als …

Ähnlichkeiten
Ähnliche Ergebnisse werden auch in … deutlich.
Das gleiche Ergebnis ist auch in … zu erkennen.
Hinsichtlich des/der … ähneln sich … und … (sehr).
Genauso verhält es sich auch bei …
Eine vergleichbare Situation erkennt man …
Auf beide … trifft zu, dass …
… ist vergleichbar (mit) …
Vergleicht man … und …, erkennt man große Übereinstimmungen.
In diesem Punkt sind sich beide … ähnlich.

Unterschiede
Anders als in der einen Umfrage, …
Die Ergebnisse unterscheiden sich deutlich / sind sehr verschieden.
Ganz anders stellt sich … dar.
Im Gegensatz zu …
Im Unterschied zu …
… und … unterscheiden sich klar/deutlich voneinander.

Überraschendes
Das Eigenartigste/Merkwürdigste/Seltsamste ist …
Erstaunlich finde ich, dass …
Ich habe nicht gewusst, dass …
Ich hätte nicht gedacht/erwartet, dass …
Überraschend ist die Tatsache, dass …
Völlig neu war/ist für mich, dass …

von Erinnerungen berichten C1K10M4

Ich erinnere mich noch genau, wie …
Mir kommt es vor, als wenn es gestern gewesen wäre.
Als … ständig im Radio lief, war ich …
Als ich zum ersten Mal … hörte …
Ich weiß noch genau, wie ich …
Ich war damals … und konnte mir nicht vorstellen, dass …
Es war in … / beim …, als ich … das erste Mal hörte.
Mir wird immer in Erinnerung bleiben, wie …

Redemittel

einen Vortrag / ein Referat halten B1+K10M4 / C1K6M4

Einleitung
Das Thema meines Vortrags/Referats/ meiner Präsentation lautet/ist …
Ich spreche heute zu dem Thema … / zu Ihnen über …
Ich möchte heute etwas über … erzählen.
Ich möchte Ihnen heute neue Forschungsergebnisse zum Thema … vorstellen.
Heute möchte ich mich der Frage / dem Thema … widmen.
In meinem Referat befasse ich mich mit …

Strukturierung
Mein Vortrag besteht aus drei Teilen: …
Mein Vortrag ist in drei Teile gegliedert: …
Zuerst möchte ich über … sprechen und dann etwas zum Thema … sagen. Im dritten Teil geht es dann um …, und zum Schluss möchte ich noch auf … eingehen.
Ich möchte auf vier wesentliche Punkte / Punkte, die mir wesentlich erscheinen …
Nachdem …, soll nun …

Übergänge
Soweit der erste Teil. Nun möchte ich mich dem zweiten Teil zuwenden.
Nun spreche ich über …
Ich komme jetzt zum zweiten/nächsten Teil.
Als Nächstes möchte ich auf … eingehen.
Eine häufige Meinung ist auch, dass …
Viele Menschen sind des Weiteren davon überzeugt, dass …

auf Folien verweisen
Ich habe eigene Folien/Power-Point-Folien zum Thema vorbereitet.
Auf dieser Folie sehen Sie …
Auf dieser Folie habe ich … für Sie dargestellt/zusammengefasst.
Hier erkennt man deutlich, dass …
Wie Sie hier sehen können, ist/sind …

Schluss
Ich komme jetzt zum Schluss.
Zusammenfassend möchte ich sagen, …
Abschließend möchte ich noch erwähnen, …
Ich hoffe, Sie haben einen Überblick über … erhalten.
Lassen Sie mich noch zum Schluss sagen / noch einmal darauf hinweisen, dass …
Das wären die wichtigsten Informationen zum Thema … gewesen. Gibt es noch Fragen?
Vielen Dank für Ihre Aufmerksamkeit.
Wenn Sie noch Fragen haben, bin ich gerne für Sie da.
Abschließend möchte ich noch einmal hervorheben/erwähnen, dass …
Fazit des oben Gesagten ist …
Insgesamt kann man sagen, dass …
Schließlich kann man zu dem Ergebnis kommen, dass …
Zusammenfassend ist festzuhalten, dass …
Ich hoffe, ich konnte deutlich machen, dass/wie …
Alles in allem kann man sagen, dass …

auf ein Referat reagieren C1K6M4

Fragen stellen
Eine Sache ist mir nicht ganz klar geworden.
Könnten Sie / Könntest du bitte noch einmal erklären, wie/warum …
Mich würde noch interessieren, ob/warum/wie …
Ich würde gerne noch mehr wissen über …

auf Fragen antworten
Vielen Dank für diese Frage, auf die ich gerne eingehe.
Das ist eine gute Frage, die ich mir bei der Recherche zu diesem Thema auch gestellt habe …
Natürlich, das hatte ich vielleicht nicht deutlich genug ausgedrückt.

Das will ich Ihnen/dir gerne erklären …
Unter … versteht man …
Das ist eine gute Frage, die mich auch beschäftigt hat.

Einwände erheben
Ich bin nicht sicher, ob man das so sagen kann.
Ich finde es wichtig, auch zu bedenken, dass …
Haben Sie / Hast du bei Ihren/deinen Recherchen auch bedacht, dass …

auf Einwände reagieren, Zeit (zum Nachdenken) gewinnen
Vielen Dank für diesen wertvollen Hinweis.
Mit diesen kritischen Überlegungen haben Sie / hast du bestimmt recht, dennoch möchte ich nochmal darauf zurückkommen, dass …
Ich verstehe Ihren/deinen Einwand, möchte aber noch mal darauf hinweisen, dass …
Vielen Dank für diesen Hinweis, das ist ein weiterer interessanter Punkt.
Darf ich später auf Ihre/deine Frage zurückkommen und zunächst …

5. zusammenfassen

einen Sachtext/Vortrag zusammenfassen — B2K9M2 / C1K7M4 / C1K8M2

Zusammenfassungen einleiten
In dem Text/Vortrag geht/ging es um …
In dem Text geht es um das Thema …
Der Text/Vortrag handelt/handelte von …
Das Thema des Textes ist …
Der Text/Vortrag behandelt/behandelte die Frage, …
Folgendes Thema wird … behandelt …
Der Text befasst sich mit …
Der Autor / die Autorin beschäftigt sich mit dem Thema / der Frage …

Informationen wiedergeben
Im ersten/zweiten/nächsten Abschnitt geht/ging es um …
Anschließend/Danach/Im Anschluss daran wird / wurde dargestellt / darauf eingegangen, dass …

Eine wesentliche Aussage ist/war …
Laut dem Referenten / der Referentin …
Der Text nannte folgende Beispiele: …
Gemäß dem Professor / der Professorin …
Hauptsächlich wird erklärt/erläutert/ beschrieben/dargelegt …
Außerdem/Darüber hinaus wird gezeigt, …
Es wird betont/hervorgehoben, …
Zunächst wird erklärt, …
Dann erläutert der Autor / die Autorin …
Folgende Beispiele werden angeführt: …
Mit folgendem Beispiel wird verdeutlicht …
Die Beispiele … zeigen …

Zusammenfassungen abschließen
Zusammenfassend kann man sagen, dass …
Als Hauptaussage lässt sich festhalten, dass …

Informationen zusammenfassen — B2K8M4

über vergangene Zeiten berichten
Damals war es so, dass …
Anders als heute, war es damals nicht möglich …
Wenn man früher … wollte, musste man …
Häufig/Meistens war es normal, dass …
In dieser Zeit …

von einem historischen Ereignis berichten
Es begann damit, dass …
Die Ereignisse führten dazu, dass …
Die Meldung / das Ereignis … hatte zur Folge, dass …
Nachdem … bekannt gegeben worden war, …
Dank … kam es (nicht) zu …
Zunächst meldete … noch, dass …, aber …

Redemittel

ein Ereignis kommentieren

Meines Erachtens war besonders erstaunlich/ überraschend, dass …
Die Ereignisse zeigen, dass/wie …
Ich denke, … ist auch für andere Länder interessant/wichtig, weil …
Für mich persönlich hat … keine besondere Bedeutung, denn …

ein Buch / eine Geschichte / einen Film zusammenfassen — B1+K7M4 / C1K7M4

Rubrik

Man kann das Buch / den Film folgender Rubrik zuordnen: …
Das Buch / Der Film gehört zur Sparte …
Das Buch / Der Film ist ein klassischer Krimi / ein klassisches Familiendrama.

Zur Handlung kann man sagen, dass …
Im Mittelpunkt des Geschehens steht …
Schauplatz ist (dabei) …
Spannung wird dadurch aufgebaut, dass …
Es gibt verschiedene Handlungsstränge, und zwar …

Inhalt/Handlung

In der Geschichte geht es um …
Die Geschichte handelt von …
Den Inhalt der Geschichte kann man so zusammenfassen: …
Es geht in dem Buch/Film „…" um Folgendes: …

positive/negative Bewertung

Das ist ein sehr lesenswertes Buch / ein sehr sehenswerter Film, denn …
Die Geschichte ist unterhaltsam/spannend/ kurzweilig/tiefsinnig/oberflächlich/gut durchdacht/unrealistisch/nicht schlüssig/…

6. erzählen

Spannung aufbauen — B2K6M2 / C1K7M4

Schlagartig wurde ihm/ihr klar/bewusst …
Ihm/Ihr blieb vor Schreck der Atem stehen.
Ihm/Ihr schlug das Herz bis zum Hals.
Wie aus dem Nichts stand plötzlich …
Was war hier los?
Warum war es auf einmal so …?
Was war das?
Ohne Vorwarnung war … da / stand … vor ihm/ihr …
Eigentlich wollte … gerade …, als aus heiterem Himmel …
Damit hatte er/sie nicht im Traum gerechnet: …

Was soll er/sie jetzt nur machen?
Er/Sie wurde blass.
Er/Sie bekam es mit der Angst zu tun.
Jetzt war alles aus.
Schlagartig wurde ihm/ihr bewusst, …
Plötzlich wurde ihm/ihr alles klar.
Jetzt verstand er/sie, was hier gespielt wurde.
Wie hatte er/sie sich nur so täuschen können?
Jetzt zeigt … sein/ihr wahres Gesicht.
Was sollte er/sie nur machen?
Konnte er/sie ihm/ihr vertrauen?

7. formelle Texte verfassen

einen Beschwerdebrief schreiben   B2K10M4

Erwartungen beschreiben
In Ihrer Anzeige beschreiben Sie …
Die Erwartungen, die Sie durch die Anzeige wecken, sind …
Durch Ihre Anzeige wird der Eindruck geweckt, dass …

Problem schildern
Leider musste ich feststellen, dass …
Meines Erachtens ist es nicht in Ordnung, dass …
Ich finde es völlig unangebracht, dass …

Forderung stellen
Ich muss Sie daher bitten, …
Ich erwarte, dass …
Deshalb möchte ich Sie auffordern …

einen Leserbrief verfassen   B2K5M4

Einleitung
Mit großem Interesse habe ich Ihren Artikel „ …" gelesen.
Ihr Artikel „ …" spricht ein interessantes/wichtiges Thema an.

eigener Standpunkt / eigene Erfahrungen
Ich vertrete die Meinung / die Ansicht / den Standpunkt, dass …
Aufgrund dieser Argumente bin ich der Meinung, …
Meine Erfahrung hat mir gezeigt, dass …
Aus meiner Erfahrung heraus kann ich nur unterstreichen, …

Beispiele anführen
Lassen Sie mich folgendes Beispiel anführen …
Man sieht das deutlich an folgendem Beispiel …
Ein Beispiel dafür/dagegen ist …
An folgendem Beispiel kann man besonders gut sehen, …

Pro-/Contra-Argumente anführen
Dafür/Dagegen spricht …
Einerseits/Andererseits …
Ein wichtiges Argument für/gegen … ist, dass …

zusammenfassen
Insgesamt kann man sehen, …
Zusammenfassend lässt sich sagen, …
Abschließend möchte ich sagen, …

ein Bewerbungsschreiben verfassen   B2K3M4

Einleitung
Sie suchen …
In Ihrer oben genannten Anzeige …
Da ich mich beruflich verändern möchte …

Vorstellung der eigenen Person
Nach erfolgreichem Abschluss meines …
In meiner jetzigen Tätigkeit als … bin ich …

bisherige Berufserfahrung / Erfolge
Ein Praktikum bei der Firma… hat mir gezeigt, dass …

Erwartungen an die Stelle
Mit dem Eintritt in Ihr Unternehmen verbinde ich die Erwartung, …

Eintrittstermin
Die Tätigkeit als … könnte ich ab dem … beginnen.

Schlusssatz und Grußformel
Über eine Einladung zu einem persönlichen Gespräch freue ich mich sehr.
Mit freundlichen Grüßen

Redemittel

einen Beitrag schreiben C1K5M4

Einleitung
Dieses Thema ist von besonderer Aktualität, weil ...
Mit diesem Thema muss man sich befassen, denn ...
Die Auseinandersetzung mit diesem Thema ist wichtig, ...
Eine heute viel diskutierte Frage ist ...

Argumente/Gedanken hervorheben
Hierbei muss man besonders betonen, dass ...
Hier ist hervorzuheben, dass ...
Besonders wichtig aber erscheint ...
Ausschlaggebend/Auffallend ist ...
Man darf auch nicht übersehen, dass ...
Außerdem spielt noch ... eine wichtige Rolle.
Weitaus wichtiger jedoch ist ...
Von besonderer/zentraler Bedeutung ist ...

mit Beispielen verdeutlichen
... ist dafür beispielhaft.
Das lässt sich mit folgendem Beispiel verdeutlichen: ...
Als Beispiel kann ... dienen.
Ein treffendes Beispiel dafür ist ...
Ein Beispiel, das man hier unbedingt anführen sollte: ...
Ergänzend möchte ich hinzufügen, dass ...

etwas ergänzen
Darüber hinaus ist zu erwähnen ...
Nicht zuletzt wegen ...
Hinzuzufügen wäre noch ...

etwas wiederholen
Wie bereits erwähnt, ...
Wie schon beschrieben, ...
Wie oben bereits dargelegt/dargestellt, ...

Schluss
Zusammenfassend/Abschließend lässt sich sagen ...
Mich überzeugen am stärksten die Gründe ...
Meiner Einschätzung nach ...
In Anbetracht der aktuellen Situation ...

einen Kommentar schreiben C1K1M4

einen Kommentar einleiten
Mein Kommentar bezieht sich auf das Thema ...
Der Artikel ... behandelt das Thema ...

die eigene Ansicht argumentierend darlegen
Ich bin der Meinung/Ansicht/Auffassung, dass ...
Ich halte diese Idee für ..., weil ...
In meinen Augen ist dieses Konzept ..., denn ...
Für/Gegen ... spricht das Argument, dass ...

die eigenen Hauptgründe hervorheben
Für mich persönlich ist ... am wichtigsten.
Das entscheidende Argument dafür/dagegen ist für mich ...
Ich habe zu ... einen klaren Standpunkt. Er lautet: ...

auf Argumente/Aussagen eingehen
Sicher ist ... für viele ... sinnvoll, aber ich ...
Jeder von uns hat sich schon über Hilfe von Nachbarn gefreut, darum/trotzdem ...
Im Text wird (zwar) gesagt, dass ..., aber/darum ...
Man sollte dabei aber bedenken, dass ...
Dieser Gedanke ist für viele Menschen sicher richtig / eine Hilfe / unangenehm ...

Konsequenzen für die Zukunft formulieren / Resümee ziehen
Mein persönlicher Entschluss wäre ...
Für mich käme nur ... in Frage.
Langfristig gesehen würde ich mich für/gegen ... entscheiden, weil ...
Mit ... Jahren könnte ich mir vorstellen, dass ...

8. telefonieren

ein Telefongespräch führen B2K7M2

sich vorstellen und begrüßen
Ja, guten Tag, mein Name ist ...
Guten Tag, hier spricht ...
Guten Tag, ... am Apparat.
..., mein Name.

falsch verbunden
Entschuldigung, mit wem spreche ich?
Oh, da habe ich mich verwählt, Verzeihung.
Ich glaube, ich bin falsch verbunden, entschuldigen Sie.

sich verbinden lassen
Könnten Sie mich bitte mit Herrn/Frau ... verbinden?
Ich würde gern mit ... sprechen.
Könnten Sie mir vielleicht die Durchwahl geben?

eine Nachricht hinterlassen
Könnte ich eine Nachricht für ... hinterlassen?
Könnten Sie Herrn/Frau ... bitte Folgendes ausrichten: ...

das Gespräch einleiten
Ich rufe an wegen ...
Ich rufe aus folgendem Grund an: ...
Ich hätte gern Informationen zu ...

Fragen stellen
Ich würde gern wissen, ...
Mich würde auch interessieren, ...
Wie ist das denn, wenn ...
Ich wollte auch noch fragen, ...

sich vergewissern
Könnten Sie das bitte wiederholen?
Ich bin mir nicht ganz sicher, ob ich Sie richtig verstanden habe
Wie war das noch mal?
Habe ich Sie richtig verstanden: ...
Sie meinen also, ... / Kann man also sagen, dass ...

auf Fragen antworten
Ja, also, das ist so: ...
Dazu kann ich Ihnen Folgendes sagen: ...
Das wird folgendermaßen gehandhabt: ...

kurze Zusammenfassung/Rückversicherung
Gut, können wir folgendes festhalten: ...
Wir verbleiben also so: ...

das Gespräch beenden und sich verabschieden
Das war's auch schon. Vielen Dank.
Gut, vielen Dank für die Auskunft.
Das hat mir sehr geholfen, Vielen Dank.
Ich melde mich dann noch mal.
Auf Wiederhören.

Grammatik

Hier finden Sie wichtige Grammatikthemen aus allen drei Bänden von Aspekte in einer Übersicht. Die Verweise geben an, in welchen Kapiteln die entsprechenden Grammatikphänomene behandelt wurden, z. B. **B1+ K8** = Aspekte 1 (Niveau B1+), Kapitel 8; **B2 K7** = Aspekte 2 (Niveau B2) Kapitel 7; **C1 K10** = Aspekte 3 (Niveau C1), Kapitel 10.

Verb

Futur I und II zum Ausdruck von Vermutungen C1 K10

Mit den Formen des Futur I und Futur II kann man Vermutungen ausdrücken. Wie sicher man sich mit der Vermutung ist, kann man zum einen durch die Betonung, zum anderen auch durch die Verwendung von Modalpartikeln wie *wohl* deutlich machen.

Bildung

Futur I	er wird warten	*werden* + Infinitiv Präsens
Futur II	er wird gewartet haben er wird gefahren sein	*werden* + Partizip Perfekt + *haben* oder *sein*

Zeitbezug

Futur I	Vermutung bezieht sich auf die Gegenwart oder Zukunft.
	Weißt du, wer das ist? – Das wird wohl ein Kollege sein. Heute ging es ihm nicht gut, er wird morgen wohl krank sein.
Futur II	Vermutung bezieht sich auf die Vergangenheit
	Denk dir nichts, er wird dich einfach nicht gesehen haben.

Konjunktiv II der Gegenwart B1+ K8

Man verwendet den Konjunktiv II, um:

Bitten höflich auszudrücken	*Könnten Sie mir das bitte genau beschreiben?*
Irreales auszudrücken	*Hätten Sie die Ware doch früher abgeschickt.*
Vermutungen auszudrücken	*Es könnte sein, dass er einen Defekt hat.*

Die meisten Verben bilden den Konjunktiv II mit den Formen von *würde* + Infinitiv.

ich **würde** anrufen	wir **würden** anrufen
du **würdest** anrufen	ihr **würdet** anrufen
er/es/sie **würde** anrufen	sie/Sie **würden** anrufen

Die Modalverben und die Verben *haben*, *sein* und *brauchen* bilden den Konjunktiv II mit den Formen des Präteritums und Umlaut. Die erste und die dritte Person Singular haben im Konjunktiv II immer die Endung **-e**.

Verb

ich w**ä**r**e**, h**ä**tt**e**, m**ü**sst**e**, …	wir w**ä**ren, h**ä**tten, m**ü**ssten, …
du w**ä**r(e)st, h**ä**ttest, m**ü**sstest, …	ihr w**ä**r(e)t, h**ä**ttet, m**ü**sstet, …
er/es/sie w**ä**r**e**, h**ä**tt**e**, m**ü**sst**e**, …	sie/Sie w**ä**ren, h**ä**tten, m**ü**ssten, …

Merke: ich s**o**llte, du s**o**lltest, …; ich w**o**llte, du w**o**lltest, …

Viele unregelmäßige Verben können den Konjunktiv II wie die Modalverben bilden, meistens verwendet man jedoch die Umschreibung mit *würde* + Infinitiv.
Ich käme gerne zu euch. / Ich würde gerne zu euch kommen.

Konjunktiv II der Vergangenheit   B2 K7

Eine Handlung in der Vergangenheit wurde **nicht** realisiert.

Bildung   *hätte/wäre* + Partizip II
*Wenn ich das vorher **gewusst hätte, wäre** ich nicht in Urlaub **gefahren**.*

Konjunktiv II der Vergangenheit mit Modalverben

Bildung   *hätte* + Infinitiv + Modalverb im Infinitiv
*Sie **hätten** mal besser auf Ihre Ernährung **achten sollen**.*

Wortstellung im Nebensatz

*Er sagte, dass ich besser auf meine Ernährung **hätte achten sollen**.*

Das Verb *haben* im Konjunktiv steht **vor** den Infinitiven, das Modalverb steht am Ende.

Bedeutung der Modalverben   B1+ K5

Modalverb	Bedeutung	Alternativen
dürfen	Erlaubnis	*es ist erlaubt zu* + Inf., *es ist gestattet zu* + Inf., *die Erlaubnis haben zu* + Inf., *das Recht haben zu* + Inf.
nicht dürfen	Verbot	*es ist verboten zu* + Inf., *es ist nicht erlaubt zu* + Inf., *keine Erlaubnis haben zu* + Inf.
können	a) Möglichkeit	*die Möglichkeit/Gelegenheit haben zu* + Inf., *es ist möglich zu* + Inf.
	b) Fähigkeit	*imstande sein zu* + Inf., *die Fähigkeit haben/besitzen zu* + Inf., *in der Lage sein zu* + Inf.
mögen	Wunsch, Lust	Adverb: *gern, Lust haben zu* + Inf.
müssen	Notwendigkeit	*es ist notwendig zu* + Inf., *gezwungen sein zu* + Inf., *es ist erforderlich zu* + Inf., *haben zu* + Inf., *es bleibt einem nichts anderes übrig, als zu* + Inf.
sollen	Forderung	*den Auftrag / die Aufgabe haben zu* + Inf., *aufgefordert sein zu* + Inf.
wollen	eigener Wille, Absicht	*die Absicht haben zu* + Inf., *beabsichtigen zu* + Inf., *vorhaben zu* + Inf., *planen zu* + Inf.

Grammatik

Verb

Subjektive Bedeutung der Modalverben

C1 K8

Behauptungen ausdrücken

Mit den Modalverben *wollen* und *sollen* wird eine Behauptung ausgedrückt, die der Schreiber/Sprecher nicht überprüfen kann oder vielleicht bezweifelt.

Behauptung mit Modalverb	Umschreibung ohne Modalverb
a) Behauptung über andere oder einen Sachverhalt Matsumoto **soll** herausgefunden **haben**, dass unser Emotionsausdruck größtenteils in den Genen steckt …	*In der Zeitung stand, dass … / Man sagt, dass … / Man berichtet, dass … / Man behauptet, dass …* *… Matsumoto herausgefunden hat, dass unser Emotionsausdruck größtenteils in den Genen steckt …*
b) Behauptung über sich selbst Er **will** den Beweis **erbracht haben**, dass man Menschen wirklich vom Gesicht ablesen kann, was sie bewegt.	*Er behauptet, dass … / Er sagt von sich selbst, dass … / Er gibt vor, dass …* *… er den Beweis erbracht hat, dass man Menschen wirklich vom Gesicht ablesen kann, was sie bewegt.*

Formen für Gegenwart und Vergangenheit

	Aktiv	Passiv
Gegenwart	*wollen/sollen* + Infinitiv Matsumoto **will** daraus **ableiten**, dass diese Emotionen Überbleibsel unserer evolutionären Abstammung sind.	*wollen/sollen* + Partizip II + *werden* Die Zielbuchstaben auf der linken Seite **sollen** der Wissenschaftlerin zufolge häufiger **ausgewählt werden**.
Vergangenheit	*wollen/sollen* + Partizip II + *haben/sein* Matsumoto **soll herausgefunden haben**, dass unser Emotionsausdruck größtenteils in den Genen steckt und nicht erlernt werden muss.	*wollen/sollen* + Partizip II + *worden* + *haben/sein* Von Biopsychologen **soll** jetzt die Linksvorliebe auch bei zwei Vogelarten **nachgewiesen worden sein**.

Vermutungen ausdrücken

Grad der Sicherheit	Modalverb + Infinitiv	Umschreibung ohne Modalverb
hoch Etwas ist sicher.	*müssen:* Da **muss** Ihre Diagnose falsch sein. *nicht können:* Er **kann nicht** zu den besonders Begabten gehören.	*Ich bin sicher, dass … / Ich bin überzeugt, dass … / Alles deutet darauf hin, dass … / Alle Anzeichen sprechen dafür, dass … / Bestimmt … / Sicher … / Gewiss … / Zweifellos …*
Etwas ist sehr wahrscheinlich.	*dürfen* (nur im Konjunktiv II): Jonas **dürfte** zu den begabten Kindern gehören. *können* (im Indikativ): Jonas **kann** hochbegabt sein.	*Aller Wahrscheinlichkeit nach … / Wahrscheinlich … / Vermutlich … / Ich vermute, dass … / Ich nehme an, dass … / Ich bin ziemlich sicher, dass … / Es sieht so aus, als ob …*
niedrig Etwas ist möglich.	*können* (im Konjunktiv II): Sie **könnten** recht haben.	*Es ist möglich/denkbar / nicht ausgeschlossen, dass … / Vielleicht … / Möglicherweise … / Eventuell …*

Formen für Gegenwart und Vergangenheit s. o.

Verb

Modalverbähnliche Verben   B2 K10

Einige Verben können mit *zu* + Infinitiv stehen und haben dann eine ähnliche Bedeutung wie Modalverben.

sein + zu + Infinitiv

| Der Umgang mit der Entwicklung **ist zu überlegen**. | Der Umgang mit der Entwicklung **muss** überlegt werden / **sollte** überlegt werden. |
| Die Probleme **sind** gut zu **bewältigen**. | Die Probleme **können** gut bewältigt werden. |

haben + zu + Infinitiv

| Die Regierung **hat** Arbeitnehmer besser **zu schützen**. | Die Regierung **muss** Arbeitnehmer besser schützen. |

nicht(s) brauchen + zu + Infinitiv

| Man **braucht nichts zu machen**. | Man **muss** nichts machen. |
| Sie **brauchen nicht anzurufen**. | Sie **müssen** nicht anrufen. |

Auch in Verbindung mit *nur* oder *erst* steht *brauchen* mit *zu* + Infinitiv:
*Du **brauchst nur anzurufen**. Du **brauchst erst anzurufen**, wenn du zu Hause bist.*

lassen + Infinitiv   B2 K10

Auch das Verb *lassen* kann mit einem weiteren Infinitiv stehen.

Bedeutung

| Firmen **lassen** Anbieter die Kosten **zahlen**. | Firmen **veranlassen**, dass Anbieter die Kosten zahlen (müssen). |
| Man **lässt** die Mitarbeiter **entscheiden**. | Man **erlaubt** den Mitarbeitern zu entscheiden. |

Indirekte Rede   B2 K8; C1 K3

Verwendung des Konjunktiv I

In der indirekten Rede verwendet man den Konjunktiv I, um deutlich zu machen, dass man die Worte eines anderen wiedergibt. Die indirekte Rede mit Konjunktiv wird vor allem in der Wissenschaftssprache, in Zeitungen und in Nachrichtensendungen verwendet. In der gesprochenen Sprache wird in der indirekten Rede auch häufig der Indikativ gebraucht.

Grammatik

Verb

Konjunktiv I: Infinitivstamm + Endung

	sein	*haben*	Modalverben	andere Verben
ich	sei	habe > hätte	könne	sehe > würde sehen
du*	sei(e)st	habest	könnest	sehest
er/es/sie	sei	habe	könne	sehe
wir	seien	haben > hätten	können > könnten	sehen > würden sehen
ihr*	sei(e)t	habet	könnet	sehet
sie/Sie	seien	haben > hätten	können > könnten	sehen > würden sehen

* Der Konjunktiv I wird meistens in der 3. Person verwendet – die Formen in der 2. Person sind sehr ungebräuchlich – hier wird meist der Konjunktiv II verwendet.
Konjunktiv I entspricht den Formen des Indikativs. ➔ Verwendung des Konjunktiv II / *würde* + Infinitiv

*Er sagt, die Leute **haben** keine Zeit.* ➔ *Er sagt, die Leute **hätten** keine Zeit.*

Konjunktiv I der Vergangenheit

Im Konjunktiv I gibt es nur eine Vergangenheitsform. Sie wird mit dem Konjunktiv I von *haben* oder *sein* und dem Partizip II gebildet.
*Man sagt, Gutenberg **habe** den Buchdruck **erfunden** und Zeppelin **sei** der Erfinder der Luftschifffahrt **gewesen**.*

Redewiedergabe

C1 K3

Präpostionen mit Dativ

vorangestellt	nachgestellt	
laut*		Laut der Autorin des linken/rechten Textes …
gemäß	gemäß	Gemäß ihrer Einstellung … / Ihrer Aussage gemäß …
nach	nach	Nach Angabe von … / Ihrer Meinung nach …
	zufolge	Professorin Miriam Meckel zufolge …

* auch mit Genitiv möglich

Nebensatz mit *wie*
Wie Kerstin Cuhls berichtet, helfen ihr die neuen Möglichkeiten sehr.
Wie im rechten Text beschrieben wird, braucht man Auszeiten, um Informationen zu verarbeiten.

Passiv

B1+ K10; B2 K5

Verwendung

Man verwendet das **Passiv**, wenn ein Vorgang oder eine Aktion im Vordergrund steht (und nicht eine handelnde Person).
Das **Aktiv** verwendet man, wenn wichtig ist, wer oder was etwas macht.

Verb

Bildung des Passivs *werden* + Partizip II

Präsens	Die Begeisterung wird geweckt.	*werde/wirst/wird* … + Partizip II
Präteritum	Die Begeisterung wurde geweckt.	*wurde/wurdest/wurde* … + Partizip II
Perfekt	Die Begeisterung ist geweckt worden.	*bin/bist/ist* … + Partizip II + *worden*
Plusquamperfekt	Die Begeisterung war geweckt worden.	*war/warst/war* … + Partizip II + *worden*

Die meisten Verben mit Akkusativ können das Passiv bilden. Der Akkusativ im Aktiv-Satz wird im Passiv-Satz zum Nominativ.

Aktiv-Satz   **Passiv-Satz**

Der Architekt (plant) Wohnungen.	Wohnungen (werden) (vom Architekten) (geplant).
Nominativ Akkusativ	Nominativ (*von* + Dativ)

Andere Ergänzungen bleiben im Aktiv und im Passiv im gleichen Kasus.

Er schenkt meinem Sohn eine Wohnung.	Meinem Sohn wird eine Wohnung geschenkt.
Nominativ Dativ Akkusativ	Dativ Nominativ

Handelnde Personen oder Institutionen werden mit *von* + Dativ angegeben, Umstände und Ursachen mit *durch* + Akkusativ.

Passiv mit Modalverben

Modalverb + Partizip II + *werden* im Infinitiv: *Die Wohnungen* **müssen geplant werden**.

Besonderheiten des Passivs   C1 K6

Passivsatz ohne Subjekt
In subjektlosen Passivsätzen muss die Position 1 von einem Satzglied, auch in Form eines Nebensatzes, oder von dem Wort *es* besetzt werden. Wird die Position 1 von einem anderen Satzglied besetzt, entfällt das Wort *es*. (Stilistisch gilt dies als die bessere Variante.)

Position 1	Position 2	
Bei einer Allergie	werden	Stoffe im Körper bekämpft …
Es	werden	bei einer Allergie Stoffe im Körper bekämpft …

Nebensatz im Passiv mit Modalverb
Präsens und Präteritum: am Satzende steht: Partizip II + *werden* + Modalverb
Es gibt verschiedene Hauttests, mit denen viele Allergene **identifiziert werden können/konnten**.

Konjunktiv der Vergangenheit: am Satzende steht: Konjunktiv von *haben* + Partizip II + *werden* + Modalverb im Infinitiv
Heute weiß man, dass viele Allergien schon viel früher **hätten behandelt werden müssen**.

Grammatik   Verb

Passiv mit wollen/sollen
Wunsch bezieht sich auf andere Person oder Sache ➔ Passivsatz mit *sollen*
*Die Ursachen für das Entstehen von allergischen Erkrankungen **sollen erforscht werden**.*
*Er **soll geheilt werden**.*
Wunsch bezieht sich auf die eigene Person ➔ Passivsatz mit *wollen*
*Nach langer Krankheit **will** er endlich **geheilt werden**.*
Als Stilmittel können Sachen personalisiert werden. *Die Gesundheit **will gepflegt werden**.*

Passiversatzformen   B1+ K10; B2 K5

man   *Hier baut **man** Häuser.*   = *Hier werden Häuser gebaut.*

Passiversatzformen mit modaler Bedeutung

sein + Adjektiv mit Endung *-bar/-lich*
*Das Projekt ist nicht **finanzierbar**.*   = *Das Projekt **kann** nicht finanziert werden.*

sein + *zu* + Infinitiv
*Die Begeisterung der Kinder für die Wissenschaft **ist** frühzeitig **zu wecken**.*
= *Die Begeisterung der Kinder **muss/kann/soll** frühzeitig geweckt werden.*

sich lassen + Infinitiv
*Das Projekt **lässt sich** nicht **finanzieren**.*   = *Das Projekt **kann** nicht finanziert werden.*

Zeitformen:

	jetzt (Präsens)	*Das Projekt **lässt** sich nicht **finanzieren**.*
	früher (Präteritum)	*Das Projekt **ließ** sich nicht **finanzieren**.*
	früher (Perfekt)	*Das Projekt **hat** sich nicht **finanzieren lassen**.*
	in Zukunft (Futur)	*Das Projekt **wird** sich nicht **finanzieren lassen**.*

Passiv mit *sein*   B2 K7

Passiv mit *werden*	**Passiv mit *sein***
*Der Mantel **wurde** mit EC-Karte bezahlt.*	*Der Mantel **ist** bezahlt.*
*Die EC-Karte **ist** gesperrt **worden**.*	*Die Karte **ist** gesperrt.*
↓	↓
Vorgang, Prozess	**neuer Zustand, Resultat eines Vorgangs**

Bildung   *sein* + Partizip II

Präsens	*Die Karte ist gesperrt.*	*sein* im Präsens + Partizip II
Präteritum	*Die Karte war gesperrt.*	*sein* im Präteritum + Partizip II

Trennbare und untrennbare Präfixe   C1 K9

trennbar: betont, eher wörtliche Bedeutung
    <u>um</u>fahren   *Beinahe hätte er das Schild umgefahren.*
untrennbar: unbetont, eher bildhafte Bedeutung
    um<u>fah</u>ren   *Wir empfehlen, den Stau großräumig zu umfahren.*

Verb | Adjektiv

	trennbar	untrennbar	trennbar und untrennbar
über-	überkochen, übersiedeln	überarbeiten, überblicken, überdenken, überfordern, überreden, übertreiben	übersetzen, überstehen, übertreten, überziehen
unter-	unterbringen, untergehen	unterbrechen, unterdrücken, unterschätzen, unterwerfen	unterhalten, unterstellen, unterziehen
wider-	widerhallen, widerspiegeln	widerfahren, widerlegen, sich widersetzen, widersprechen, widerstehen	
durch-	durchfallen, durchführen, durchhalten, durchkommen, durchmachen, durchsehen	durchdenken, durchleben (eher wörtliche Bedeutung)	durchbrechen, durchdringen, durchfahren, durchlaufen, durchschauen, durchsetzen
um-	umladen, umsteigen, umziehen, umändern, umbauen, umtauschen, umfallen, umstoßen (Bedeutung „Veränderung" von Ort, Zustand, Richtung)	umarmen, umkreisen, umzäunen (Bedeutung „kreisförmige Bewegung")	umfahren, umfliegen, umgehen, umschreiben, umstellen (trennbar: „Veränderung", untrennbar: „kreisförmige Bewegung")

Adjektiv

Deklination der Adjektive   B1+ K1; C1 K1

Typ 1: bestimmter Artikel + Adjektiv + Substantiv

	maskulin	neutrum	feminin	Plural
Nominativ	der mutig**e** Mann *der*	das mutig**e** Kind *das*	die mutig**e** Frau *die*	die mutig**en** Helfer *die*
Akkusativ	den mutig**en** Mann *den*			
Dativ	(mit) dem mutig**en** Mann *dem*	(mit) dem mutig**en** Kind *dem*	(mit) der mutig**en** Frau *der*	(mit) den mutig**en** Helfern *den*
Genitiv	(trotz) des mutig**en** Mannes *des*	(trotz) des mutig**en** Kindes *des*	(trotz) der mutig**en** Frau *der*	(trotz) der mutig**en** Helfer *der*

auch nach: – Demonstrativartikel: *dieser, dieses, diese; jener, jenes, jene; derselbe, dasselbe, dieselbe; diejenig-* (Plural); *solch-; folgend-; beid-* (Plural)
– Fragewort: *welcher, welches, welche*
– Indefinitartikel: *jed-* (nur Singular); *all-/alle* (Plural); *manch-; mehrer-* (Plural); *irgendwelch-* (Plural); *kein-* (Plural)

Grammatik

Adjektiv

Typ 2: unbestimmter Artikel + Adjektiv + Substantiv

	maskulin	neutrum	feminin	Plural
Nominativ	ein mutig**er** Mann · der	ein mutig**es** Kind · das	eine mutig**e** Frau · die	mutig**en** Helfer · die
Akkusativ	einen mutig**en** Mann · den			
Dativ	(mit) einem mutig**en** Mann · dem	(mit) einem mutig**en** Kind · dem	(mit) einer mutig**en** Frau · der	(mit) mutig**en** Helfern · den
Genitiv	(trotz) eines mutig**en** Mannes · des	(trotz) eines mutig**en** Kindes · des	(trotz) einer mutig**en** Frau · der	(trotz) mutig**er** Helfer · der

im Singular ebenso nach: – Negationsartikel: *kein, kein, keine*
 – Possessivartikel: *mein, mein, meine, ...*
 – Indefinitartikel: *manch ein-; irgendein-*

Im Plural nach Negationsartikel und Possessivartikel immer **-en**.

Typ 3: Nullartikel + Adjektiv + Substantiv

	maskulin	neutrum	feminin	Plural
Nominativ	mutig**er** Mann · der	mutig**es** Kind · das	mutig**e** Frau · die	mutig**e** Helfer · die
Akkusativ	mutig**en** Mann · den			
Dativ	(mit) mutig**em** Mann · dem	(mit) mutig**em** Kind · dem	(mit) mutig**er** Frau · der	(mit) mutig**en** Helfern · den
Genitiv	(trotz) mutig**en** Mannes · des	(trotz) mutig**en** Kindes · des	(trotz) mutig**er** Frau · der	(trotz) mutig**er** Helfer · der

auch nach: – Zahlen
 – Indefinitartikel: *viel, wenig, genug, mehr, etwas*
 – Indefinitartikel im Plural: *einig-, viel-, wenig-, etlich-, ander-, ein paar, zahlreich-, verschieden-, weiter-, sämtlich-, sonstig-*
 – Relativpronomen im Genitiv: *dessen, deren*

Adjektiv

Partizipien als Adjektive B2 K8

Partizipien als Adjektive geben nähere Informationen zu Substantiven. Sie stehen zwischen Artikelwort und Substantiv. Die Partizipien können zusammen mit anderen Erweiterungen stehen (z.B. Adverbien oder Adjektiven). Partizipien als Adjektive kann man meist alternativ mit einem Relativsatz umschreiben.

Partizip als Adjektiv	Relativsatz
Die Passagiere müssen die **anfallenden** Arbeiten gerecht aufteilen.	Die Passagiere müssen die Arbeiten, **die anfallen**, gerecht aufteilen.

Bildung: Partizip als Adjektiv

Beschreibung von Gleichzeitigem **Partizip I + Adjektivendung** *Die Zuschauer leiden mit bei einem gnadenlos **tobenden** Sturm.*	bei Umformung in einen Relativsatz: **Relativsatz im Aktiv** *Die Zuschauer leiden mit bei einem Sturm, der gnadenlos **tobt**.*
Beschreibung von Vorzeitigem **Partizip II + Adjektivendung** *Alle feiern gemeinsam ein lange **geplantes** Bordfest.*	bei Umformung in einen Relativsatz: **Relativsatz im Passiv** *Alle feiern gemeinsam ein Bordfest, **das lange geplant worden ist**.*

Das modale Partizip C1 K7

Bildung zu + Partizip I + Endung
Bildung bei transitiven, passivfähigen Verben möglich
→ die **zu inhaftierenden** Straftäter / die **zu erwartende** Rückfallquote

Umformung in Relativsatz
*Die **abzusehenden** Vermittlungschancen sind nicht schlecht.*
→ *Die Vermittlungschancen, **die man absehen kann**, sind nicht schlecht.*
→ *Die Vermittlungschancen, **die abzusehen sind**, sind nicht schlecht.*

Position direkt vor dem Nomen; vor dem modalen Partizip können weitere Angaben stehen
*Die <u>nicht leicht</u> **zu treffende** Entscheidung liegt bei der Anstaltsleitung.*
*Die <u>unter gleichen Bedingungen</u> **abzulegende** Prüfung soll für alle gerecht sein.*

Bedeutung passivische Bedeutung, kann das Gleiche ausdrücken wie Äußerung mit Modalverb
*Die **zu inhaftierenden** Straftäter sind nur selten Frauen.*
→ *Die Straftäter, **die inhaftiert werden müssen**, sind selten Frauen.*
*Die **abzusehenden** Vermittlungschancen sind nicht schlecht.*
→ *Die Vermittlungschancen, **die man absehen kann**, sind nicht schlecht.*

Grammatik

Adjektiv | Pronomen

Partizipialgruppe   C1 K10

Partizipialgruppen sind verkürzte Konditionalsätze. Das endungslose Partizip steht gewöhnlich am Ende. Viele Partizipialgruppen mit konditionaler Bedeutung sind feste Wendungen, deren gedachtes Subjekt *man* ist: *genau/kurz/anders gesagt, anders formuliert, genauer/oberflächlich betrachtet, genau/streng/im Grunde genommen, richtig verstanden, verglichen mit, abgesehen von, ausgehend von, grob geschätzt*

Partizipialgruppe	Konditionalsatz
Unser Hirn besteht, **grob geschätzt**, aus etwa 100 Milliarden Nervenzellen.	**Wenn man grob schätzt**, besteht unser Hirn aus etwa 100 Milliarden Nervenzellen.
Genau betrachtet, kann das Langzeitgedächtnis noch weiter unterteilt werden.	**Wenn man es genau betrachtet**, kann das Langzeitgedächtnis noch weiter unterteilt werden.
Es besteht, **streng genommen**, aus drei Hauptsystemen.	**Wenn man es streng nimmt**, besteht es aus drei Hauptsystemen.

Pronomen

Relativpronomen   B1+ K7; B2 K4, B2 K6

	Singular			Plural
Nominativ	der	das	die	die
Akkusativ	den	das	die	die
Dativ	dem	dem	der	**denen**
Genitiv	**dessen**	**dessen**	**deren**	**deren**

Genus und Numerus des Relativpronomens richten sich nach dem Bezugswort, der Kasus nach dem Verb im Relativsatz oder der Präposition.

… die Frau, **die** ich getroffen habe.   … die Kollegin, **mit der** ich gearbeitet habe.
              + Akk.   *mit* + Dat.

Relativpronomen im Genitiv

*Wir verstehen die Sprache, **deren** Klang ganz anders ist, nicht.*

= Wir verstehen die Sprache nicht. Der Klang **dieser Sprache** ist ganz anders.

Nach dem Relativpronomen im Genitiv folgt ein Substantiv ohne Artikel.

Relativpronomen *wo, wohin, woher*

Gibt ein Relativsatz einen Ort, eine Richtung oder einen Ausgangspunkt an, kann man alternativ zum Relativpronomen auch *wo, wohin, woher* verwenden.

Ich habe Anne in der englischen Kleinstadt kennengelernt,
… **wo** wir gearbeitet haben.   … **wohin** ich gezogen bin.   … **woher** mein Kollege kommt.

Bei Städte- und Ländernamen benutzt man immer *wo, wohin, woher*.
Pablo kommt aus Sao Paulo, wo auch seine Familie lebt.

Relativpronomen *was*

Bezieht sich das Relativpronomen auf einen ganzen Satz oder stehen die Pronomen *etwas*, *alles* und *nichts* im Hauptsatz, dann verwendet man das Relativpronomen *was*.

Meine Kinder sehen ihre Großeltern höchstens einmal im Jahr, was ich wirklich schade finde.

Mit Maja kann ich alles nachholen, was ich verpasst habe.

Es gibt eigentlich nichts, was mich an ihm stört.

Relativpronomen *wer*

Nominativ	wer
Akkusativ	wen
Dativ	wem
Genitiv (selten)	wessen

Relativsätze mit *wer* beschreiben eine unbestimmte Person näher. Der Nebensatz beginnt mit dem Relativpronomen *wer*, der Hauptsatz mit dem Demonstrativpronomen *der*. Wenn beide Pronomen im gleichen Kasus stehen, kann das Demonstrativpronomen entfallen.

Jemand hat solche Eintragungen.
↓
Wer solche Eintragungen hat,
(Nominativ)

Er hat sich seine Zukunft verbaut.
↓
[der] hat sich seine Zukunft verbaut.
(Nominativ)

Jemand kommt in sein Training.
↓
Wer in sein Training kommt,
(Nominativ)

Ihn bringt er nicht zur Polizei.
↓
den bringt er nicht zur Polizei.
(Akkusativ)

Präpositionen

Präpositionen   B1+ K8, K9; B2 K6; C1 K7

mit	Zeit	Ort	Grund/Gegengrund	Art und Weise
Dativ	ab, an, aus, bei, in, nach, seit, vor, von … bis, von … an, zu, zwischen	ab, aus, bei, fern, gegenüber, nach, nahe, von, zu	aus, vor, zufolge, zuliebe	aus, außer, bei, entgegen, entsprechend, gemäß, laut, mit, mitsamt, nach, nebst, zuwider
Akkusativ	bis, für, gegen, um, über	bis, durch, gegen, um	durch	ohne
Genitiv	außerhalb, innerhalb, während	außerhalb, entlang, inmitten, innerhalb, unweit	angesichts, anlässlich, aufgrund, bezüglich, dank, hinsichtlich, infolge, mangels, trotz, um … willen, ungeachtet, wegen, zwecks	anhand, anstatt, anstelle, eingedenk, inklusive, laut, mithilfe, mittels

Grammatik

Präposition | Partikeln | Wortbildung

mit Dativ oder Akkusativ (Wechselpräpositionen): *an, auf, hinter, in, neben, über, unter, vor, zwischen*

Die Präpositionen *dank, trotz, wegen* werden in der gesprochenen Sprache auch mit dem Dativ verwendet.

Feste Präpositionen bei Adjektiven, Substantiven und Verben → siehe Liste im Arbeitsbuch

Partikeln

Modalpartikeln B2 K9

doch, aber, ja, eben, ruhig, einfach, mal, schon, denn, eigentlich, also, wohl

Modalpartikeln werden vor allem in der gesprochenen Sprache gebraucht. Sie können in Äußerungen je nach Betonung Emotionen oder Einstellungen verstärken.
In Aussagesätzen stehen die Modalpartikeln meist nach dem Verb.
Denn steht nur in Fragesätzen, *eigentlich* und *also* in Fragen, Aussagen oder Aufforderungen.
Einige Partikeln können kombiniert werden, z.B. *doch wohl, einfach mal,* oder *denn eigentlich*.
Die **Bedeutung** ist vom Kontext und von der Betonung abhängig, z.B.:
   *Das ist **doch** nicht wahr!* (Ausruf/Verärgerung)
   *Du kannst ihn **doch** nicht anrufen.* (Mahnung/Warnung)
   *Das ist **doch** eine tolle Nachricht.* (Freude/Überraschung)
   *Nimm es **doch** nicht so schwer!* (Mitleid/Rat)

Wortbildung

Vom Verb zum Substantiv C1 K1

Endung / Veränderung	Beispiel	Bedeutung
das + Infinitiv	**das** Arbeiten	Handlungen
Verb ohne Endung auch mit Vokaländerung	der Ruf die Flucht	Handlungen oder Gefühle
Endung *-e*	die Sorg**e**	andauernde Handlungen/Gefühle
Endung *-ung*	die Erfahr**ung**	Abstrakta (feminin)
Endung *-nis*	das Bedürf**nis**	Zustände, Erfahrungen und Einstellungen
Endung *-schaft*	die Wissen**schaft**	(feminin)
Partizip II + *-e*	das **Geschriebene**	vergangene Ereignisse/Handlungen oder Haltungen
Partizip I + *-e*	der/die **Lesende**	Personen, die etwas tun
Endung *-er*	der Fernseh**er**	Gebrauchsgegenstände oder Personen

Wortbildung | Satz

Vom Adjektiv zum Substantiv C1 K1

Endung / Veränderung	Beispiel	Bedeutung
Artikelwort und Endung -e	**der/das/die** Neu**e**	Personen oder Dinge
Endung -*(ig)keit*	die Gerecht**igkeit**	Abstrakta (feminin)
Endung -*heit*	die Krank**heit**	Abstrakta (feminin)
Endung -*schaft*	die Verwandt**schaft**	(feminin)

Satz

Dativ- und Akkusativ-Ergänzungen B2 K1

Dativ vor Akkusativ   *Ich gebe dem Mann die Schlüssel.*

ABER:

Akkusativ-**Pronomen** vor Dativ   *Ich gebe sie dem Mann / ihm.*

Reihenfolge der Angaben im Mittelfeld B2 K1

Für die Reihenfolge der Angaben im Mittelfeld gibt es keine festen Regeln, aber meistens gilt die Reihenfolge:

temporal (wann?) – **ka**usal (warum?) – **mo**dal (wie?) – **lo**kal (wo? woher? wohin?): **tekamolo**

		Mittelfeld				
Ich	bin	vor einigen Jahren	aus beruflichen Gründen	spontan	nach Neuseeland	gezogen.
		temporal	**kausal**	**modal**	**lokal**	

Will man eine Angabe betonen, so ändert sich die Reihenfolge. Man kann z.B. das, was man betonen möchte, auf Position 1 stellen.

Aus beruflichen Gründen *bin ich vor einigen Jahren spontan nach Neuseeland gezogen.*

Grammatik

Satz

Reihenfolge von Angaben und Ergänzungen im Mittelfeld   B2 K1

Gibt es im Satz außer den Angaben auch Ergänzungen, steht die Dativ-Ergänzung vor oder nach der temporalen Angabe und die Akkusativ-Ergänzung vor der lokalen Angabe. Präpositional-Ergänzungen stehen normalerweise nach den Angaben, am Ende des Mittelfelds.

		Mittelfeld					
Ich	habe	meiner besten Freundin	jeden Tag	aus Heimweh	mehrere E-Mails	ins Büro	geschickt.
		Dativ	temporal	kausal	Akkusativ	lokal	

oder

Ich	habe	jeden Tag	meiner besten Freundin	aus Heimweh	mehrere E-Mails	ins Büro	geschickt.
		temporal	Dativ	kausal	Akkusativ	lokal	

Attribute   C1 K2

Attribute bestimmen ein Substantiv näher und geben ihm zusätzliche Merkmale.

Das ⎢bewusst absolvierte⎥ Grundstudium ⎢meines abgebrochenen Studiengangs⎥ brachte mir wichtige Erfahrungen, ⎢die mein späteres Studium ergänzten.⎥

Der Bewerber hat eine ⎢falsche⎥ Entscheidung getroffen.

Artikelwort	Linksattribut	Substantiv	Rechtsattribut
ein	bunter (Adjektiv)	Lebenslauf	–
ein	abgebrochenes (Partizip II)	Studium	–
ein	schwerwiegendes (Partizip I)	Problem	
eine	–	Frage	des Alters (Substantiv im Genitiv)
die	–	Begründung	von Richtungswechseln (Präposition mit Substantiv)
eine	wichtige	Erfahrung,	die mein späteres Studium ergänzte (Relativsatz)
die	–	Bemühungen,	einen guten Arbeitsplatz zu finden (Infinitiv mit zu)
die	–	Tatsache,	dass es zu wenige Arbeitsplätze gibt (dass-Satz)

Satz

Nominalisierung und Verbalisierung C1 K3

Verbalstil wird häufig in gesprochener Sprache und erzählenden Texten verwendet. Texte im Verbalstil klingen flüssiger und leichter und sind für Zuhörer verständlicher.
Nominalstil wird oft in wissenschaftlichen Texten und Fachtexten verwendet. Texte in Nominalstil klingen sachlich. Einen Text im Nominalstil zu formulieren ermöglicht es dem Schreiber, viele Informationen kompakt wiederzugeben.

Nominalstil (Fachtexte, wissenschaftliche Texte)	Verbalstil (gesprochene Sprache, erzählende Texte)
Präpositionalattribut … →	Akkusativ- oder Dativ-Ergänzung
In der Forschung gibt es eine Unterscheidung zwischen Spracherwerb und Sprachenlernen.	Die Forschung unterscheidet dabei den Spracherwerb und das Sprachenlernen.
Genitivattribut … →	Subjekt von intransitiven/reflexiven Verben
Es besteht die Annahme, dass eine Verbesserung des Sprachvermögens mit …	Daher nimmt man an, dass sich das Sprachvermögen verbessert, wenn …
Präpositionalattribut … →	Präpositional-Ergänzung
Abweichungen von den Normen der Muttersprache sind dabei …	Es ist …, wenn sie dabei von den Normen der Muttersprache abweichen.
Possessivpronomen … →	Personalpronomen
Ihr Erwerb umfasst auch Sprachregeln, deren Vorkommen in ihrer Alltagssprache selten ist.	Sie erwerben auch Sprachregeln, die in ihrer Alltagsprache nur selten vorkommen, …
Genitivattribut. Die handelnde „Person" wird oft mit *durch* verbunden … →	transitive Verben: Akkusativ-Ergänzung im Aktivsatz / Subjekt im Passivsatz
Selbst ohne Korrekturen der Sprachfehler durch die Eltern ist der Erwerb …	Selbst, wenn Eltern die Sprachfehler nicht korrigieren, erwerben die Kinder …
Adjektive … →	Adverbien
Bei Erwachsenen gibt es die allgemeine Beobachtung, dass …	Bei Erwachsenen kann man allgemein beobachten, dass …

Nominalisierung und Verbalisierung: Modalsätze C1 K4 (B2 K4)

Nominalform	Verbalform
Durch den Import neuer Technologien steigt die Wettbewerbsfähigkeit des Landes.	Die Wettbewerbsfähigkeit des Landes steigt, **indem** neue Technologien importiert werden.
Durch die Einflussnahme von Gewerkschaften ist den Arbeitern ein angemessener Lohn sicher.	Den Arbeitern ist ein angemessener Lohn **dadurch** sicher, **dass** Gewerkschaften Einfluss nehmen.

Grammatik

Satz

Nominalisierung und Verbalisierung: Temporalsätze

C1 K4 (B1+ K9; B2 K2)

Nominalform	Verbalform	Bedeutung
Die Kohle spielte **beim** wirtschaftlichen Wiederaufbau der Bundesrepublik eine entscheidende Rolle.	Die Kohle spielte eine entscheidende Rolle, **als** die Wirtschaft der Bundesrepublik wiederaufgebaut wurde.	Gleichzeitigkeit
Während der Kohleförderung wurde in diesen Anlagen schwer gearbeitet.	**Während/Wenn** man Kohle förderte, wurde in diesen Anlagen schwer gearbeitet.	Gleichzeitigkeit
Seit der Entdeckung der Steinkohle hat das Ruhrgebiet eine rasante Entwicklung genommen.	**Seitdem** die Steinkohle entdeckt wurde, hat das Ruhrgebiet eine rasante Entwicklung genommen.	Zeitraum vom Anfang der Handlung
Bis zum Beginn des wirtschaftlichen Abschwungs vergingen nur wenige Jahre.	**Bis** der wirtschaftliche Abschwung begann, vergingen nur wenige Jahre.	Zeitraum bis zum Ende der Handlung
Nach dem Ende des Krieges stieg die Bevölkerungszahl bis 1950 rasch an.	Nachdem der Krieg beendet worden war, stieg die Bevölkerungszahl bis 1950 rasch an.	Vorzeitigkeit A vor B mit Zeitenwechsel
Vor dem Beginn der Kohlekrise arbeiteten die meisten Menschen in der Rohstoffverarbeitung.	Bevor die Kohlekrise begann, arbeiteten die meisten Menschen in der Rohstoffverarbeitung.	Nachzeitigkeit A nach B

Nominalisierung und Verbalisierung: Konditionalsätze

C1 K4

Nominalform	Verbalform
Große Investitionen, z. B. der Aufbau einer Fabrik, rechnen sich erst **bei** einer Ausnutzung über einen Zeitraum von 50 Jahren.	Große Investitionen, z. B. der Aufbau einer Fabrik, rechnen sich erst, **wenn** sie über einen Zeitraum von 50 Jahren genutzt werden.
Ohne die Beachtung dieses Ziels müssten die Konzerne mit Kursverlusten an den Aktienbörsen rechnen.	**Wenn** die Konzerne das Ziel **nicht** beachten/ **miss**achten, müssten sie mit Kursverlusten an den Aktienbörsen rechnen.

Nominalisierung und Verbalisierung: Kausal-, Konzessiv-, Final- und Konsekutivsätze

C1 K5 (B1+ K2; B2 K3)

Kausalsätze	
Nominalform	**Verbalform**
Aufgrund/Wegen unrealistischer Erwartungen scheiterten viele hoch motivierte, aber schlecht informierte Menschen.	**Weil/Da** viele hoch motivierte, aber schlecht informierte Menschen unrealistische Erwartungen hatten, scheiterten sie.

Satz

Konzessivsätze	
Nominalform	**Verbalform**
Trotz großer Motivation verpufft nach zwei bis drei Monaten bei mehr als der Hälfte der Befragten die Anfangsbegeisterung.	**Obwohl** viele motiviert sind, verpufft nach zwei bis drei Monaten bei mehr als der Hälfte der Befragten die Anfangsbegeisterung.

Finalsätze	
Nominalform	**Verbalform**
Zur besseren Bewältigung seines Vorhabens hilft womöglich auch die Gesellschaft anderer in entsprechenden Kursen.	Die Gesellschaft anderer hilft einem womöglich auch in entsprechenden Kursen, **um** sein Vorhaben besser **zu** bewältigen. / **damit** man sein Vorhaben besser bewältigen kann.
Für das erfolgreiche Umsetzen eines Vorsatzes sollten unterschiedliche Lösungswege angedacht werden.	**Um** einen Vorsatz erfolgreich um**zu**setzen, sollten unterschiedliche Lösungswege angedacht werden.

Konsekutivsätze	
Nominalform	**Verbalform**
Infolge zu hoher Ziele (= Grund) müssen viele Menschen ziemlich schnell Fehlschläge hinnehmen. (= Folge)	Viele Menschen haben so hohe Ziele (= Grund), **sodass** sie ziemlich schnell Fehlschläge hinnehmen müssen. (= Folge)

Nominalisierung und Verbalisierung: Präpositional-Ergänzung   C1 K5

Nominalform	Verbalform
Heute profitiert man **von** der Mitgliedschaft in mehreren Netzwerken.	Heute profitiert man **davon**, Mitglied in mehreren Netzwerken zu sein.
Diese Netzwerke können sich **über** einen deutlichen Anstieg ihrer Mitgliederzahl freuen.	Diese Netzwerke können sich **darüber** freuen, **dass** ihre Mitgliederzahl deutlich ansteigt.

Präpositional-Ergänzungen können in einen *dass*-Satz oder Infinitivsatz umgeformt werden. Einen Infinitivsatz kann man nur bilden, wenn das Subjekt des Nebensatzes mit dem Subjekt des Hauptsatzes identisch ist. Bei der Umformung wird die Präposition zu einem Pronominaladverb im Hauptsatz. Bei vielen Verben kann das Pronominaladverb weggelassen werden.

Die Betreiber von Netzwerken freuen sich (darüber), dass die Mitgliederzahlen steigen.

Grammatik   Satz

Weitere Nebensatztypen   B2 K3, B2 K7

alternative oder adversative Bedeutung (Gegensatz)	anstatt … zu / anstatt dass	**(An)statt** lange zu telefonieren, könntest du mir eine Mail schicken.
		(An)statt dass wir telefonieren, schreib ich dir lieber eine Mail.
	während	**Während** die anderen für die gleiche Arbeit gutes Geld verdienen, geht man als Praktikant meistens ohne einen Cent nach Hause.
Einschränkung	ohne … zu / ohne dass	Wir haben lange telefoniert, **ohne** über die Änderungen **zu** sprechen.
		Wir haben lange telefoniert, **ohne dass** ich nach den Änderungen gefragt habe.
irrealer Vergleichssatz mit Konjunktiv II	als	Unser Chef macht den Eindruck, **als** wäre er der beste Skifahrer der Welt.
	als ob	Mein Chef tut immer so, **als ob** das völlig normal wäre.
	als wenn	Es sieht so aus, **als wenn** Judo mir wirklich etwas gebracht hätte.

Zweiteilige Konnektoren   B2 K3

Aufzählung	Ich muss mich **sowohl** um Design **als auch** um die Finanzierung kümmern. Hier habe ich **nicht nur** nette Kollegen, **sondern auch** abwechslungsreiche Aufgaben.
„negative" Aufzählung	Aber nichts hat geklappt, **weder** über die Stellenanzeigen in der Zeitung, **noch** über die Agentur für Arbeit.
Vergleich	**Je** mehr Absagen ich bekam, **desto** frustrierter wurde ich.
Alternative	**Entweder** man kämpft sich durch diese Praktikumszeit **oder** man findet wahrscheinlich nie eine Stelle.
Gegensatz/ Einschränkung	Da verdiene ich **zwar** nichts, **aber** ich sammle wichtige Berufserfahrung. **Einerseits** bleiben diese Kontakte oft oberflächlich, **andererseits** kann man auch wirklich wichtige berufliche Kontakte herstellen.

Satz

Weitere Konnektoren C1 K9

Die folgenden Konnektoren können alleine die Position 1 besetzen, also direkt vor dem konjugierten Verb stehen.

konsekutiv (Folge)

andernfalls	Für das Studium braucht man Durchhaltevermögen. **Andernfalls** sollte man lieber einen anderen Studiengang wählen.
demnach	Der Erfolg junger Künstler wird von Galeristen bestimmt. **Demnach** ist es wichtig, die richtigen Kontakte zu knüpfen.
folglich	Als Schauspieler wird man oft abgewiesen, **folglich** ist ein starkes Selbstbewusstsein wichtig.
infolgedessen	Die Konkurrenz ist groß. **Infolgedessen** setzen viele Schulen auf eine möglichst breite Ausbildung.
somit	Meine größte Angst ist, dass sich kein materieller Erfolg einstellt. **Somit** wäre es natürlich ganz gut, ein zweites Standbein zu haben.
sonst	Langfristig sichert aber nur eines den Erfolg: der unbändige künstlerische Drang, **sonst** ist dieses Leben nicht durchzuhalten.

adversativ (Gegensatz)

dagegen	Viele träumen davon, mit ihrer Kunst erfolgreich zu sein. **Dagegen** spricht allerdings die Realität.
demgegenüber	Die Karriere winkt am Horizont. **Demgegenüber** steht oft die Realität.
dennoch	Mir wäre es auch lieber, finanziell endlich unabhängig zu sein. **Dennoch** will ich ohne dieses Kribbeln nicht leben.
stattdessen	Ich hätte auch einfach Medizin studieren können. **Stattdessen** habe ich mich für die oft brotlose Kunst entschieden.
vielmehr	Mit Romantik hat das wenig zu tun, **vielmehr** ist es harte Arbeit.
wohingegen	Früher habe ich mir ein Künstlerleben romantisch vorgestellt, **wohingegen** ich jetzt sage (Verb am Ende), dass es mit Romantik wenig zu tun hat.

temporal (Zeit)

daraufhin	Neulich habe ich ein Bild verkauft. **Daraufhin** habe ich mir gleich viele neue Materialien angeschafft.
gleichzeitig	Die Studenten lernen, mit verschiedenen Techniken umzugehen. **Gleichzeitig** lernen sie, sich professioneller zu vermarkten.
währenddessen	Meine Freunde haben mittlerweile Karriere gemacht. **Währenddessen** dreht sich bei mir immer noch alles primär darum, zu überleben.

Grammatik

Satz

Weiterführende Nebensätze C1 K2

Weiterführende Nebensätze beziehen sich auf die Gesamtaussage des Hauptsatzes. Die Aussage des Hauptsatzes wird kommentiert oder weitergeführt. Sie werden mit *was*, *wo(r)* + Präposition oder mit *weshalb/weswegen* eingeleitet und stehen immer nach dem Hauptsatz.

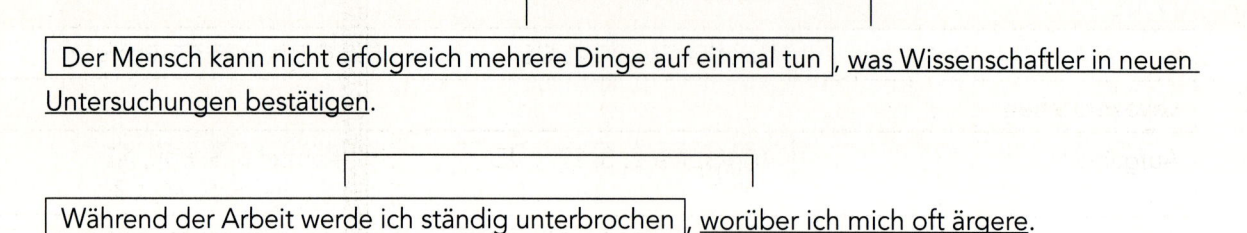

Der Mensch kann nicht erfolgreich mehrere Dinge auf einmal tun, was Wissenschaftler in neuen Untersuchungen bestätigen.

Während der Arbeit werde ich ständig unterbrochen, worüber ich mich oft ärgere.

Infinitivsätze in Gegenwart und Vergangenheit C1 K6

Satzverbindungen mit *dass* können in einen Infinitivsatz umgeformt werden, wenn das Subjekt oder das Objekt des Hauptsatzes auch das Subjekt des Nebensatzes mit *dass* ist.

Geschehen im Hauptsatz gleichzeitig mit dem Geschehen im Nebensatz mit *dass* → Infinitivsatz im **Präsens** Aktiv oder Passiv	
Der Moderator bittet die Experten,	… dass sie den Zuschauern den Placebo-Effekt erklären. … den Zuschauern den Placebo Effekt **zu erklären**.
Den Placebos kommt zugute,	… dass sie für den Organismus nicht belastend sind. … für den Organismus nicht belastend **zu sein**.
Die Patienten gehen davon aus,	… dass sie mit wirksamen Medikamenten behandelt werden. … mit wirksamen Medikamenten **behandelt zu werden**.
Geschehen im Hauptsatz vor dem Geschehen im Nebensatz mit *dass* → Infinitivsatz im **Präsens** Aktiv oder Passiv	
Viele Kranke hatten Angst,	… dass sie Nebenwirkungen spüren. … Nebenwirkungen **zu spüren**.
Geschehen im Hauptsatz nach dem Geschehen im Nebensatz mit *dass* → Infinitivsatz im **Perfekt** Aktiv oder Passiv	
Die Forscher sind der Ansicht,	… dass sie interessante Erkenntnisse gewonnen haben. … interessante Erkenntnisse **gewonnen zu haben**.
Die Patienten bestätigen den Ärzten,	… dass sie für die gemeinsamen Gespräche dankbar gewesen sind. … für die gemeinsamen Gespräche dankbar **gewesen zu sein**.
Wir alle erinnern uns daran,	… dass wir als Kinder mit einem Streicheln von unseren Schmerzen befreit worden sind. … als Kinder mit einem Streicheln von unseren Schmerzen **befreit worden zu sein**.

Prüfungsvorbereitung

Prüfungsvorbereitung in Aspekte 3 Lehrbuch (LB) und Arbeitsbuch (AB)

Im Lehrbuch sowie im Arbeitsbuch finden Sie Aufgaben, die auf die Prüfungen zum C1-Niveau des Goethe-Instituts und von TELC vorbereiten.

Im Arbeitsbuch finden Sie auf der eingelegten CD-ROM je einen Übungstest.

	Goethe-Zertifikat C1	TELC Deutsch C1-Prüfung
Leseverstehen		
Aufgabe 1	**AB** Kapitel 2, S. 27f., Ü2	**LB** Kapitel 5, S. 80f., A2 **AB** Kapitel 6, S. 76, Ü3
Aufgabe 2	**AB** Kapitel 5, S. 62ff., Ü2	**LB** Kapitel 6, S. 92f., A2 **AB** Kapitel 9, S. 111f., Ü2
Aufgabe 3	**AB** Kapitel 1, S. 11, Ü3	**LB** Kapitel 3, S. 48f., A2a
Aufgabe 4a	–	**AB** Kapitel 10, S. 121ff., Ü1
Aufgabe 4b	–	**AB** Kapitel 4, S. 48, Ü1
Aufgabe 5	–	**AB** Kapitel 1, S. 14f., Ü3 **AB** Kapitel 8, S. 94f., Ü2a
Hörverstehen		
Aufgabe 1	**LB** Kapitel 2, S. 29, A3	**LB** Kapitel 1, S. 12f., A2
Aufgabe 2	**LB** Kapitel 3, S. 44f., A2 **LB** Kapitel 10, S. 156f., A2	**LB** Kapitel 5, S. 76, A2
Aufgabe 3	–	**LB** Kapitel 4, S. 66, A3 **LB** Kapitel 8, S. 124, A2
Schriftlicher Ausdruck		
Aufgabe 1	**LB** Kapitel 9, S. 147, A5 **AB** Kapitel 3, S. 40, Ü3	**LB** Kapitel 5, S. 83, A5
Aufgabe 2	**LB** Kapitel 4, S. 67, A5 **AB** Kapitel 7, S. 84, Ü3	**LB** Kapitel 4, S. 61, A3c **LB** Kapitel 7, S. 115, A5 **LB** Kapitel 9, S. 143, A5
Mündlicher Ausdruck		
Aufgabe 1	**LB** Kapitel 1, S. 19, A6	–
Aufgabe 2	**LB** Kapitel 2, S. 35, A6b	**LB** Kapitel 8, S. 131, A6
Aufgabe 3/4	–	**LB** Kapitel 3, S. 50, A4

Österreichisches Sprachdiplom Deutsch (ÖSD): Übungstest auf der Aspekte-Homepage.

Auswertung zum Gesundheitstest, Kapitel 6, Auftaktseite, Seite 88/89

A Morgens wie ein König, mittags wie ein Edelmann und abends wie ein Bettler. So empfiehlt uns ein deutsches Sprichwort, wie wir uns über den Tag verteilt ernähren sollen. Doch das üppige Frühstück und das spartanische Abendessen sind schon lange keine Garanten mehr für unsere tägliche Fitness. Was und wie wir essen sollten, hängt vielmehr von sehr individuellen Faktoren ab. Wen eine körperlich schwere Arbeit erwartet, der sollte gut gestärkt in den Tag gehen. Wer im Büro arbeitet und fast nur am Computer sitzt, sollte auf leichte Kost mit weniger Fett und Zucker achten. Grundsätzlich gilt aber, dass Menschen, die sich ausreichend bewegen und regelmäßig Sport treiben, im Prinzip alles essen können und dürfen. Auch zum Frühstück.

B Wer nicht ausreichend schläft, dem wird sein Körper schnell zeigen, wo die eigenen Grenzen sind. Doch nicht jeder Mensch braucht gleich viel Schlaf. Manche Menschen kommen problemlos mit sechs Stunden Schlaf aus, andere sind mit zehn Stunden Schlaf erst richtig fit, also wahre Murmeltiere. Das Alter und die individuelle Belastung sind weitere Faktoren. Im Durchschnitt braucht der Mensch etwa acht Stunden Pause in der Nacht, um sich zu regenerieren. Wie erholsam der Schlaf ist, hängt aber auch davon ab, wie ruhig und tief man schläft. Viele Menschen fühlen sich nicht fit, weil sie nicht genug schlafen. Sie sind zwar müde, gehen aber trotzdem nicht ins Bett. Nur noch den Film zu Ende sehen, noch ein Bierchen mit Freunden, ein Schwätzchen, eine Mail, ... Das rächt sich am nächsten Morgen. Hören Sie auf sich und schlafen Sie gut.

C Fitness zeigt sich nicht in einem Sprint. Der strengt alle Menschen an. Auch das Treppensteigen mit Gewicht geht an niemandem spurlos vorbei. Entscheidend ist aber, wie lange Sie dann außer Atem sind. Wenn Sie schnell wieder Luft bekommen und schon kurze Zeit später wieder alles wie immer ist, kann Ihre Kondition nicht so schlecht sein. Läuft Ihnen aber noch Minuten später der Schweiß und können Sie noch immer nicht richtig sprechen, sollten Sie etwas für Ihre Kondition tun. Gleiches gilt, wenn Sie schon bei kürzeren Fahrradtouren in ebenem Gelände körperlich angestrengt sind. Wenn Sie Ihren Körper konditionell trainieren möchten, können Sie ganz einfach im Alltag beginnen. Öfter Treppen steigen, statt Fahrstühle benutzen, mehr zu Fuß gehen, als mit dem Bus fahren. Sportarten, die sich für den Anfang eignen, sind Nordic Walking, Schwimmen und Fahrrad fahren. Starten Sie nicht mit einem Dauerlauf. Langes und schnelles Joggen ist nur etwas für wirklich Geübte und nicht für alle gesund.

D Sich immer wieder über gesunde Ernährung zu informieren ist wichtig für ein solides Grundwissen und neue Anregungen. Leider ist das Wissen aber noch lange kein Garant dafür, Übergewicht und Fehlernährung vorzubeugen. Man muss auch danach leben, also entsprechend einkaufen, kochen und essen. Doch Vorsicht bei Ratgebern, die mit einer dubiosen Diät blitzschnelles Abnehmen versprechen. So schnell, wie die Pfunde damit gehen, kommen sie meist auch wieder, da nichts Prinzipielles an den Gewohnheiten geändert wurde. Viel wichtiger ist es, für sich selbst gesunde Lebensmittel und Speisen zu entdecken, die einem dauerhaft schmecken und einem einfach rundum gut tun.

E Heute schon geputzt? Nein? Dann ran an Staubsauger und Wischlappen. Einmal die Wohnung richtig zu putzen ist eine gute Fitnesseinheit, bringt viele Muskeln in Bewegung und verbraucht ordentlich Kalorien. Putzen und Aufräumen ist dabei nicht nur ein kleines Fitness-Studio, sondern macht auch der Seele Spaß, wenn alles gut aussieht und an seinem Platz ist. Haushaltsarbeiten wie Kochen oder Bügeln bringen zwar kaum etwas für die Ausdauer oder Gelenkigkeit, sind aber oft gut für die geistige Fitness oder um die Seele baumeln zu lassen.

F Sie haben die Übung gemacht? 1:0 für Sie! Viele Menschen schauen sich zwar solche Übungen in Zeitschriften an, machen sie aber selten nach. Wie weit sind Sie ohne Anstrengung und Schummeln wirklich gekommen?

Auswertung zum Gesundheitstest, Kapitel 6, Auftaktseite, Seite 88/89

a = Absolutes Minimum. Wenn Ihnen jetzt schon der Rücken schmerzt, sollten Sie unbedingt über eine regelmäßige, sanfte Gymnastik nachdenken.
b = Durchschnitt. Man könnte sagen, dass Sie etwas eingerostet sind. Wenn Sie diese Übung regelmäßig Tag für Tag wiederholen, werden Sie sehen, dass Sie schon bald weiter kommen.
c = Nicht schlecht. Ihre Muskeln sind geschmeidig und lassen sich leicht dehnen. Mit etwas Übung schaffen Sie es auch bald bis auf den Boden.
d = Bravo, Ihre Gelenke und Muskeln sind fit und sicher treiben Sie Sport. Bleiben Sie dabei, Ihr Körper dankt es Ihnen.

G Zum Erhalt unserer Fitness gehört auch, dass wir Zeit für uns allein haben, um überhaupt einmal in uns zu horchen, wie es uns eigentlich geht. Fühle ich mich gut, bin ich zufrieden, ausgeglichen? Was möchte ich noch für mich tun? Wer sich keine Zeit im Alltag für sich nimmt, überhört oft die wichtige „innere Stimme", die uns Hinweise auf unser Wohlbefinden gibt. Wie viel Zeit wir für uns brauchen, ist individuell sehr unterschiedlich. Manchen reicht eine allein verbrachte Mittagspause, andere brauchen jeden Tag eine kleine persönliche Auszeit, z. B. bei einem heißen Bad, andere wiederum einen ausgedehnten Spaziergang am Wochenende. Wer seiner inneren Stimme aber nur im Urlaub erlaubt zu sprechen, der läuft Gefahr, dass sie verstummt.

H Mit den Arztbesuchen ist es ähnlich wie mit dem Sport: Mäßig aber regelmäßig. Die gängigen Vorsorgetermine sollten Sie in jedem Fall einhalten. Je älter Sie sind, umso kürzer werden die Abstände zwischen diesen Untersuchungen. Krankheiten früh zu erkennen hilft, sie schnell zu heilen, und hält uns lange fit und mobil. Nur zum Arzt zu gehen, wenn der Schmerz unerträglich ist, kann halsbrecherisch sein. Jeden Monat muss ein gesunder Mensch aber auch nicht beim Arzt erscheinen. Kopfschmerzen nach langen Arbeitstagen brauchen keinen Arzt und keine Tablette, sondern frische Luft und Bewegung.

Fortsetzung „Struwwelpeter", Kapitel 8, Modul 4, Seite 128, Aufgabe 1

Am nächsten Tag – ja sieh nur her!
Da war er schon viel magerer.
Da fing er wieder an zu schrein:
„Ich esse keine Suppe! Nein!
Ich esse meine Suppe nicht!
Nein, meine Suppe ess ich nicht!"

Am dritten Tag, o weh und ach!
Wie ist der Kaspar dünn und schwach!
Doch als die Suppe kam herein,
Gleich fing er wieder an zu schrein:
„Ich esse keine Suppe! Nein!
Ich esse meine Suppe nicht!
Nein, meine Suppe ess ich nicht!"

Am vierten Tage endlich gar
Der Kaspar wie ein Fädchen war.
Er wog vielleicht ein halbes Lot -
Und war am fünften Tage tot.

Lösungen zu Kapitel 9, Auftaktseite, Seite 136, Aufgabe 1b

1b, 2c, 3b, 4a, 5a, 6b, 7a, 8c

Vorlage für eigene Porträts

Bilder	

Name	
Vorname(n)	
Nationalität	
geboren am	
Beruf(e)	
bekannt für	
wichtige Lebensstationen	
gestorben am	
Informationsquellen (Internet, …)	

Quellenverzeichnis

Bilder

S. 10 Shutterstock
S. 12 picture-alliance / Globus Infografik (l.); Langenscheidt Bildarchiv (o.r.); GYNEX – Fotolia.com (u.)
S. 13 picture-alliance (l.), Getty Images (M.); picture-alliance (r.)
S. 14 Shutterstock
S. 16 KMSS/zefa/Corbis (o.); Mauritius Images / Image Source Limited (M.); Polly Borland/Getty Images (u.)
S. 20 ro18ger/pixelio (o.l.); Shutterstock (M.l.); Bayer AG (u.l.); heg3n /pixelio (o.r.); Helen Schmitz (M.r.); akg-images (u.r.)
S. 22–23 ZDF Klar! Wissen ist gut. (Unordnung), 17.11.2007*
S. 23 Manfred Mazi / pixelio (l.); Berne Sterzl / pixelio (r.)
S. 24 Visum Foto GmbH (o.); FIRE Foto Thomas Gaulke (u.)
S. 25 Keystone Pressedienst (o.); Caro Fotoagentur (M.); ALIMDI.NET motioncompany (u.)
S. 26 www.achecht.de
S. 28 Langenscheidt Bildarchiv (o.l.); Shutterstock (o.r.; M.; u.l.); Maksim Tselishchev – Fotolia.com (u.r.)
S. 30 Hannes Hepp/zefa/Corbis
S. 34 Langenscheidt Bildarchiv
S. 36 Associated Press
S. 38–39 ZDF Frontal21 (Ingenieurmangel), 26.06.2007*
S. 40 Tobias Schülert (o.l.); Til Mette (o.r.); Tom Wagner (u.)
S. 41 Joscha Sauer / Bulls Press (o.l.); Uli Stein (o.r.); Tom Körner (u.)
S. 42 Dr. Kerstin Cuhls (l.); Prof. Miriam Meckel (r.)
S. 48 Polyglott Verlag GmbH
S. 50 Xenia1972 – Fotolia.com
S. 52 picture-alliance
S. 54–55 ZDF Klar! Wissen ist gut. (Gebärdendolmetscher), 27.10.2007*
S. 55 picture-alliance / ZB (u.)
S. 58 RUHR.2010 (o.); Shutterstock (u.)
S. 60 picture-alliance
S. 62 EastWest Imaging – Fotolia.com
S. 63 Yuri Arcurs – Fotolia.com
S. 64 Getty Images / Ingram Publishing
S. 66 Getty Images / Stockbyte
S. 68 Margarete Steiff GmbH
S. 70–71 Henkel AG & Co. KGaA
S. 72 Sebastian Fitzek (o.); akg-imgages (u.)
S. 73 akg-images
S. 74 Ute Koithan
S. 78 © by Sprachinstitut TREFFPUNKT, Hauptwachstrasse 19, 96047 Bamberg/Germany
S. 80 Thomas Plaßmann
S. 82 Rolf-Kühnast_pixelio.de
S. 84 picture-alliance
S. 86–87 3sat neues (Games Academy), 04.11.2007*
S. 88/89 Dieter Mayr
S. 90 BilderBox.com
S. 92 Randy Faris/Corbis
S. 94 Shutterstock
S. 99 Shutterstock
S. 100 Frank Eide
S. 102–103 ZDF.reporter (Frisches Obst statt Pommes), 24.07.2008*
S. 108 picture-alliance / Globus Infografik
S. 110 picture-alliance
S. 112 cinetext
S. 116 picture-alliance
S. 118–119 3sat neues (Datenklau), 16.11.2008*
S. 120/121 Dieter Mayr
S. 122 Shutterstock
S. 124 Dieter Mayr
S. 128 akg-images
S. 129 actionpress
S. 130 Shutterstock
S. 131 Shutterstock (o.); Getty Images / Yellow Dog Production (u.)
S. 132 Pikler Institut
S. 134–135 ZDFdokukanal (Intuition), 16.01.2009*
S. 136 Getty Images / Jim Spellman (o.l.); Dieter Mayr (o.M.); picture-alliance (o.r.); Shutterstock (M.; u.)
S. 137 akg-images (o.); picture-alliance/dpa / © Courtesy: Monika Sprüth/Philomene Magers/VG Bild-Kunst, Bonn 2009 (o.M.: Zwei Museums-Besucher in Andreas Gursky – Ausstellung); Franz Marc (M.); akg-images (u.M.); Associated Press (u.)
S. 140 actionpress
S. 142 mauritius images
S. 143 mauritius images
S. 147 Shutterstock
S. 148 Fondation Beyeler / Tdix (o.); Fondation Beyeler / Nbräuning (u.),
S. 150–151 © 2004 in one media, Mike Brandin
S. 152 Shutterstock (u.)
S. 153 Mercedes-Benz Archive & Sammlung (o.); Shutterstock (u.)
S. 154 Shutterstock
S. 156 SZ-Photo (o.; u.l.); picture-alliance (u.r.)
S. 158 iStock Photos (l.); Shutterstock (M.l.; M.; r.); Langenscheidt Bildarchiv (M.r)
S. 160 Steidl Verlag
S. 162 picture-alliance
S. 163 actionpress
S. 164 Aleida und Jan Assmann
S. 166–167 ZDF Sonntags TV fürs Leben (Grimms Märchen), 30.12.2007*
S. 205 akg-images

* alle Standfotos aus ZDF-Beiträgen: Lizenz durch www.zdf.archive.com/ZDF Enterprises GmbH Copyright ZDFE 2010 – alle Rechte vorbehalten

Quellenverzeichnis

Texte

S. 8 Ruckzuck – Die schnellsten Geschichten der Welt, Zürich Diogenes, 2008 (o.); Adelheid Duvanel, Felix Feigenwinter (u.); © Verlag Volk und Welt, München in der Verlagsgruppe Random House GmbH (o.); Franz Hohler (u.)

S. 14 Süddeutsche Zeitung vom 5.9.2007, Interview: Titus Arnu (gekürzt)

S. 26 Dr. Frank Stefan Becker, Siemens AG (gekürzt)

S. 30f. Süddeutsche Zeitung Wissen, 16/2007, Katrin Blawat (gekürzt)

S. 34 Frankfurter Allgemeine Zeitung, Hochschulanzeiger Nr. 92, 2007; Katja Kasten (gekürzt) © Alle Rechte vorbehalten. Frankfurter Allgemeine Zeitung GmbH, Frankfurt. Zur Verfügung gestellt vom Frankfurter Allgemeine Archiv (l.); www.staufenbiel.de/bewerbungswissen. Tipps und Informationen rund um den Bewerbungsprozess gibt es auf www.staufenbiel.de/bewerbungswissen (r.) (gekürzt)

S. 42 Dr. Kerstin Cuhls (l.); Prof. Miriam Meckel (r.)

S. 48f. Zeit magazin Leben 26/2008, Matthias Stolz (gekürzt)

S. 52 Spiegel Extra; Nr. 42/2008 (Auszug)

S. 60f. SZ Magazin, Heft 33/2006 und Heft 49/2008, Dr. Dr. Rainer Erlinger

S. 64 Text und Idee von Thomas Schlüter, Geschäftsführer der ilexius GmbH; www.ilexius.de (gekürzt)

S. 68 Margarete Steiff GmbH (gekürzt)

S. 72 Sebastian Fitzek: Amokspiel. Knaur 2007 © 2007 Droemersche Verlagsanstalt Th. Knaur Nachf. GmbH & Co. KG, München

S. 74 Berliner Verlag, Stephanus Parmann (gekürzt)

S. 80f. Stuttgarter Zeitung 15.11.06, Thomas Faltin (gekürzt)

S. 84 WDR/SWR/BR-alpha 2008, Marika Liebsch

S. 92f. Die Zeit, Harro Albrecht (gekürzt)

S. 100 Forum 1/08, Hrsg. MLP Finanzdienstleistungen AG, Melanie Contoli (gekürzt)

S. 110f. Bärbel Heidenreich, Redaktion: Christoph Teves (gekürzt)

S. 112f. Helmut Brasse (leicht gekürzt)

S. 120 ℗ und © 2002 Grönland unter exklusiver Lizenz der EMI Elektrola GMBH & CO KG

S. 122 © Psychologie Heute/EurekAlert (o.); © Psychologie Heute/idw (u.) (gekürzt)

S. 128f. Julia Karnick: Kinder macht Sitz. In Brigitte 26/04 – Picture Press Bild- und Textagentur GmbH (gekürzt)

S. 138f. EMOTION, Nikolas Westerhoff

S. 144f. Doris Dörrie

S. 146/147 „Lesen in Deutschland 2008". Eine Studie der Stiftung Lesen im Auftrag des Bundesministeriums für Bildung und Forschung.

S. 154f. Julia Ucsnay

S. 159 Christian Stöcker, SPIEGEL ONLINE – 02. Juni 2006

S. 160f. Günter Grass: Mein Jahrhundert. © Steidl Verlag, Göttingen 1999

S. 164: Jan Assmann: „Das kulturelle Gedächtnis", Verlag C. H. Beck

Ergänzung zu Kapitel 8, Filmseiten, Seite 135, Aufgabe 4b
Das Experiment „Gerechtigkeitsintuition" am Max-Planck-Institut wurde mit Personen unterschiedlichen Alters durchgeführt und hat folgende Ergebnisse gezeigt:
Als gerecht wird die Teilung der Münzen in gleich große Teile empfunden. Tatsächlich würden die Gruppen (Erwachsene ab 17 Jahre) aber nur 6–7 Münzen an die andere Gruppe abgeben. Jüngere Testpersonen würden mehr Münzen abgeben – durchschnittlich 8,5 Münzen.